안드로이드
프로그래밍
Next Step

안드로이드 프로그래밍 Next Step: 제대로 된 앱을 만드는 컴포넌트 활용 노하우

초판 1쇄 발행 2017년 6월 5일 **지은이** 노재춘 **펴낸이** 한기성 **펴낸곳** 인사이트 **편집** 문선미 **제작·관리** 박미경 **용지** 월드페이퍼 **출력** 소다미디어 **인쇄** 현문인쇄 **후가공** 이지앤비 **제본** 자현제책 **등록번호** 제10-2313호 **등록일자** 2002년 2월 19일 **주소** 서울시 마포구 잔다리로 119 석우빌딩 3층 **전화** 02-322-5143 **팩스** 02-3143-5579 **블로그** http://www.insightbook.co.kr **이메일** insight@insightbook.co.kr **ISBN** 978-89-6626-307-3 책값은 뒤표지에 있습니다. 잘못 만들어진 책은 바꾸어 드립니다. 이 책의 정오표는 http://www.insightbook.co.kr에서 확인하실 수 있습니다. 이 도서의 국립중앙도서관 출판예정도서목록(CIP)은 서지정보유통지원시스템 홈페이지(http://seoji.nl.go.kr)와 국가자료공동목록시스템(http://www.nl.go.kr/kolisnet)에서 이용하실 수 있습니다.(CIP제어번호: CIP2017009372)

프로그래밍인사이트

안드로이드
프로그래밍
Next Step

노재춘 지음

인사이트
insight

차례

지은이의 글

대상 독자

이 책은 안드로이드 앱을 만든 경험이 있는 개발자를 대상으로 한다. 앱을 개발하면서 자신이 정말 제대로 만들고 있는지, 문제를 올바르게 해결하고 있는지 의문을 가지고 있었다면 이 책이 도움이 될 것이다.

이 책에서는 안드로이드의 기본 원리, 특히 컴포넌트를 깊이 이해하고 이를 올바르게 적용하는 것에 중점을 두었다. 다른 책에서는 가볍게 다뤄지는 내용이라도 실무에서 중요하다고 생각하는 것에는 많은 내용을 할애하였다. 기초 서적을 보고 나서 그 다음에 볼만한 게 많지 않은데 이 책이 '두 번째 책' 가운데 하나가 되었으면 하는 바람이다.

이 책은 경험자를 대상으로 하기 때문에 기초적인 내용을 안다는 전제하에 시작하는 내용이 많다. 완전히 생소한 내용이 있다면 관련된 내용을 검색해 보길 바란다. 이 책은 분량도 그다지 많지 않다. 그러므로 처음에는 이해가 잘 안 되더라도 쭉 한번 읽어보고 이후에 반복해서 읽을 것을 권한다. 이 책의 내용 중에서 독자가 정말 알고 싶던 게 있다면 그건 필자의 기쁨이 될 것이다.

컴포넌트를 중심으로 이야기하는 까닭

안드로이드 앱을 개발할 때도 다양한 측면이 있다. 앱 개발자가 모든 것을 다 잘하기는 쉽지 않다. 설계를 잘 할 수도 있고, 레이아웃을 효율적으로 만들거나 커스텀 뷰를 잘 만들 수도 있고 터치 이벤트를 잘 다루거나 화려한 그래픽을 멋지게 만들 수도 있다. 그런데 앱에서 생기는 문제는 주로 컴포넌트를 잘 다루지 못해서 생긴다. 메모리 누수나 메인 스레드 블로킹으로 인한 실행 속도 저하, 원하는 시점에 원하는 기능이 동작하지 않는 타이밍 문제뿐 아니라 수많은 크래시까지 관련되어 있다. 컴포넌트를 잘 안다는 것은 여러 컴포넌트를 충분히 활용해서 설계할 수 있는 것뿐 아니라 컴포넌트가 동작하면서 발생하는 여러 이슈까지 해결할 수 있는 것을 의미한다.

처음 앱을 익힐 때 제일 먼저 액티비티를 배우고 이후 여러 컴포넌트를 익혔을 것이다. 하지만 컴포넌트를 왜 써야 하는지 어떻게 써야 하는지에 대한 지식은 부족한 경우가 많다. 이 책에서 이런 내용을 충분히 얘기하고 있으므로 안정적인 앱을 만들 수 있는 지식을 얻을 수 있다.

에피소드

필자는 6년이 넘는 기간 동안 다양한 앱을 만들어 왔다. 그 가운데서 잘 만든 것도 있지만 그렇지 않은 것도 많았다. 안드로이드의 기본 원리를 알고 있다면, 작성하지 않았을 수많은 코드가 있었다. 나중에 찾아보면 왜 그랬을까 하는 생각이 들 정도로 부끄러운 것도 없지 않다.

안드로이드는 문서화가 잘 되어 있는 편이 아니고, 개발자 사이트에도 기본 원리에 대한 내용이 많지 않다. 기본 원리를 모르는 상태에서 문제가 없어 보이는 정도의 수준에서만 개발하면 무엇보다 군더더기 코드가 많아진다. 게다가 요구사항이나 안드로이드 버전, 단말 등 다양한 환경 변화에 취약해지는 문제가 생길 수 있다. 문제가 발생하면 어떻게든 해결하려고 많은 꼼수를 동원하기도 했는데, 결국 단순하면서도 확실하게 문제를 해결하기 위해서는 기본 원리에서부터 시작해야 한다는 것을 경험으로 알게 되었다.

기본 원리를 알기 위해서는 결국 안드로이드 내부 구조에 대한 이해가 필요하다. 내부 구조에 대해서 이론을 설명하는 책이나 강의도 있지만 그 내용이 어려운 수준에서 끝나, 실무에 어떻게 적용하면 되는지는 다시 각자의 몫으로 남겨진다. 필자는 이론과 실무의 차이를 좁히려는 시도로서 스터디를 꾸리고 정리한 내용을 스터디에서 발표했다. 또 사내 강의도 몇 차례 진행하면서 내용을 남에게 전달하기 위해서 더 깊이 있게 탐구하게 되었다. 그 결과물로 책을 쓰게 되었는데, 한 줄의 내용을 쓰기 위해 며칠을 테스트하고 고민하기도 하면서 책의 분량에 비해서 많은 시간이 소요되었다. 공부하면 할수록 역설적으로 모르는 게 많아진다. 게다가 안드로이드가 계속 발전하고 있기 때문에 배우고 익히는 것은 오랫동안 나의 일상이 될 것 같다.

감사의 글

먼저 이 책이 세상에 빛을 볼 수 있게 해준 인사이트에 고마움을 전하고 싶다. 기존에 없던 콘셉트의 책이라서 출간이 쉽지 않을 것으로 생각했는데 뜻밖에도 금방 계약이 성사되었다. 문선미 편집자님은 필자의 글이 독자에게 조금 더 잘 전달되도록 다듬는 데 많은 도움을 주셨다. 아직까지 의미가 모호하거나 전달이 잘 되지 않는 부분이 있다면 필자의 능력 부족 때문일 것이다.

내용 검토를 해준 이효근 님, 윤신주 님, 김태중 님, 김성수 님, 원형식 님, 송지철 님, 이정민 님, 임원석 님, 이종권 님, 임은령 님, 김성호 님, 김재희 님, 정윤찬 님에게도 감사드린다. 이 분들 덕분에 많은 문제를 해결할 수 있었다. 이 책은 혼자서 만든 게 아니라 이 분들과 함께 이뤄낸 것이다.

내가 IT 업계에서 밥을 먹고 살 수 있도록 많은 도움과 격려를 해준 이창신 군, 최희탁 군, 강용석 군에게도 고마움을 전해야겠다. 한동안 IT 업계를 떠나있을 때 동고동락한 이정훈 형도 내게 고마운 사람이다.

항상 내 편이 되어준 부모님과 형제들, 오랜 시간을 함께하고 기다려준 아내 경자 씨에게도 감사한다. 삶의 이유가 되어주는 현종과 서윤에게도 사랑과 고마움을 전한다.

노재춘

이 책의 구성

안드로이드 컴포넌트에 대한 기본 내용을 중심으로 서술하였다. 각 내용은 근거를 제시하기 위해서 프레임워크 소스나 샘플 소스를 가지고 설명한다. 여러 장에서 반복되는 내용도 있기 때문에 당장 이해되지 않는 부분이 있더라도 끝까지 읽도록 하자.

1장
안드로이드 아키텍처의 기본 내용과 프레임워크 소스를 참고하고 활용하는 방법에 대해 이야기한다.

2장
안드로이드 컴포넌트가 실행되는 메인 스레드의 동작 방식을 설명한다. Handler, Looper, Message, MessageQueue의 관계를 이해하고 나면, 안드로이드 컴포넌트의 여러 실행 문제를 해결할 수 있다. 골칫거리 가운데 하나인 ANR(Application Not Responding)에 대해서도 원인과 결과, 그리고 해결 방식을 정리하고 있다.

3장
2장의 Handler와 내용이 연결되는 HandlerThread와 스레드 풀, AsyncTask에 대한 내용을 다룬다.

4장
Activity, Service, Application의 상위 클래스이면서, 안드로이드 컴포넌트를 실행하거나 리소스를 참조할 때 필요한 Context 클래스에 대해서 살펴본다.

5장~9장
액티비티, 서비스, 콘텐트 프로바이더, 브로드캐스트 리시버, Application까지 이슈 중심으로 안드로이드 컴포넌트를 설명한다.

10장

시스템 서비스 목록을 정리하고, 시스템 서비스와 서비스 컴포넌트와 차이점을 이야기한다. 시스템의 상태를 알아내기 위해 dumpsys 명령어를 활용하는 방법과 시스템 서비스의 여러 이슈에 대해서도 살펴본다.

11장

앱 개발에서 사용하는 구현 패턴을 이야기한다. 싱글톤과 마커 인터페이스, Fragment 정적 생성 항목을 언급한다.

안드로이드 버전

프레임워크 소스와 샘플은 안드로이드 버전에 관계없이 공통되는 내용을 주로 설명하였는데, 버전에 따라 동작이 바뀌는 게 있다면 가급적 언급하였다. 언급한 내용 외에도 버전에 따라 내용이 달라져서 혼동이 되는 부분이 있다면 이메일(suribada@gmail.com)로 알려주기 바란다.

IDE

IDE는 안드로이드 스튜디오를 기준으로 주로 이야기한다. 이 책에서는 안드로이드의 원리와 적용에 대해 설명하기 때문에 IDE를 언급할 일이 많지는 않다.

표기 방법

가능하면 영어는 외래어 표기법을 따른다. 예외로 클래스명을 강조할 때는 영문으로 표기한다. 그리고 일반 용어와 구분하기 위해서 android.app 패키지의 Application도 영문으로 표기한다.

　예시) startActivity() 메서드를 실행하면 액티비티가 시작된다. 이때 Activity는 onCreate() 메서드부터 시작한다.

Android Programming Next Step

안드로이드 프레임워크

1장에서는 안드로이드 아키텍처의 소프트웨어 스택을 살펴보고, 프레임워크 소스 활용 방안과 안드로이드 버전에 따른 이슈를 알아본다.

1.1 안드로이드 아키텍처 개요

아래 그림은 여러 문서에 많이 나오는데, 각 스택의 내용을 간단히 살펴보자.

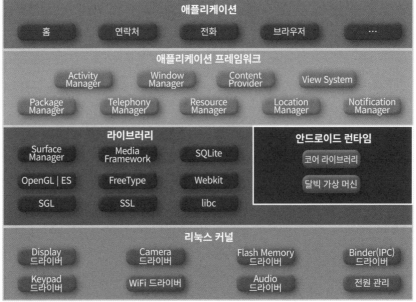

그림 1-1 안드로이드 아키텍처

1.1.1 애플리케이션

안드로이드에서 제공하는 선탑재 기본 앱(홈, 카메라, 전화, 브라우저 등)과 다운로드해서 설치하는 일반 앱은 애플리케이션 스택에 있다. 애플리케이션은 애플리케이션 프레임워크 스택 위에서 동작한다. 안드로이드에서 제공하는 기본 앱은 소스가 공개되어 있으므로 소스를 참고할 수 있다. 단말 제조사들은 일반적으로 기본 앱을 커스터마이징하고, 제조사 단말에 특화된 앱도 추가로 제공한다. 요점은 단말에 깔린 기본 앱과 우리가 만드는 앱은 동일한 레벨이라는 것이다.

다만 선탑재된 기본 앱은 시스템 권한을 사용할 수 있고, 프로세스 우선순위를 높일 수 있다는 게 다르다. 프로세스 우선순위는 단말에 메모리가 부족한 상황에서 시스템에서 강제로 종료시키는 프로세스를 정하는 기준이다. 예를 들어 메모리가 아무리 부족해도 전화 앱이 중지되면 안 된다. 그래서 전화 앱은 우선순위가 높게 설정되어 있다.

1.1.2 애플리케이션 프레임워크

애플리케이션 프레임워크는 안드로이드 OS 위에서 애플리케이션의 기반이 되는 기본 구조다.

이 정의가 무슨 말인지 금방 와닿지는 않을 것이다. 예를 들어보자. 앱에서 액티비티를 시작할 때 생성자로 '직접' 액티비티 인스턴스를 생성하고 생명주기 메서드를 호출하지는 않는다(❶). 또 환경 설정에서 언어가 변경될 때 앱에서 해당 언어의 리소스를 '직접' 찾아서 가져오지 않는다(❷). 이렇게 필요한 여러 동작을 '직접'하지 않아도 되는 것은 애플리케이션 프레임워크에서 알아서 하기 때문이다. 앱에서는 애플리케이션 프레임워크에서 정한 규칙에 따라서 만들기만 하면 된다. 나머지는 애플리케이션 프레임워크의 몫이다.

그림 1-1을 보면 애플리케이션 프레임워크에 여러 Manager가 있다는 것을 알 수 있다. 이들 Manager가 애플리케이션 프레임워크의 역할을 하고 있다. 예를 들면, Activity Manager는 액티비티를 생성해서 생명주기 메서드를 호출하는 역할을 하고(❶) Resource Manager는 리소스를 찾아주는 역할을 한다(❷).

네이티브 C/C++ 코드 사용

여러 Manager는 대부분 자바로 작성되어 있다. 이 가운데서 하드웨어 제어나 빠른 속도가 필요한 것들은 내부적으로 JNI를 연결해서 네이티브 C/C++ 코드를 사용하기도 한다. Telephony Manager, Location Manager 등은 하드웨어를 제어하기 위해서, Resource Manager 등은 리소스 테이블을 유지하고 접근할 때 빠른 속도를 내기 위해 네이티브 C/C++을 사용한다.

씬 클라이언트와 서버

필자는 애플리케이션 프레임워크 스택을 보면서 Activity Manager는 왜 클래스 명인 ActivityManager나 ActivityManagerService로 쓰지 않았는지 궁금해 한 적이 있다. 결론은 이렇다. Activity Manager는 클라이언트인 ActivityManager와 서버인 ActivityManagerService를 모두 포괄하는 개념이다. 각종 Manager도 마찬가지다. 서버 기능은 별도 프로세스인 system_server에서 실행된다. 앱 프로세스는 씬 클라인언트(thin client)이다. 앱 프로세스는 컴포넌트 탐색, 액티비티 스택 관리, 서비스 목록 유지, ANR 처리 등을 직접하지 않는다. 서버인 system_server 프로세스에 모두 위임하고 컴포넌트 실행 등 최소한의 역할만을 한다. system_server는 여러 앱을 통합해서 관리하는 '통합 문의 채널'이다.

예를 들어보자. startActivity()를 실행하면 먼저 system_server에서 해당 액티비티를 찾는다. 로컬 앱 프로세스에 있는 액티비티라도 역시 system_server에서 액티비티를 찾는다. 갤러리나 카메라 화면처럼 다른 앱의 액티비티를 띄우는 경우도 있는데, 해당 액티비티를 가진 앱 프로세스가 아직 떠있지 않다면 system_server에서 프로세스를 띄우기도 한다. system_server는 액티비티 스택에도 액티비티 내용을 반영하고, 마지막으로 액티비티를 가진 앱 프로세스에 액티비티를 띄우라고 메시지를 보낸다.

액티비티를 포함한 모든 안드로이드 컴포넌트는 system_server를 거쳐서 관리되고 system_server에서 앱 프로세스에 다시 메시지를 보내는 방식으로 동작한다.

시스템 서비스 접근

여러 Manager 서버는 시스템 서비스 형태로 존재한다. 그리고 앱에서 접근할 때는 Context의 getSystemService(String name) 메서드를 사용한다. system_server라는 별도 프로세스에서 실행되므로 앱에서는 시스템 서비스에 접근할 때 Binder IPC를 이용한 프로세스 간 통신이 필요하다.

안드로이드 컴포넌트에서 반드시 임포트해야 하는 android.* 패키지 클래스는 android. jar 파일에 포함되어 있다. 바로 이 jar 파일이 애플리케이션 프레임워크 레벨에 있다. android. jar에는 android.* 패키지, com.android.* 패키지, 자바 기본 패키지(java.*, javax.*), Apache HttpClient(마시멜로에서 제거됨), DOM/SAX/XMLPullParser 등 자바 클래스와 안드로이드 기본 리소스(android.R)가 포함된다.

1.1.3 안드로이드 런타임

달빅 가상 머신은 자바/C/C++로 작성되어 있다(롤리팝부터 달빅을 대체한 ART 적용).[1] 레지스터 기반의 가상 머신으로 자바 가상 머신보다 명령이 단순하고 속도가 빠르다.

코어 라이브러리

코어 라이브러리는 안드로이드 프레임워크 소스에서 위치가 /system/core이다. 커널을 래핑하거나 추가 기능을 제공하는 역할을 한다.

1.1.4 라이브러리

주로 네이티브 라이브러리를 이야기한다. 네이티브 라이브러리에는 3가지 범주가 있다.[2]

- Bionic이라는 커스텀 C 라이브러리(libc)[3]
- WebKit/SQLite/OpenGL 같은 기능 라이브러리
- 네이티브 시스템 서비스인 Surface Manager, Media Framework
  (각각 /system/bin/surfaceflinger와 /system/bin/mediaserver 프로세스로 실행)

1.1.5 리눅스 커널

안드로이드의 커널은 리눅스 커널을 기반으로, 불필요한 것(X-Window, 표준 리눅스 유틸리티 일부 등)은 제거하고 기능을 확장 패치(Binder, Ashmem, Low Memory Killer 등)한 것이다.

---

1 *https://source.android.com/devices/tech/dalvik/art.html*을 참고하자.
2 HAL(hardware abstraction layer)은 별도로 나오기도 하고 라이브러리 스택에 포함되기도 한다.
3 *http://surai.tistory.com/28*을 참고하자.

Binder IPC

확장 패치한 기능 가운데 Binder IPC는 프로세스 간 통신에 사용된다. 바인더에서 많이 혼동되는 게 Binder IPC(inter process communication)와 Binder RPC(remote procedure call)라는 두 용어인데, IPC는 하부 메커니즘이고 RPC는 IPC의 용도(리모트 콜)이다. 안드로이드 컴포넌트 가운데 서비스와 콘텐트 프로바이더는 바인더를 통해서 다른 프로세스에서 접근할 수 있다.

Binder Thread

앱 프로세스에는 Binder Thread라는 네이티브 스레드 풀이 있고, 최대 16개까지 스레드가 생성된다. 다른 프로세스에서 Binder IPC 통신을 할 때 이 스레드 풀을 통해서 접근한다. DDMS에서 보면 Binder_1, Binder_2와 같은 이름의 스레드가 바로 Binder Thread에 속한 것이다.

1.2 프레임워크 소스

먼저 여기서 다룰 프레임워크 소스는 1.1절에서 다루었던 애플리케이션 프레임워크 스택에 있는 자바 소스를 말한다. 안드로이드의 원리를 이해하거나, 앱에 새로운 기능(커스텀 뷰 등)을 추가할 때 쓸모가 많다.

4.0.3(API 레벨 15) 이상 버전의 프레임워크 소스는 Android SDK Manager에서 Sources for Android SDK를 선택해서 다운로드할 수 있다. 참고로 3.X 허니콤 소스는 공개되어 있지 않다. 3.X는 태블릿 전용 버전인데, 이 버전이 폰에 이식되면 파편화 문제가 심각해질 우려가 있기 때문에 소스를 비공개하기로 결정했다고 한다.

 2.X 버전이나 4.0.3 이전의 4.0.X 버전까지는 구글에서 'grepcode android source'로 검색하면 GrepCode.com에서 jar 형태로 소스를 다운로드할 수 있는 링크가 나온다.

프레임워크 소스를 다운로드하고서 안드로이드 스튜디오와 같은 IDE에서 프레임워크 소스를 연결해서 보면 된다. 안드로이드 스튜디오에서는 build.gradle에서 설정한 compileSdkVersion 기준으로 프레임워크 소스가 연결되고, 해당 버전이 없다면 소스를 다운로드하도록 유도한다.

레퍼런스 폰 넥서스 시리즈 활용

프레임워크 소스는 각 단말 제조사에서 커스터마이징하는 경우가 많다. 따라서 소스 라인 위치가 다르기에, 크래시가 발생한 경우 예외 스택의 라인을 보고 문제 위치를 찾기란 쉽지 않다. 따라서 개발 시 프레임워크 소스를 그대로 사용하는 레퍼런스 폰인 넥서스 시리즈를 활용하면 많은 도움이 된다. 앱 프로세스 내부에서 실행되는 클래스에 대해서는 디버깅 모드에서 브레이크포인트를 잡아서 값을 확인할 수도 있다.

 프레임워크 소스를 직접 다운로드해도 되지만, *http://grepcode.com*에서 확인해도 된다. GrepCode는 소스 링크가 잘 되어 있고, 버전별로 소스 변경 내용을 확인하는 데도 유용하다.

전체 소스 다운로드

네이티브를 포함한 안드로이드의 전체 소스는 *http://source.android.com/source/downloading.html*을 참고해서 *https://android.googlesource.com*에서 다운로드하면 된다. 커널을 제외한 전체 소스를 다운로드한 결과는 아래와 같다(킷캣 버전 기준).[4]

그림 1-2 전체 소스 다운로드 결과

---

4 커널 소스는 *https://source.android.com/source/building-kernels.html*을 참고해서 별도로 다운로드한다.

여기서 주요 디렉터리만 살펴보자.

- frameworks : 안드로이드 프레임워크. android로 시작하는 자바 패키지 포함
- libcore: 자바 코어 패키지 포함
- system : 안드로이드 init 프로세스
- packages : 안드로이드 기본 애플리케이션
- bionic: 안드로이드 표준 C 라이브러리
- dalvik: 달빅 가상 머신
- cts: 안드로이드 호환성 테스트 관련
- build: 빌드 시 사용

안드로이드 내부 구조를 다 파헤쳐 볼 것도 아닌데, 전체 소스를 다운로드할 필요가 있을까 싶다. 필자의 경우에도 처음에는 이 같은 생각에 다운로드를 망설였다. 하지만 전체 소스를 살펴보면서 대략이라도 내부 구조를 알 수 있었고, 안드로이드의 전체적인 흐름을 이해하는 데 도움이 되었다. C/C++ 소스까지 깊이 이해하지는 않아도 된다.

 https://github.com/android에서 전체 소스 가운데서 일부를 항목별로 다운로드할 수도 있다. 여기는 읽기 전용 미러링 GitHub 계정이다. 항목별로 따로 소스를 다운로드할 때나 웹 브라우저로 소스를 보기에는 GitHub이 더 편리할 것이다.

아파치 하모니와 OpenJDK

안드로이드 패키지가 아닌 코어 자바 패키지에서 크래시 문제가 생기는 경우도 있다. 아래와 같은 에러를 보고 필자처럼 JDK에서 소스를 찾아본 경험을 가진 이들도 있을 것이다.

```
Caused by: java.lang.ArrayIndexOutOfBoundsException: length=2; index=2
    at java.util.regex.Matcher.group(Matcher.java:358)
    at java.util.regex.Matcher.appendEvaluated(Matcher.java:138)
    at java.util.regex.Matcher.appendReplacement(Matcher.java:111)
    at java.util.regex.Matcher.replaceFirst(Matcher.java:304)
    at java.lang.String.replaceFirst(String.java:1793)
    ...
```

그러나 안드로이드에서 사용하는 코어 자바 라이브러리는 JDK에서 자바 소스를 찾으면 안 된다. 코어 자바 라이브러리는 아파치 하모니를 기반으로 만든 것

이다. 2011년도에 아파치 하모니는 종료되었지만 안드로이드에서는 이후에도 조금씩 업데이트했다. 그리고 안드로이드 누가에서는 Open JDK 기반으로 변경되었다. 안드로이드에서 기반이 되는 자바 버전은 프로요까지 자바5, 젤리빈까지 자바6, 마시멜로까지 자바7, 누가는 자바8이다. 코어 자바 소스도 프레임워크 소스에 포함되어 있으므로 IDE에서 역시 소스를 연결해서 확인해 볼 수 있다. 참고로 그림 1-2의 전체 소스에서 코어 자바는 /libcore/luni/src/main/java 디렉터리에 있다.

프레임워크 소스 레벨 검증

많은 개발자들이 개발을 하다 궁금한 게 있을 때, 프레임워크 소스에서 확인하지 않고 스택오버플로(Stack Overflow)에 의존하는 경향이 있다. 물론 스택오버플로가 유용할 때도 많다. 필자도 다양한 문제를 겪으면서 스택오버플로의 도움을 많이 받았다. 하지만 스택오버플로에는 다양한 수준의 사람들이 있어서 어느 답변이 맞는지 모호하기도 하고, 정작 자신이 원하는 답은 없을 때도 있다. 따라서 스택오버플로에서 답변을 찾았다고 해도 그게 맞는지 테스트를 수행하고 프레임워크 소스로 다시 한번 검증하는 게 좋다.

예를 들어보자. ListView의 아이템 레이아웃에 CheckBox가 있으면 아이템 클릭이 정상적으로 동작하지 않는다. 이런 내용은 책이나 강의에는 잘 나오지 않기 때문에 처음에는 당황한다. 스택오버플로에서 검색해보면 아이템 레이아웃의 CheckBox에 android:focusable 속성을 false로 하라고 나온다. 따라해 보면 이 상태에서 어쨌든 문제가 해결된다. 그런데 다른 상황에서 ListView의 아이템 레이아웃에 ImageButton을 추가했는데, 또 아이템 클릭이 동작하지 않는다. 다시 검색을 해본다. 이런저런 얘기가 많은데 명확한 답변이 금방 눈에 띄지 않는다(물론 그 가운데 답이 있다). 역시 android:focusable 속성을 false로 해보지만 해결되지 않는다. 이때 다음 두 가지를 생각해봐야 한다.

1. android:focusable 속성이 ListView의 OnItemClickListener에 주는 영향이 있는가? focusable 속성으로 문제가 해결되지 않으니 다른 조건이 더 있을까?
2. ImageButton의 문제가 있을까?

먼저 ListView의 OnItemClickListener에 View의 focusable 속성이 주는 영향을 찾아보자. setOnItemClickListener() 메서드는 ListView의 상위 클래스

인 AdapterView에 있다. 여기에서 OnItemClickListener를 사용하는 위치는 performItemClick() 메서드이고, 또다시 호출 위치를 따라가 보면 AbsListView 의 onTouchUp() 메서드에서 자식 View의 hasFocusable() 값이 true일 때 클릭이 동작하지 않는 것을 볼 수 있다. 자식 View에서 클릭이 동작하지 않는 다른 조건 은 없다.

그렇다면 CheckBox의 focusable 기본 값은 어디에 있을까? 이 값은 스타일 에 지정되어 있다. CheckBox의 스타일은 /frameworks/base/core/res/values/ styles.xml[5]에서 Widget.CompoundButton.CheckBox를 보면 된다.[6] CheckBox 의 스타일은 암묵적 상속으로 'Widget.CompoundButton' 스타일을 상속한다. 부모 스타일에서 android:focusable 속성이 true로 되어 있다. 따라서 레이아웃 에서 CheckBox의 android:focusable 속성을 false로 하면 스타일이 다시 오버라 이드되어 ListView에서 정상적으로 아이템 클릭이 동작한다.

ImageButton의 경우는 레이아웃에서 android:focusable에 false을 넣어도 반 영되지 않는데, 그 이유는 ImageButton 생성자에서 setFocusable(true)를 실행 해서 레이아웃의 속성을 다시 오버라이드하기 때문이다.

코드 1-1 ImageButton.java

```
public ImageButton(Context context, AttributeSet attrs, int defStyleAttr,
        int defStyleRes) {
    super(context, attrs, defStyleAttr, defStyleRes);
    setFocusable(true);
}
```

따라서 ListAdapter의 getView() 메서드에서 ImageButton에 setFocusable (false)를 실행해서 또다시 오버라이드하면 아이템 클릭이 문제없이 동작한 다. 프레임워크 리소스에서 styles.xml을 보면 CompoundButton의 하위 클래스인 CheckBox, RadioButton, ToggleButton, Switch, SeekBar, EditText, ImageButton 등 위젯의 android:focusable 속성이 true이다. 결국 이런 위젯이 ListView에 포함 된다면 주의해야 한다. ListView의 각 아이템 레이아웃은 일반적으로 ViewGroup 이다. ViewGroup 안에 포커서블(focusable) 위젯이 있을 때 다른 방법도 가능 하다. 바로 ViewGroup 레이아웃 속성에서 android:descendantFocusability에

5　〈sdk〉/platforms/android-XX/data/res 아래에서도 볼 수 있다.
6　CheckBox 소스를 보면 defStyleAttr 파라미터 자리에 com.android.internal.R.attr.checkboxStyle이 있다.
　　attrs.xml을 보면 checkboxStyle에 "reference"로 지정되어 있는데, 이는 다른 곳에서 정의한다는 의미이다.
　　결국 themes.xml에 보면 "@style/Widget.CompoundButton.CheckBox"로 다시 정의된 것을 볼 수 있다.

'blocksDescendants'를 넣는 것이다. 이 속성은 ViewGroup의 hasFocusable() 메서드에서 체크하고 있다.

요점은 문제의 원인을 모른 채 검색으로 문제만 해소하고 넘어 간다면 List View에서 CheckBox나 ImageButton 문제를 해결하는 것은 각각 별개의 팁으로만 남고 잊기도 쉽다는 것이다. 프레임워크 소스 레벨에서 검증해보면, 이후에 비슷한 문제를 맞닥뜨려도 어디서부터 문제를 찾으면 되는지 알 수 있다.

1.3 안드로이드 버전

안드로이드는 계속 발전해가고 있기 때문에 버전에 따라 많은 차이가 난다. 이 책에서는 내용을 설명하면서 안드로이드 버전을 언급하는 경우가 많다. 먼저 표로 정리해놓고 이후 내용에서 참고하도록 하자. 본문에서 언급되지 않는 하위 버전은 표에서 제외하였다.

코드네임	API 레벨	안드로이드 버전
프로요	8	2.2
진저브레드	9	2.2
	10	2.3
허니콤	11	3.0
	12	3.1
	13	3.2
ICS(아이스크림 샌드위치)	14	4.0~4.0.2
	15	4.0.3~4.0.4
젤리빈	16	4.1
	17	4.2
	18	4.3
킷캣	19	4.4~4.4.2
	20	4.4.3~4.4.4
롤리팝	21	5.0
	22	5.1
마시멜로	23	6.0
누가	24	7.0

코드네임과 API 레벨이 일대일 매핑되지 않고, API 레벨과 안드로이드 버전도 마찬가지로 일대일 매핑되지 않아서 혼동하는 경우가 많다. 안드로이드 버전의 앞자리 숫자가 바뀌는 11(허니콤), 14(ICS), 21(롤리팝), 23(마시멜로), 24(누가)는 기억하도록 하자. 이 책에서는 설명할 때 주로 코드네임으로 언급하고, 한 코드네임 안에서 여러 API 레벨 간에 구분이 필요할 때만 API 레벨까지 언급하기로 한다. 여러 API 레벨이 있는데 코드네임만 언급하는 경우는 가장 낮은 API 레벨부터 해당하는 경우이다. 예를 들어 허니콤이라고 하면 API 레벨 11 안드로이드 3.0을 말하는 것이다.

각 버전의 히스토리를 알기 위해서는 아래 링크를 보자.

- *https://en.wikipedia.org/wiki/Android_version_history*
- *http://socialcompare.com/en/comparison/android-versions-comparison*

 버전의 히스토리를 보여주는 공식적인 링크가 아래 URL에 있지만 최신 버전 위주로 정리되어 있고 한눈에 보기에 편하지 않다.
- *https://www.android.com/history/*
- *http://developer.android.com/intl/ko/about/dashboards/index.html*

1.3.1 호환성 모드

앱이 동작하는 안드로이드 버전을 지정하기 위해서는 AndroidManifest.xml에서 uses-sdk 항목에 android:minSdkVersion과 android:targetSdkVersion에 버전을 기재한다. 안드로이드 스튜디오에서는 특히 build.gradle에 targetSdkVersion을 지정해서 AndroidManifest.xml의 내용을 오버라이드할 때가 많다.

targetSdkVersion은 반드시 지정

만든 지 오래된 앱에서 minSdkVersion만 지정하고 targetSdkVersion을 지정하지 않은 것을 본 적이 있는데, targetSdkVersion을 명시하지 않으면 minSdkVersion과 동일한 값으로 지정된다. 그러면 이 절에서 이야기하는 호환성 모드 이슈를 겪을 가능성이 생긴다. targetSdkVersion은 반드시 지정하도록 하자. targetSdkVersion을 지정한다는 것은 해당 버전까지는 테스트해서 앱을 실행하는 데 문제가 없다는 의미이고, 그 버전까지는 호환성 모드를 쓰지 않겠다는 뜻이다.

호환성 모드의 동작

호환성 모드는 안드로이드 버전이 올라가더라도 앱의 기존 동작이 바뀌는 것을 방지하기 위한 것이다. 프레임워크 소스를 보면 `targetSdkVersion`으로 체크하는 부분이 많다. *http://androidxref.com*에서 버전을 선택하고 Symbol에 'targetSdkVersion'을 검색하면 호환성 모드가 사용되는 부분을 확인할 수 있다.

targetSdkVersion은 가급적 높게 지정

결론적으로 단말 버전에 따라 최신 기능을 쓸 수 있기 때문에 `targetSdkVersion`은 높여서 쓰는 것이 권장된다. 다만 `targetSdkVersion`을 높이면 테스트할 내용이 많아진다.

1.3.2 호환성 모드 동작 예시

버전에 따라서 동작이 변경되고 호환성 모드로 동작하는 건 어떤 게 있을까? 몇 가지 예를 들어보자.

AsyncTask 병렬/순차 실행

허니콤 이전 버전에서 AsyncTask에서 태스크를 실행하면 병렬 실행되었지만, 허니콤부터는 순차 실행으로 변경되었다. 그런데 단순히 이렇게 이해하면 끝이 아니다. 이것도 `targetSdkVersion`이 10 이하이면 안드로이드 버전이 4.X라고 해도 기존과 동일하게 병렬 실행으로 동작한다. `ScrollView`, `ListView`나 `ViewPager`에서 포커스된 화면의 데이터를 AsyncTask로 순차 실행해서 가져온다면, 스크롤 시에 AsyncTask 작업이 쌓여 속도가 느려진다. 이때는 AsyncTask가 버전에 따라 다르게 동작하도록 코드를 작성해야 한다.[7]

아래는 support-v4에 포함된 AsyncTaskCompat을 간략히 한 것이다.

코드 1-2 AsyncTaskCompat.java

```
public static <Params, Progress, Result> AsyncTask<Params,
        Progress, Result> executeParallel(
        AsyncTask<Params, Progress, Result> task, Params... params) {
    if (task == null) {
        throw new IllegalArgumentException("task can not be null");
    }
    if (Build.VERSION.SDK_INT >= 11) {
        task.executeOnExecutor(AsyncTask.THREAD_POOL_EXECUTOR, params);
    } else {
```

---

7 AsyncTask가 아닌 다른 라이브러리(네트워크 용도라면 Volley 등)를 사용하기도 한다.

```
        task.execute(params);
    }
    return task;
}
```

모든 버전에서 병렬 실행을 위해, 필자도 위와 동일한 메서드를 따로 만든 적이 있는데, 그러지 말고 AsyncTaskCompat을 바로 사용하도록 하자.

메인 스레드상에서 네트워크 통신

메인 스레드상에서 네트워크 통신은 진저브레드 API 레벨 9까지 허용되었으나, 그 이후에는 에러가 발생한다. targetSdkVersion을 높여서 NetworkOnMainThread Exception이 발생한다면, 백그라운드 스레드에서 네트워크 통신을 하도록 변경해야 한다.

하드웨어 가속

하드웨어 가속(hardware acceleration)은 GPU를 가지고 View에서 Canvas에 그리는 작업을 하는 것이다. 하드웨어 가속은 허니콤에서 처음 시작되었고 targetSdkVersion이 14 이상이면 디폴트 옵션이다. 하드웨어 가속을 사용하면 SlidingPaneLayout이나 여러 슬라이딩 메뉴(sliding menu) 라이브러리에서 애니메이션이 끊김 없이 작동된다. 필자의 경우도 애니메이션 끊김 현상이 단지 하드웨어 가속 옵션만으로 해결되는 경우를 여러 번 겪었다. 그래서 가능하면 하드웨어 가속을 쓰는 게 좋지만 쓴다고 항상 속도가 향상되는 것은 아니다. *http://developer.android.com/intl/ko/guide/topics/graphics/hardware-accel.html*을 참고해서 테스트하고 수준별(Application, Activity, Window, View)로 오버라이드하는 방법을 사용하자.

앱 위젯 기본 패딩

targetSdkVersion이 14 이상일 때는 앱 위젯에 기본 패딩이 존재한다. 기존에는 셀의 사이즈를 가득 채웠지만 targetSdkVersion이 올라가면 기본 패딩 때문에 앱 위젯의 실제 사이즈는 기존보다 작아진다. 이와 관련해서는 8.6.5절에서 상세하게 설명하였다.

명시적 인텐트로 서비스 시작

targetSdkVersion이 21 이상일 때는 startService()나 bindService() 메서드를 실행할 때 명시적 인텐트를 사용해야 한다. 암시적 인텐트를 사용하면 예외가 발생한다. 이것도 targetSdkVersion이 20 이하이면 예외가 발생하지 않고 문제없이 동작한다.

1.3.3 단말 버전 체크

코드 1-2와 같이 코드 내에서 단말 버전을 체크해서 다른 메서드를 호출하는 경우가 있다. 이 절에서는 단말 버전 체크가 필요한 이유와 적용 방법을 살펴보자.

targetSdkVersion과 compileSdkVersion

안드로이드 스튜디오의 build.gradle 설정에서 targetSdkVersion과 혼동되기 쉬운 것이 compileSdkVersion이다.[8] compileSdkVersion은 컴파일 시에 어느 버전의 android.jar를 사용할지 정하는 것이다. 참고로 android.jar는 〈sdk〉/plaforms/android-[버전] 디렉터리에 있다. compileSdkVersion은 디폴트 값이 없으므로 반드시 지정해야만 한다. 간단히 말해서 targetSdkVersion은 런타임 시에 비교해서 호환성 모드로 동작하기 위한 값이고, compileSdkVersion은 컴파일 시에 사용할 버전을 정하는 것이다. 규칙이 있는 것은 아니지만 compileSdkVersion은 targetSdkVersion과 동일하거나 그 이상으로 정하는 경우가 많다.

버전 체크 필요

안드로이드는 버전에 따른 하위 호환성이 좋은 편이다. 그런데 높은 버전의 단말에서는 새로 추가된 기능을 활용할 때가 많다. compileSdkVersion을 높은 버전으로 정하고 컴파일해서 만든 앱이, 낮은 버전의 단말에 설치되어 동작한다면 어떤 현상이 발생할까? 높은 버전에만 있는 클래스나 메서드가 실행되면서 크래시가 발생한다. 이때에 버전을 체크하는 코드를 사용하게 된다. 버전 체크와 관련한 내용은 안드로이드 앱뿐만 아니라 iOS 앱 개발에서도 마찬가지이다. 한 가지 예를 들어보자. 필자는 ArrayAdapter의 addAll() 메서드를 사용한 적이 있다. 앱의 minSdkVersion이 8(프로요)인데, addAll() 메서드는 허니콤부터 사용 가능한 메서드라서 프로요나 진저브레드 단말에서는 크래시가 발생하였다. addAll()과 같이 예전 버전부터 당연히 있어야 할 것 같은 메서드도 나중에야 추가되는 경우도 많다. 결국 버전에 따른 분기가 필요하다. 이때 코드 1-2와 같이 if 문을 사용해서 버전을 체크하는 코드를 사용한다.

---

8 compileSdkVersion은 이클립스에서는 project.properties 파일의 target 프로퍼티에 해당한다.

크래시 방지

버전을 체크하는 코드는 최신 버전의 기능을 활용하는 것과 크래시를 방지하는 두 가지 의미가 있다. 낮은 버전의 API만을 사용해서는 많은 사용자를 만족시키는 기능을 만들기 쉽지 않다. 따라서 앱 개발 시에는 compileSdkVersion을 높은 버전으로 지정하고 단말의 버전이 높다면 최신 기능의 기존 메서드를 사용하고 그렇지 않으면 부족한 기능의 기존 메서드로 대체한다. 이렇게 호출하는 메서드를 달리하는 것인데, 아무래도 중요한 것은 역시 크래시 방지이다. 별거 아닌 것 같지만 버전 체크를 빠뜨리고 앱을 배포할 경우 많은 크래시를 유발하기도 한다 (필자도 버전 문제로 다량의 크래시를 유발한 적이 있다). 모든 안드로이드 버전의 단말을 가지고 앱의 모든 기능을 테스트하는 게 아니기 때문에, if 문으로 분기하지 않거나 비교 레벨을 잘못 기재한 경우에 실제 사용자 단말에서 많은 크래시가 발생한다. 문제가 발생하고 나서야 앱을 패치해보지만 이미 발생한 수많은 크래시는 어쩔 수 없다.

예를 들어보자. SharedPreferences.Editor에는 데이터를 반영하는 용도의 apply() 메서드와 commit() 메서드가 있다. 그런데 commit() 메서드는 XML 파일에 동기 반영이고 apply() 메서드는 비동기 반영이라서 apply() 메서드가 권장된다. 그런데 apply() 메서드는 API 레벨 9부터 사용 가능하다. 속도 향상을 위해서는 개선된 버전의 메서드를 사용해야 하므로 버전에 따라 분기할 필요가 있다.

코드 1-3 SharedPreferences 반영

```
public static apply(SharedPreferences.Editor editor) {
    if (Build.VERSION.SDK_INT >= 9) {
        editor.apply();
    } else {
        editor.commit();
    }
}
```

그런데 이런 버전 관련 분기 코드가 여기저기 다른 패키지에 산재해 있다면 그것도 문제다. 코드 리뷰 시에 문제점을 금방 발견하기도 어려우므로 compat 패키지를 별도로 만들고 이 안에서 기능 단위로 클래스를 만드는 것을 권장한다.

support 패키지의 -Compat 클래스 사용

한편 support-v4에는 이미 많은 -Compat 클래스가 있다. ViewCompat, Activity Compat, WindowCompat, NotificationCompat, AsyncTaskCompat 등이 있고, 코드 1-3

을 불필요하게 만드는 SharedPreferencesCompat.EditorCompat도 있다.

한번은 ScrollView에서 스크롤하다가 멈추면 스크롤 위치를 보정하는 기능을 만든 적이 있다. 그런데 이 기능이 진저브레드 이상에 있는 오버스크롤 모드와 충돌하는 문제가 생겼다. 마지막까지 스크롤해서 오버스크롤이 된다면 계속 떨면서 위아래로 왔다갔다 하는 현상이 생기는데, 이 문제를 해결하기 위해서 처음에는 아래와 같이 코드를 작성하였다.

```
if (Build.VERSION.SDK_INT >= 9) {
    listview.setOverScrollMode(View.OVER_SCROLL_NEVER);
}
```

이것도 ViewCompat을 쓰면 간단하다.

```
ViewCompat.setOverScrollMode(listView, ViewCompat.OVER_SCROLL_NEVER);
```

ViewCompat.OVER_SCROLL_NEVER 상수처럼 상위 버전에 있는 여러 상수 값이 -Compat에도 선언되어 있는 경우가 많다.

ViewCompat 구조 활용

support-v4에 호환 메서드가 이미 있다면 이것을 먼저 사용하고, 없을 때에만 별도로 작성하자. 버전마다 동작이 달라지도록 코드를 작성할 때는 ViewCompat 클래스의 구조를 활용하는 것도 좋다. ViewCompat의 일부 소스를 보자. 메서드 내에서 if 문으로 버전을 체크하지 않고, 정적 초기화 블록에서 if 문으로 버전을 체크해서 사용하는 클래스를 지정한다.

코드 1-4 ViewCompat.java

```
public class ViewCompat {

    public static final int OVER_SCROLL_ALWAYS = 0;

    public static final int OVER_SCROLL_IF_CONTENT_SCROLLS = 1;

    public static final int OVER_SCROLL_NEVER = 2;

    ...

    interface ViewCompatImpl {
        public boolean canScrollHorizontally(View v, int direction);
        public boolean canScrollVertically(View v, int direction);
        public int getOverScrollMode(View v);
        public void setOverScrollMode(View v, int mode);              ❶
        ...
    }
```

```
static class BaseViewCompatImpl implements ViewCompatImpl {
    public boolean canScrollHorizontally(View v, int direction) {
        return false;
    }
    public boolean canScrollVertically(View v, int direction) {
        return false;
    }
    public int getOverScrollMode(View v) {
        return OVER_SCROLL_NEVER;
    }
    public void setOverScrollMode(View v, int mode) {
        // Do nothing; API doesn't exist
    }
    ...
}

static class EclairMr1ViewCompatImpl extends BaseViewCompatImpl { // ❸
    ...
}

static class GBViewCompatImpl extends EclairMr1ViewCompatImpl { // ❹
    @Override
    public int getOverScrollMode(View v) {
        return ViewCompatGingerbread.getOverScrollMode(v); // ❺
    }
    @Override
    public void setOverScrollMode(View v, int mode) {
        ViewCompatGingerbread.setOverScrollMode(v, mode); // ❻
    }
}

static class HCViewCompatImpl extends GBViewCompatImpl {
    ...
}

static class ICSViewCompatImpl extends HCViewCompatImpl {
    @Override
    public boolean canScrollHorizontally(View v, int direction) {
        return ViewCompatICS.canScrollHorizontally(v, direction);
    }
    @Override
    public boolean canScrollVertically(View v, int direction) {
        return ViewCompatICS.canScrollVertically(v, direction);
    }
    ...
}

static class JBViewCompatImpl extends ICSViewCompatImpl {
    ...
}

static class JbMr1ViewCompatImpl extends JBViewCompatImpl {
    ...
}
```

❷

```
static class KitKatViewCompatImpl extends JbMr1ViewCompatImpl {
    ...
}

static final ViewCompatImpl IMPL;
static {
    final int version = android.os.Build.VERSION.SDK_INT;
    if (version >= 19) {
        IMPL = new KitKatViewCompatImpl();
    } else if (version >= 17) {
        IMPL = new JbMr1ViewCompatImpl();
    } else if (version >= 16) {
        IMPL = new JBViewCompatImpl();
    } else if (version >= 14) {
        IMPL = new ICSViewCompatImpl();
    } else if (version >= 11) {
        IMPL = new HCViewCompatImpl();
    } else if (version >= 9) {
        IMPL = new GBViewCompatImpl();
    } else {
        IMPL = new BaseViewCompatImpl();
    }
}

public static boolean canScrollHorizontally(View v, int direction) {
    return IMPL.canScrollHorizontally(v, direction);
}

public static boolean canScrollVertically(View v, int direction) {
    return IMPL.canScrollVertically(v, direction);
}

public static int getOverScrollMode(View v) {
    return IMPL.getOverScrollMode(v);
}

public static void setOverScrollMode(View v, int overScrollMode) {
    IMPL.setOverScrollMode(v, overScrollMode);
}

}
```

❼

❽

❶ ViewCompatImpl 인터페이스에는 ViewCompat에서 사용하는 메서드 목록이 들어간다. 이 메서드 목록이 버전에 따라 동작이 달라지는 것으로 ViewCompat의 정적 메서드와 일대일 매핑된다.

❼ 정적 초기화 블록에서 버전에 따라 인터페이스 구현체가 IMPL 변수에 들어간다. 인터페이스 구현체의 이름은 GBViewCompatImpl, HCViewCompatImpl, ICSViewCompatImpl과 같이 [버전명 약어]ViewCompatImpl 형태다.

❷ ViewCompatImpl 인터페이스의 기본 구현체이다. ❸ 이후 각 버전의 구현체

는 낮은 버전의 구현체를 상속하고 변경 내용은 오버라이드한다. 오버스크롤 모드와 관련한 메서드는 진저브레드부터 있으므로 ❹의 GBViewCompatImpl에서 getOverScrollMode()와 setOverScrollMode() 메서드를 오버라이드하는 것을 볼 수 있다.

❽ 정적 메서드는 결과적으로 버전에 매핑되어 있는 구현체의 메서드를 호출한다.

❺, ❻에서 사용하는 ViewCompatGingerbread는 ViewCompat이 있는 android.support.v4.view 패키지에 있고, 패키지 프라이빗(package-private) 클래스여서 ViewCompat에서만 사용된다. ViewCompatHC, ViewCompatICS 등과 함께 패키지 프라이빗 클래스이고 이들 클래스는 ViewCompat[버전명 약어]와 같은 이름을 사용한다. ViewCompatXxx 클래스에 있는 메서드를 보면 그 버전부터 새로 생긴 메서드를 호출하는 것을 알 수 있다. ❺, ❻과 같이 XxxViewCompatImpl에서 ViewCompatXxx의 메서드를 호출한다. 다시 말해서 ViewCompatXxx에서 호출되는 메서드는 그 버전부터 새로 생긴 메서드로 이해하면 된다. ViewCompatGingerbread를 한번 보자.

코드 1-5 ViewCompatGingerbread.java

```java
class ViewCompatGingerbread {
    public static int getOverScrollMode(View v) {
        return v.getOverScrollMode();
    }

    public static void setOverScrollMode(View v, int mode) {
        v.setOverScrollMode(mode);
    }
}
```

진저브레드에서 getOverScrollMode()와 setOverScrollMode() 메서드가 새로 추가되었고 버전에 관계없이 이들 메서드를 호출하기 위해서 ViewCompatGingerbread가 사용된다.

메인 스레드와 Handler

2장에서는 메인 스레드에서 UI 이벤트나 사용자 메시지를 처리하는 메커니즘을 살펴보자. Handler는 메인 Looper와 연결되어 메인 스레드에서 Message를 처리하는 중심 역할을 한다. Handler는 백그라운드 스레드에서도 특별한 용도로 사용 가능하다는 점에서 다음 장의 백그라운드 스레드와도 내용이 연결된다.

2.1 UI 처리를 위한 메인 스레드

애플리케이션은 성능을 위해 멀티 스레드를 많이 활용하지만, UI를 업데이트하는 데는 단일 스레드 모델[1]이 적용된다. 멀티 스레드로 UI를 업데이트하면 동일한 UI 자원을 사용할 때 교착 상태(deadlock), 경합 상태(race condition) 등 여러 문제가 발생할 수 있다. 따라서 UI 업데이트를 메인 스레드에서만 허용한다.

앱 프로세스가 시작되면서 메인 스레드가 생성된다. 컴포넌트(액티비티, 서비스, 브로드캐스트 리시버, Application)의 생명주기 메서드와 그 안의 메서드 호출은 기본적으로 메인 스레드에서 실행된다. 메인 스레드는 UI를 변경할 수 있는 유일한 스레드이기 때문에 메인 스레드를 UI 스레드로 부르기도 한다. 서비스, 브로드캐스트 리시버, Application은 사용자 인터페이스(UI)가 아니기 때문에, UI 스레드에서 실행된다고 하면 개념을 혼동하기 쉽다. UI를 변경하는 유일한 수단이라는 의미를 강조하기 위해서 UI 스레드를 쓴다고 이해하자.

---

[1] single thread model: 해당 변수나 메서드를 사용하는 시점에는 하나의 스레드만 실행된다.

자바 애플리케이션에서 메인 스레드

일반적인 자바 애플리케이션에서 main() 메서드로 실행되는 것이 바로 메인 스레드이다.

```java
public class Hello {

    public static void main(String[] args) {
        System.out.print("Hello");
    }

}
```

안드로이드 애플리케이션에서 메인 스레드

안드로이드 애플리케이션의 메인 스레드는 뭔가 특별한 것일까? 그렇지 않다. 안드로이드 프레임워크 내부 클래스인 android.app.ActivityThread가 바로 애플리케이션의 메인 클래스[2]이고, ActivityThread의 main() 메서드가 애플리케이션의 시작 지점이다.

ActivityThread는 클래스명 때문에 Thread를 상속한 것이라고 생각할 수 있지만, 어떤 것도 상속하지 않은 클래스이다. 클래스명의 앞부분이 Activity라서 액티비티와 관련된 것으로 오해할 수도 있다. ActivityThread는 액티비티만 관련되어 있는 것도 아니고 모든 컴포넌트들이 다 관련되어 있다. 여기서 'Activity'라는 이름은 앱의 '활동'으로 이해하는 것이 낫겠다. 이제 ActivityThread의 main() 메서드를 보자.

코드 2-1 ActivityThread.java

```java
public static void main(String[] args) {
    SamplingProfilerIntegration.start();

    CloseGuard.setEnabled(false);

    Environment.initForCurrentUser();

    EventLogger.setReporter(new EventLoggingReporter());

    Process.setArgV0("<pre-initialized>");

    Looper.prepareMainLooper(); // ❶

    ActivityThread thread = new ActivityThread();
    thread.attach(false);
```

---

2 실제로는 ZygoteInit이 시작점이지만 ActivityThread가 시작점이라고 이해하면 된다.

```
    if (sMainThreadHandler == null) {
        sMainThreadHandler = thread.getHandler();
    }

    AsyncTask.init();

    Looper.loop(); // ❷

    throw new RuntimeException("Main thread loop unexpectedly exited");
}
```

❶ 메인 Looper를 준비한다.

❷ 제일 중요한 라인으로 여기서 UI Message를 처리한다. Looper.loop() 메서드에 무한 반복문이 있기 때문에 main() 메서드는 프로세스가 종료될 때까지 끝나지 않는다.

2.2 Looper 클래스

메인 스레드의 동작을 이해하기 위해서는 ActivityThread의 main() 메서드에서 중심이 되는 Looper를 이해하는 것이 필요하다. 이 절에서 Looper와 관련한 내용을 살펴보자.

스레드별로 Looper 생성

Looper는 TLS(thread local storage)에 저장되고 꺼내어진다. 그 과정을 구체적으로 살펴보자. ThreadLocal<Looper>에 set() 메서드로 새로운 Looper를 추가하고, get() 메서드로 Looper를 가져올 때 스레드별로 다른 Looper가 반환된다. 그리고 Looper.prepare()에서 스레드별로 Looper를 생성한다. 특히 메인 스레드의 메인 Looper는 ActivityThread의 main() 메서드에서 Looper.prepareMainLooper()를 호출하여 생성한다. Looper.getMainLooper()를 사용하면 어디서든 메인 Looper를 가져올 수 있다.

Looper별로 MessageQueue 가짐

Looper는 각각의 MessageQueue를 가진다. 특히 메인 스레드에서는 이 MessageQueue를 통해서 UI 작업에서 경합 상태를 해결한다. 개발 중에 큐 구조가 필요할 때 java.util.Queue의 여러 구현체를 사용할 수도 있지만 Looper를 사용하는 것도 고려해 보자. 특히 스레드별로 다른 큐를 사용할 때는, Looper를 대신 사용하는 게 더 단순해질 수 있다.

Looper.loop() 메서드의 주요 코드

Looper.loop() 메서드의 주요 코드를 보자.

코드 2-2 Looper.java

```java
public static void loop() {
    final Looper me = myLooper();
    if (me == null) {
        throw new RuntimeException(
            "No Looper; Looper.prepare() wasn't called on this thread.");
    }
    final MessageQueue queue = me.mQueue;
    for (;;) {
        Message msg = queue.next(); // ❶
        if (msg == null) {
            return;                       // ❷
        }
        msg.target.dispatchMessage(msg); // ❸
        msg.recycle();
    }
}

public void quit() {
        mQueue.quit(false);
}

public void quitSafely() {
        mQueue.quit(true);
}
```

❶ MessageQueue에서 다음 Message를 꺼낸다.

❷ Message가 null이라면 리턴한다.

❸ Message를 처리한다. target은 Handler 인스턴스이고 결과적으로 Handler의 dispatchMessage() 메서드가 Message를 처리한다.

❷에서 MessageQueue에서 꺼낸 Message가 언제 null이 될까? 바로 Looper가 종료될 때이다. Looper를 종료하는 메서드가 quit(), quitSafely()이다. 두 메서드는 구체적으로 MessageQueue의 quit(boolean safe) 메서드를 호출하고, 그 결과 ❶의 queue.next()에서 null을 리턴하고 ❷에서 for 반복문이 종료된다.

quit()과 quitSafely() 메서드 차이

Looper API 문서에서 quit()과 quitSafely() 메서드의 차이도 확인하자. quit() 메서드는 아직 처리되지 않은 Message를 모두 제거한다. quitSafely() 메서드는 sendMessageDelayed() 등을 써서 실행 타임스탬프를 뒤로 미룬 지연 Message를 처리하는데, quitSafely() 메서드를 실행하는 시점에 현재 시간보다 타임스탬프가 뒤에 있는 Message를 제거하고 그 앞에 있는 Message는 계속해서 처리한다. quitSafely() 메서드는 젤리빈 API 레벨 18 이상에서 쓸 수 있다.

2.3 Message와 MessageQueue

MessageQueue는 Message를 담는 자료구조이다. MessageQueue의 구조는 java. util.Queue의 구현체 가운데서 ArrayBlockingQueue보다는 LinkedBlockingQueue 에 가깝다. ArrayBlockingQueue와 LinkedBlockingQueue를 비교해 보면, ArrayBlockingQueue는 배열에 노드를 추가하는 방식이고 LinkedBlockingQueue 는 변수에 다음 노드에 대한 링크를 가지는 방식이다. 배열 구조에 비해서 링크 구조는 일반적으로 개수 제한이 없고 삽입 속도가 빠르다. 대신 배열 구조는 랜덤 인덱스 접근이 가능하고 링크 구조는 순차 접근을 해야 한다. MessageQueue 에는 Message가 실행 타임스탬프순으로 삽입되고 링크로 연결되어, 실행 시간이 빠른 것부터 순차적으로 꺼내어진다.

Message 클래스

먼저 MessageQueue에 담기는 Message를 살펴보자. Message 클래스 내용을 보면 Message에 어떤 데이터가 전달되는지 알 수 있고, 이 데이터가 이후에 어떻게 사용되는지 이해하는 데도 도움이 된다.

코드 2-3 Message.java

```
public final class Message implements Parcelable {
    public int what;

    public int arg1;

    public int arg2;

    public Object obj;

    public Messenger replyTo;

    ...

    /* package */long when;

    /* package */Bundle data;

    /* package */Handler target;

    /* package */Runnable callback;
```

```
        /* package */Message next;

        ...

    }
```

MessageQueue에 들어가는 Message에는 퍼블릭 변수에 int arg1, int arg2, Object obj, Messenger replyTo, int what 5개가 있다. Message를 만들 때 이 변수에 값을 넣는다. Message에는 패키지 프라이빗 변수도 여러 개 있다. android.os 패키지 아래에 Looper, Message, MessageQueue, Handler도 있는데, 이들 클래스에서 Message의 패키지 프라이빗 변수에 직접 접근한다. target이나 callback 같은 것들이 Handler에서 postXxx(), sendXxx() 메서드를 호출할 때 Message에 담겨서 MessageQueue에 들어간다. postXxx(), sendXxx() 메서드에서 실행 시간 (when)이 전달되고, 나중에 호출한 것이라도 타임스탬프가 앞서면 큐 중간에 삽입된다. 이것이 삽입이 쉬운 링크 구조를 사용한 이유다.

obtain() 메서드를 통한 Message 생성

Message를 생성할 때는 오브젝트 풀(object pool)에서 가져오는 Message.obtain() 메서드나 Handler의 obtainMessage() 메서드 사용을 권장한다. 내부적으로 Handler의 obtainMessage()는 Message.obtain()을 다시 호출한다. 오브젝트 풀은 Message에 정적 변수로 있고(여기서도 링크로 연결됨) Message를 최대 50개까지 저장한다. 그리고 Looper.loop() 메서드에서 Message를 처리하고 나서 recycleUnChecked() 메서드를 통해 Message를 다시 초기화해서 재사용한다. 오브젝트 풀이 최대 개수에 도달하지 않았다면 오브젝트 풀에 Message를 추가한다. new Message()와 같이 기본 생성자로 생성해서 값을 채워도 동작에는 문제가 없어 보이지만 Message 처리가 끝나면 불필요하게 풀에 Message를 추가하면서 금방 풀의 최대 개수에 이른다. Message를 풀에서 가져와서(여분이 없으면 새로 생성) 풀에 돌려줘야지 따로 생성해서 풀에 돌려주면 자원이 낭비된다.[3]

---

3 Handler에서 Message를 처리하는 게 아니라, 값을 전달하기 위한 용도로 Message를 대신 사용해서 주고받는 경우에만 Message 기본 생성자를 사용하자.

2.4 Handler 클래스

Handler는 Message를 MessageQueue에 넣는 기능과 MessageQueue에서 꺼내 처리하는 기능을 함께 제공한다. 여기서는 Handler가 Looper, MessageQueue와 어떤 관계가 있는지 살펴보고 Handler의 사용 방법에 대해서 알아보자.

2.4.1 Handler 생성자

Handler를 사용하려면 먼저 생성자를 이해해야 한다. Handler에는 기본 생성자 외에도 Handler.Callback이 전달되는 생성자도 있고, Looper가 전달되는 생성자도 있다.

- Handler()
- Handler(Handler.Callback callback)
- Handler(Looper looper)
- Handler(Looper looper, Handler.Callback callback)

당연한 얘기지만 1~3번째 생성자는 파라미터 개수가 가장 많은 4번째 생성자를 다시 호출한다. Handler는 Looper(결국 MessageQueue)와 연결되어 있다. Looper는 이들 생성자와 어떤 관계일까? 기본 생성자는 바로 생성자를 호출하는 스레드의 Looper를 사용하겠다는 의미이다(Looper는 스레드 로컬 스토리지에 들어간다고 앞에서 얘기했다). 따라서 메인 스레드에서 Handler 기본 생성자는 앱 프로세스가 시작할 때 ActivityThread에서 생성한 메인 Looper를 사용한다. Handler 기본 생성자는 UI 작업을 할 때 많이 사용된다.

백그라운드 스레드에서 Handler 기본 생성자 사용하려면 Looper 필요

그럼 백그라운드 스레드에서 Handler 기본 생성자를 사용한다면 어떨까? 이 때 Looper가 준비되어 있지 않다면 RuntimeException이 발생한다. Runtime Exception의 "Can't create handler inside thread that has not called Looper. prepare"라는 메시지에 따라 문제를 해결하려면, 먼저 Looper.prepare()를 실행해서 해당 스레드에서 사용할 Looper를 준비해야 한다. 내부적으로 prepare() 메서드는 MessageQueue를 생성하는 것 외에 별다른 동작을 하지 않는다.

Looper API 문서를 보면 백그라운드 스레드에서 Handler를 사용하는 샘플이 나온다.

코드 2-4 Looper 사용

```
class LooperThread extends Thread {
    public Handler mHandler;

    public void run() {
        Looper.prepare();
        mHandler = new Handler() {
            public void handleMessage(Message msg) {
                // 여기서 Message 처리
            }                                              ❶
        };

        Looper.loop();
    }
}
```

LooperThread에서 스레드를 시작하면 Looper.loop()에 무한 반복문이 있기 때문에 해당 스레드는 종료되지 않는다. 그리고 mHandler에서 sendXxx(), postXxx() 메서드를 사용하면 스레드 내에서 ❶을 실행한다.

호출 위치가 메인 스레드인지 확인이 쉽지 않음

개발 중에 Looper가 준비되지 않아서 RuntimeException을 만나는 경우가 있다. 백그라운드 스레드에서 Handler 기본 생성자를 쓴 경우이다.

메서드 호출 스택이 깊어지면 호출 위치가 메인 스레드인지 백그라운드 스레드인지 확인이 금방 안 되기도 한다. 예를 들어 어떤 메서드에서는 단순하게 TextView의 setText()를 실행하지만, 메서드를 호출하는 곳이 여러 군데이거나 메서드 호출 스택이 깊어서 어떤 스레드에서 호출하는지 알기 쉽지 않은 상황을 가정해 보자. 여러 곳에서 사용하는 메서드라면 메인 스레드뿐 아니라 백그라운드 스레드에서도 호출할 가능성이 있다. 기본 생성자로 Handler를 생성하고 post() 메서드를 통해서 TextView를 변경하려 하는데, Handler를 메인 스레드에서 생성하는지 백그라운드 스레드에서 생성하는지 모호한 경우가 있다. 메인 스레드에서는 메인 Looper가 이미 있어서 문제가 되지 않지만, 백그라운드 스레드에서는 대응하는 Looper가 없다면 RuntimeException을 만나게 된다.

예를 들어, 아래 코드에서 BadgeListener의 updateBadgeCount()에서 UI를 변경한다.

```
public void process(BadgeListener listener) {
    int count = ...
    listener.updateBadgeCount(count);
}
```

process() 메서드는 메인 스레드에서 호출할 때는 문제가 없다. 하지만 백그라운드 스레드에서 호출한다면 CalledFromWrongThreadException이 발생한다. 이때 Looper와 Handler의 관계를 잘 모른다면 아래처럼 작성할 수도 있다.

```
public void process(BadgeListener listner) {
    int count = ...
    new Handler().post(new Runnable() {  // ❶

        public void run() {
            listener.updateBadgeCount(count); // ❷
        }

    });
}
```

백그라운드 스레드에서 Looper가 연결되어 있지 않다면 ❶에서 Runtime Exception이 발생한다. 백그라운드 스레드에서 Looper를 생성해도 ❷는 UI를 업데이트하는 작업이기 때문에 이번에는 CalledFromWrongThreadException이 발생한다. 메인 스레드에서만 UI를 업데이트할 수 있는데, 바로 메인 Looper와 연결된 Handler가 필요하다. 이때 Handler의 세 번째 생성자인 Handler(Looper looper)를 사용하면 된다.

```
public void process(BadgeListener listner) {
    int count = ...
    new Handler(Looper.getMainLooper()).post(new Runnable() {

        public void run() {
            listener.updateBadgeCount(count);
        }

    });
}
```

Handler 생성자에 Looper.getMainLooper()를 전달하면, 메인 Looper의 Message Queue에서 Runnable Message를 처리한다. 따라서 run() 메서드의 코드는 메인 스레드에서 실행되고 UI를 문제없이 업데이트한다.

2.4.2 Handler 동작

앞에서도 언급했듯이 Handler는 Message를 MessageQueue에 보내는 것과 Message를 처리하는 기능을 함께 제공한다. post(), postAtTime(), postDelayed() 메서드를 통해서 Runnable 객체도 전달되는데, Runnable도 내부적으로 Message에 포함되는 값이다.

Handler에서 Message를 보내는 메서드 목록을 살펴보자.

	send	post
기본	sendEmptyMessage(int what) sendMessage(Message msg)	post(Runnable r)
-Delayed	sendEmptyMessageDelayed(int what, long delayMillis) sendMessageDelayed(Message msg, long delayMillis)	postDelayed(Runnable r, long delayMillis)
-AtTime	sendEmptyMessageAtTime(int what, long uptimeMillis) sendMessageAtTime(Message msg, long uptimeMillis)	postAtTime(Runnable r, Object token, long uptimeMillis) postAtTime(Runnable r, long uptimeMillis)
-AtFrontOf Queue	sendMessageAtFrontOfQueue (Message msg)	postAtFrontOfQueue(Runnable r)

- sendEmptyMessage(), sendEmptyMessageDelayed(), sendEmptyMessageAtTime() 메서드는 Message의 what 값만을 전달한다.
- -Delayed()로 끝나는 메서드는 내부적으로 -AtTime() 메서드를 호출한다. 현 재 시간 uptimeMillis에 delayMillis를 더한 값이 uptimeMillis 파라미터에 들어간다. uptimeMillis에 관한 상세한 내용은 10.3.2절에서 다시 살펴보 겠다.
- sendMessageAtFrontOfQueue()나 postAtFrontOfQueue() 메서드는 특별한 상황이 아니면 쓰지 말라는 가이드가 있다. 권한 문제나 심각한 서버 문제처럼, 앱을 더 이상 쓸 수 없는 특별한 때가 아니면 사용할 일이 없다. 남용하면 안되는 메서드이다.

dispatchMessage() 메서드

Looper.loop() 메서드에서 호출하는 Handler의 dispatchMessage() 메서드를 보자.

코드 2-5 Handler.java

```
public void dispatchMessage(Message msg) {
    if (msg.callback != null) {
        handleCallback(msg);
    } else {
        if (mCallback != null) {
            if (mCallback.handleMessage(msg)) {
                return;
            }
        }
        handleMessage(msg);                          ❶
    }
}

private static void handleCallback(Message message) {
    message.callback.run();
}
```

❶ callback Runnable이 있다면 그것을 실행하고 아니면 handleMessage()를 호출한다.

dispatchMessage()는 퍼블릭 메서드이다. 드물긴 하지만 sendXxx()나 postXxx()를 쓰지 않고 dispatchMessage() 메서드를 직접 호출하기도 하는데, 이 때는 MessageQueue를 거치지 않고 직접 Message를 처리한다.

2.4.3 Handler 용도

Handler는 일반적으로 UI 갱신을 위해 사용된다. 이 절에서는 Handler의 용도를 살펴보자.

백그라운드 스레드에서 UI 업데이트

백그라운드 스레드에서 네트워크나 DB 작업 등을 하는 도중에 UI를 업데이트 한다. AsyncTask에서도 내부적으로 Handler를 이용해서 onPostExecute() 메서드를 실행해서 UI를 업데이트한다.

메인 스레드에서 다음 작업 예약

UI 작업 중에 다음 UI 갱신 작업을 MessageQueue에 넣어 예약한다. 작업 예약이 필요한 경우가 있는데, 예를 들어 Activity의 onCreate() 메서드에서 하지 못하는 일들이 있다. 소프트 키보드를 띄우는 것이나, ListView의 setSelection() 메서드를 호출하는 작업은 onCreate() 메서드에서는 잘 동작하지 않는다. 이때 Handler에 Message를 보내면 현재 작업이 끝난 이후의 다음 타이밍에 Message를 처리한다.

반복 UI 갱신

반복해서 UI를 갱신한다. DigitalClock이나 TextClock 같은 위젯도 Handler를 이용해서 현재 시간을 갱신해서 보여준다. 반복해서 UI를 갱신하는 패턴은 다음과 같다.

코드 2-6 반복 UI 갱신 패턴

```java
private static final int DELAY_TIME = 2000;

private Runnable updateTimeTask = new Runnable() {

    @Override
    public void run() {
        systemInfo.setText(monitorService.getSystemInfo());
        handler.postDelayed(this, DELAY_TIME); // ❶
    }

};

public void onClickButton(View view) {
    handler.post(updateTimeTask);
}
```

UI 갱신이 끝나고 ❶에서 postDelayed()에 Runnable 자체를 전달해서 계속 반복한다.

시간 제한

시간을 제한할 때 사용한다. 안드로이드에서 내부적으로 ANR을 판단할 때도 사용하는 방법이다. 아래 코드는 개발자 가이드에 있는 것인데, 블루투스 LE 디바이스를 스캔하는 시간을 제한한다.

코드 2-7 블루투스 LE 스캔 시간 제한

```java
private static final long SCAN_PERIOD = 10000;

private void scanLeDevice(final boolean enable) {
    if (enable) {
        mHandler.postDelayed(new Runnable() {

            @Override
            public void run() {                              // ❶
                mScanning = false;
                mBluetoothAdapter.stopLeScan(mLeScanCallback);
            }

        }, SCAN_PERIOD);

        mScanning = true;
```

```
        mBluetoothAdapter.startLeScan(mLeScanCallback); // ❷
    } else {
        mScanning = false;
        mBluetoothAdapter.stopLeScan(mLeScanCallback);
    }
    ...
}
```

❷에서 startLeScan()을 실행하는데, ❶의 postDelayed(Runnable) 메서드에서 stopLeScan()을 10초 후에 실행하도록 Runnable Message를 전달하였다.

앱에서 많이 사용하는 방식으로, 몇 초 내에 백 키를 반복해서 누를 때에만 앱이 종료되도록 할 때도 같은 방식을 사용한다.

코드 2-8 백 키를 두 번 이상 연속해서 누를 때만 액티비티 종료

```
private boolean isBackPressedOnce = false; // ❶

@Override
public void onBackPressed() {
    if (isBackPressedOnce) { // ❷
        super.onBackPressed();
    } else {
        Toast.makeText(this, R.string.backpressed_message, ─────┐
            Toast.LENGTH_SHORT).show(); ───────────────────────┤──❸
        isBackPressedOnce = true; // ❹
        timerHandler.postDelayed(timerTask, 5000);  // ❺
    }
}

private final Runnable timerTask = new Runnable() { ──────────┐

    @Override
    public void run() {
        isBackPressedOnce = false;                            ├──❻
    }
};  ─────────────────────────────────────────────────────────┘
```

❶ isBackPressedOnce 변수가 종료 플래그이다. 최초 값은 false이다.

❷ 종료 플래그가 true이면 종료한다. 최초 값이 false이기 때문에 처음에는 이 조건에 걸리지 않는다.

❸ 처음 백 키를 누르면 "정말 종료하시겠습니까?"라는 Toast를 띄운다. 그러고서 ❹에서 종료 플래그를 true로 바꾼다.

❺ postDelayed() 메서드로 5초 후에 할 작업을 지정한다.

❻ Runnable Message는 종료 플래그를 다시 false로 되돌린다.

안드로이드 프레임워크 내부에서 쓰이는 Handler

안드로이드 프레임워크에서도 내부적으로 Handler를 많이 사용한다. 메인 스레드에서 실행해야 하는 작업들이, Handler를 사용해서 메인 Looper의 MessageQueue를 거쳐서 순차적으로 실행된다.

- ActivityThread의 내부 클래스인 H는 Handler를 상속한다. 컴포넌트 생명주기 Message는 모두 H를 거친다. Message의 what 변수에 들어가는 int 상수에는 LAUNCH_ACTIVITY, RESUME_ACTIVITY, PAUSE_ACTIVITY, DESTROY_ACTIVITY, CREATE_SERVICE, STOP_SERVICE, RECEIVER, BIND_APPLICATION, EXIT_APPLICATION 등이 있다.
- ViewRootImpl 클래스에서 Handler를 이용해서 터치(touch)나 그리기(invalidate) 등 이벤트를 처리한다(MSG_INVALIDATE, MSG_RESIZED, MSG_DISPATCH_INPUT_EVENT, MSG_CHECK_FOCUS, MESSAGE_DISPACH_DRAG_EVENT 등). ViewRootImpl은 ICS까지는 Handler를 직접 상속했지만, 젤리빈부터는 내부 클래스인 ViewRootHandler가 Handler를 상속한다. ViewRootImpl에서 처음 그릴 때나 다시 그릴 때(invalidate() 호출, 레이아웃 변경, Visibility 변경 등) 화면에 그리라는 Messge를 Choreographer에 위임하는데, Choreographer에서도 내부적으로 Handler를 상속한 FrameHandler를 사용한다.
- Activity는 멤버 변수에 Handler가 있고 runOnUiThread() 메서드에서만 사용된다.
- View에는 ViewRootImpl에서 전달된 ViewRootHandler를 post()와 postDelayed() 메서드에서 사용한다.

2.4.4 Handler의 타이밍 이슈

개발하다 보면 수많은 타이밍 이슈를 접하게 된다. 원하는 동작 시점과 실제 동작 시점에서 차이가 생기는데, 이런 타이밍 이슈는 메인 스레드와 Handler를 이해하고 나면 생각보다 단순하게 해결할 수 있다.

예를 들어 보자. Activity의 onCreate() 메서드에서 Handler의 post() 메서드를 실행하면, 실제 post() 메서드에 전달되는 Runnable이 실행되는 시점은 언제일까? onCreate() 다음일까 아니면 다른 어느 시점일까? 메인 스레드에서는 한 번에 하나의 작업밖에 하지 못하고, 여러 작업이 서로 엉키지 않기 위해서 메인 Looper[4]의 MessageQueue에서 Message를 하나씩 꺼내서 처리한다는 것을 먼저 염두에 두자. onCreate()부터 onResume()까지 각각의 생명주기 메서드는 MessageQueue에서 각각 꺼내져 실행되는 것일까? 전혀 그렇지 않다. Message

---

4 Context의 getMainLooper()나 Looper.getMainLooper()로 가져올 수 있다.

Queue에서 Message를 하나 꺼내오면 onCreate()에서 onResume()까지 쭉 실행된다.[5] 그럼 이제 바로 답이 나온다. onCreate()에서 Handler의 post()에 전달한 Runnable은 onResume() 이후에 실행된다. 이미 MessageQueue에서 꺼내 실행 중이기 때문에 onCreate() 실행 도중에 Handler의 postAtFrontOfQueue() 메서드를 실행해도 마찬가지로 onResume() 이후에 실행된다.

지연 Message는 처리 시점을 보장할 수 없음

Handler에서 -Delayed()나 -AtTime() 메서드에 전달된 지연 Message는 지연 시간(delay time)을 정확하게 보장하지는 않는다. MessageQueue에서 먼저 꺼낸 Message 처리가 오래 걸린다면 실행이 당연히 늦어진다. 지연 시간과 관련한 간단한 샘플을 보자.

코드 2-9 부정확한 지연 시간 Message 처리

```
Handler handler = new Handler();
handler.postDelayed(new Runnable() {

    @Override
    public void run() {
        Log.d(TAG, "200 delay");
    }

}, 200);                                            ❶

handler.post(new Runnable() {

    @Override
    public void run() {
        Log.d(TAG, "just");
        SystemClock.sleep(500);
    }

});                                                 ❷
```

❶, ❷에서 각각 Runnable Message를 보냈다. ❶에서 먼저 첫 번째 Message를 보내지만 200ms 이후에 실행되는 작업이고 ❷에서 보낸 두 번째 Message는 즉시 실행되지만 슬립(sleep) 시간을 포함하여 500ms가 걸리는 작업이다. 단일 스레드의 규칙 때문에 앞의 작업을 다 끝내야만, 뒤의 것을 처리할 수 있다. 따라서 '200 delay'라는 로그는 200ms가 아닌 최소 500ms 이후에 남게 된다. 그러므로 지정한 지연 시간 후에 정확히 Message가 처리된다고 가정하면 안 된다. 예처럼

---

[5] 이와 관련해서는 ActivityThread의 handleLaunchActivity() 메서드를 참고하자.

200ms 간격을 두었다면 그 사이에 다른 Message가 MessageQueue에 쌓일 가능성이 있다. 하나의 예를 든 것이지만 메인 스레드에서 다른 Message를 처리하느라고 당장 하려는 작업이 지연되는 케이스는 실제로도 흔하다.

2.5 UI 변경 메커니즘

메인 스레드에서의 UI 변경(TextView를 예로 들면 setText, setTextSize, setTextColor 등) 메커니즘을 간단히 살펴보자. 언제 UI가 변경되고 변경되지 않는지 메커니즘을 이해한다면 더 정확하게 코드를 작성할 수 있다.

UI를 변경하는 메서드는 TextView에서처럼 주로 setXxx()로 되어 있다. 필자의 경우 커스텀 뷰를 만들면서 이런 세터(setter) 메서드를 작성할 때, POJO(plain old java object)와 같이 단순 대입만 하는 실수를 한 경험이 있고 주위에서도 이런 실수를 보기도 했다. 값을 지정하기만 하면 되는 게 아니다. 다시 그리도록 invalidate() 메서드를 호출해야 한다.

```
public void setTitle(String title) {
    this.title = title;
    invalidate(); // ❶
}
```

다시 그리도록 ❶과 같이 invalidate() 메서드를 호출해야만 메인 Looper의 MessageQueue에 들어가서 다음 타이밍에 화면에 그린다. 이때 파라미터로 전달한 title을 onDraw()에서 반영하는 식이다.

invalidate() 메서드의 호출 스택 확인

invalidate()부터 시작하는 메서드를 따라가보자.

1. View의 invalidate() 메서드는 상위 ViewGroup에 자신의 영역을 다시 그려야 한다는 의미로 ViewGroup의 invalidateChild(View child, final Rect dirty)를 호출한다.

2. invalidateChild() 메서드는 do while 문에서 parent에 parent.invalidateChildInParent(location, dirty)를 대입하고, parent가 null이 아닌 동안에 계속 호출한다. 여기서 ViewParent 인터페이스가 등장한다. View에는 getViewGroup() 같은 메서드가 있을 것 같은데 그런 메서드는 없다. 대신 getParent() 메서드가 있고 getParent()는 ViewParent를 리턴한다. 따라서 상위 ViewGroup을 가져오는 방법은 getParent()를 실행하고 번거롭

게도 ViewGroup으로 캐스팅하는 것이다. do while 문에서 View/ViewGroup
이 다시 그리는 영역을 상위로 전달하다 보면 어쨌든 가장 위까지 전달
될 것이다. 가장 상위는 역시 ViewGroup(com.android.internal.policy.
PhoneWindow$DecorView)인데 여기서 다시 그리라는 Message를 보낼 수
도 있다. 하지만 로직을 분리하기 위해서 가상으로 또 다른 상위를 만들
었다. 이것이 ViewRootImpl 클래스이다. ViewGroup과 ViewRootImpl은
ViewParent 인터페이스를 구현한 것으로 invalidateChildInParent()는
ViewParent 인터페이스의 메서드이다.

3. invalidateChild() 메서드는 do while 문에서 최종적으로 ViewRootImpl의
   invalidateChildInParent(int[] location, Rect dirty)를 호출한다.

4. ViewRootImpl에서 invalidateChildInParent()의 주 작업은 schedule
   Traversals() 메서드를 호출하는 것이다. scheduleTraversals() 메서드는
   무효화된(invalidated) 영역을 다시 그리기 위한 순회(traversal) 작업을 스
   케줄링한다. 스케줄링은 기존에는 메인 Looper의 MessageQueue에 Message
   를 직접 넣었지만 젤리빈부터는 Choreographer에 다시 위임한다.

 ViewRootImpl의 invalidateChildInParent()에서는 맨 먼저 checkThread() 메서드
를 호출해서 메인 스레드가 아니면 CalledFromWrongThreadException을 발생시킨다.

invalidate()를 여러 번 호출하는 경우

이제는 샘플을 통해 내용을 더 살펴보자. 아래 코드는 어떤 동작을 할까?

```
public void onClick(View view) {
    for (int i = 0; i < 5; i++) {
        currentValue.setText("Current Value=" + i);
        SystemClock.sleep(1000);
    }
}
```

1초마다 TextView의 텍스트를 바꿔주는 코드로 보인다. 그러나 실행해 보면 화
면이 1초마다 변경되지 않고 5초 후 마지막에 넣은 'Current Value=4'만 보이는
것을 확인할 수 있다. 5초 동안 메인 스레드를 잡고 있기 때문에 화면 갱신이 5
초 동안 가능하지 않은 것이다. TextView의 setText() 메서드는 로직이 복잡한
데 결국은 다시 그리기 위해서 invalidate() 메서드를 호출해야 한다. 여기서 의
문이 하나 생긴다. setText()에서 매번 invalidate()를 실행하면 5초 동안은 그
리지 못하지만, invalidate()에서 ViewRootImpl을 거쳐서 scheduleTraversals()

를 실행하면서 MessageQueue에 '다시 그리기' Message를 매번 쌓을 것 같다. 그러면 'Current Value=0'에서 'Current Value=4'까지 눈에 보이지 않을 정도로 짧은 시간에 출력해서 중간 과정을 사람의 눈으로는 보지 못하는 것은 아닐까? 그렇지는 않다. View에서는 mPrivateFlags라는 플래그를 사용해서, 메서드 내에서 invalidate()를 여러 번 호출해도 첫 번째 호출만 ViewRootImpl까지 전달된다. View의 invalidateInternal() 메서드의 시작 부분에서 mPrivateFlags 값으로 체크하는 if 조건문이 그 내용이다. 조건문은 꽤 복잡하다. 첫 번째 invalidate()를 호출하면 invalidateInternal() 메서드의 if 문 내에서 플래그를 변경한다. 그래서 다음 invalidate() 호출에서는 invalidateInternal() 메서드의 if 문에서 걸러져서 ViewRootImpl까지 도달하지 않는다. 결론적으로 메서드 내에서 여러 번 invalidate()를 호출해도 다시 그리라는 Message는 한 번만 전달되는 것이다.

그렇다고 invalidate() 메서드가 계속 막혀서도 안 된다. 한번 그려진 다음에 다시 invalidate()하는 경우는 또 그려야 한다. View의 mPrivateFlags는 패키지 브라이빗 변수인데 View, ViewGroup, ViewRootImpl 세 군데에서 적절하게 변경해서 이 문제를 해결하고 있다.

다른 View 간에 invalidate() 메서드 호출

이제 다른 View끼리 invalidate()가 호출되면 또 어떻게 될까? 아래 코드는 TextView와 ImageView를 변경한 예이다.

```
public void onClick(View view) {
    title.setText("Go Go");
    image.setImageResource(R.drawable.icon);
}
```

이 경우 TextView와 ImageView를 변경하면 둘 다 invalidate() 메서드를 거쳐 ViewRootImpl까지 도달한다. 하지만 ViewRootImpl에서 mTraversalScheduled 변수를 가지고 if 문으로 체크해서 앞에서 한번 스케줄링되었다면 다시 넣지 않는다.

2.6 ANR

"Application Not Responding"(ANR)

개발 또는 사용 중에 자주 볼 수 있는 메시지이다. 어느 동작에서 메인 스레드를 오랫동안 점유하고 있다는 의미이다. 이 메시지를 통해 메인 스레드 점유가 끝날 때까지 대기할 것인지 프로세스를 종료할 것인지 사용자에게 묻는 과정을 거친다. 아무리 앱을 잘 만들어도 단말 상태가 좋지 않으면 ANR이 발생할 수 있기 때문에 이를 완벽하게 피할 수는 없다. 따라서 ANR이 발생할 수 있는 케이스를 최대한 줄이는 것이 그나마 가능한 목표다. 안드로이드 프레임워크에서 ANR 관련한 내용은 com.android.server.am.ActivityManagerService에서 확인할 수 있다(참고로 ActivityManagerService는 system_server 프로세스에서 실행된다).

2.6.1 ANR 타임아웃

ANR 타임아웃을 프레임워크 소스에서 확인해 보자. 먼저 젤리빈 이상에 적용된 내용을 보자.

```
// How long we allow a receiver to run before giving up on it.
static final int BROADCAST_FG_TIMEOUT = 10 * 1000;
static final int BROADCAST_BG_TIMEOUT = 60 * 1000;

// How long we wait until we timeout on key dispatching.
static final int KEY_DISPATCHING_TIMEOUT = 5 * 1000; // ❶
```

❶에서 InputDispatching(소스를 보다 보면 KeyDispatching, Input Dispatching 용어가 혼재되어 있는데 InputDispatching이 키 이벤트와 터치 이벤트를 포함한 것이라서 더 적절하다) 타임아웃은 ActivityManagerService뿐만 아니라, 네이티브 코드에도 동일한 값이 상수로 되어 있다.

ICS 이하에서는 코드가 좀 다르다.

```
// How long we allow a receiver to run before giving up on it.
static final int BROADCAST_TIMEOUT = 10 * 1000;

// How long we wait for a service to finish executing.
static final int SERVICE_TIMEOUT = 20 * 1000;

// How long we wait until we timeout on key dispatching.
static final int KEY_DISPATCHING_TIMEOUT = 5 * 1000;
```

젤리빈부터 생긴 차이는 2가지가 보인다.

1. SERVICE_TIMEOUT이 보이지 않는다. 그렇다고 서비스의 타임아웃이 사라진 것은 아니다. 클래스가 분리되면서 com.android.server.am.Active Services로 위치가 변경되었다.

2. 브로드캐스트 리시버 타임아웃이 포그라운드와 백그라운드 2단계로 바뀌었다. 기존에는 ANR이 10초면 발생하였지만 이제는 특별히 명시하지 않으면 1분(백그라운드)이면 타임아웃이 된다. 포그라운드로 명시하는 방법은 sendBroadcast()에 전달되는 Intent에 Intent.FLAG_RECEIVER_FOREGROUD 플래그를 추가하는 것이다. ActivityManagerService에는 포그라운드/백그라운드 용도의 BroadcastQueue가 각각 있는데, 큐에 쌓인 순서에 관계없이 포그라운드 용도의 BroadcastQueue를 먼저 처리한다.

세부적으로 구분하지 않는다면 타임아웃 케이스에는 크게 3가지가 있다. 브로드캐스트 리시버와 서비스, 그리고 InputDispatching(해당 케이스가 발생하는 것은 액티비티이므로 액티비티의 타임아웃으로 보기도 함)이다.

2.6.2 프레임워크에서 ANR 판단

ANR 발생 시에는 ActivityManagerService의 appNotResponding() 메서드에서 다이얼로그를 띄우는 등의 일을 처리한다. 이 메서드를 호출하는 쪽을 찾아보면 타임아웃을 어떻게 체크하는지 알 수 있다.

브로드캐스트 리시버와 서비스는 Handler를 이용해서 ANR 판단

브로드캐스트 리시버와 서비스는 시작 전에 Handler의 sendMessageAtTime() 메서드를 사용해서 Message를 보내고, 타임아웃이 되면 appNotResponding() 메서드를 호출한다. 물론 타임아웃 내에 실행이 끝나면 Message를 얼른 제거한다. 2.4.3절에서 얘기한 Handler의 4번째 용도인 '시간 제한'에 해당한다. 이와 관련된 프레임워크 소스는 com.android.server.am.BroadcastQueue에서 BROADCAST_TIME_OUT 상수를 사용한 부분과 com.android.server.am.ActiveServices에서 SERVICE_TIMEOUT_MSG 상수를 사용한 부분을 살펴보자.

여기서 의문이 생길 수 있다. BroadcastReceiver의 onReceive() 메서드가 1분 이상 지속된다고 해도 어차피 메인 스레드를 점유하고 있다. 그런데 ActivityManagerService에서 Handler의 sendMessageAtTime() 메서드에 전달된 Message가 제시간에 처리될 수 있을까? 물론이다. ActivityManagerService는 system_server로 떠있는 별도의 프로세스에서 동작하기 때문에 이 Handler는 앱 프로세스의 메인 스레드와는 관련이 없다.

IDE 디버그 모드에서 ANR이 발생하는 것은 당연하다. 디버깅으로 인해 브레이크포인트에서 앱이 멈춰 있어도 system_server 프로세스의 ActivityManagerService나 네이티브에서 시간 체크 로직은 계속 동작하기 때문이다. 디버그 모드에서 ANR이 왜 발생하는지 불필요한 의문을 갖지 않길 바란다.

화면 터치와 키 입력 시 ANR 발생

3가지 타임아웃 가운데 화면 터치나 키 입력 시에 발생하는 InputDispatching 타임아웃을 살펴보자.

InputDispatching 타임아웃은 네이티브 소스인 /frameworks/base/services/input/InputDispatcher.cpp에 지정되어 있다.

```
const nsecs_t DEFAULT_INPUT_DISPATCHING_TIMEOUT = 5000 * 1000000LL; // 5 sec
```

화면 터치와 키 입력 전달 메커니즘

화면 터치와 키 입력 이벤트가 전달되는 메커니즘을 간단히 살펴보자. 기본 내용은 커널에서 네이티브 단을 거쳐서 앱에 입력 이벤트가 전달되는 것으로, InputReader에서 EventHub를 통해 커널에서 이벤트를 가져오고 InputDispatcher는 이벤트를 전달한다.[6]

앱에서 이벤트를 전달받는 부분도 살펴보자. Activity는 Window(구체적으로는 PhoneWindow)를 갖고 Window는 ViewRootImpl과 일대일 매핑된다. 그리고 ViewRootImpl의 내부 클래스인 WindowInputEventReceiver에서 이벤트를 전달받아서 하위 ViewGroup/View로 전달한다. WindowInputEventReceiver에서 전달받는 파라미터는 InputEvent로 MotionEvent와 KeyEvent의 상위 추상 클래스이다.

화면 터치와 키 입력에서 ANR 발생

InputDispatcher.cpp에서 주요 메서드는 dispatchMotionLocked()와 dispatch KeyLocked()인데 각각 터치 이벤트와 키 이벤트를 전달한다. 이때 findFocused WindowTargetsLocked() 메서드에서 이벤트를 전달할 Window를 먼저 찾는데, is WindowReadyForMoreInputLocked() 메서드에서 기존 이벤트를 처리하느라 대기해야 하는지를 판단한다. 그리고 나서 이벤트를 전달하지 않고 기다리다가 타임아웃이 되면 onANRLocked() 메서드를 호출하고, com.android.server.input.

---

6 『안드로이드의 모든 것 분석과 포팅』, 고현철, 유형목 공저, 한빛미디어, 2011, 4장. 최신 버전과 차이 나는 부분이 있으니 개념 위주로 살펴보자.

InputManagerService의 notifyANR() 메서드를 거쳐서 ActivityManagerService 의 appNotResponding() 메서드에 이른다.

InputDispatcher.cpp에서 isWindowReadyForMoreInputLocked() 메서드를 보면 키 이벤트와 터치 이벤트를 다르게 처리하는 것을 볼 수 있다.

메인 스레드를 어디선가 이미 점유하고 있다면 키 이벤트를 전달하지 못하는데, 이벤트를 전달할 수 없는 시간이 타임아웃을 넘는다면 이때 ANR이 발생한다. 키 이벤트인 볼륨, 메뉴, 백 키의 경우는 어떨까? 이것들은 키가 눌리고서 5초 이상 지연 시 바로 ANR을 발생시킨다. 참고로 홈 키와 전원 키는 앱과 별개로 동작하고 ANR 발생과는 무관하다.

터치 이벤트는 경우가 다르다. 터치 이벤트도 메인 스레드가 사용 중이라면 대기하는 것은 동일하지만 타임아웃 된다고 해서 바로 ANR이 발생하지는 않는다. 그 다음으로 이어서 터치 이벤트가 왔을 때는 두 번째 터치 이벤트가 전달되지 않는 시간이 타임아웃되면 ANR이 발생한다. 예를 들어보자. 어디선가 메인 스레드를 블로킹하고 있다. 이때 첫 번째 터치 이벤트만으로는 ANR이 발생하지 않는다. 두 번째 터치 이벤트가 있고서 5초가 지나면 그때서야 ANR이 발생한다.

Message 처리 각각이 5초 이내라도 총합 처리 시간 영향 있음

가끔 혼동하는 경우가 있는데 특정 Message 처리가 5초가 넘더라도 그 사이에 터치가 없을 때는 문제가 발생하지 않는다. 아래 케이스의 동작 결과를 확인해보자.

```java
private Handler handler = new Handler() {

    public void handleMessage(Message msg) { ──────────
        Log.d(TAG, "handleMessage");
        SystemClock.sleep(2000);                       ──❶
    }; ──────────────────────────────────

};

public void onClickSendMessages(View v) { ──────────
    for (int i = 0; i < 5; i++) {
        handler.sendEmptyMessage(0);                   ──❷
    }
} ────────────────────────────────────
```

❷ onClickSendMessages() 메서드에서 5개의 Message를 연속해서 보낸다.

❶ handleMessage() 메서드를 보면 Message당 2초씩 소요된다. 따라서 5개의

Message를 처리하는 시간 총합은 10초이다. 가만히 두면 문제가 없다. 하지만 onClickSendMessages()를 실행한 후 곧바로 화면을 두 번 이상 터치하면 어떻게 될까? 역시 ANR이 발생한다. 앞에 쌓여 있는 Message를 먼저 처리하느라 터치 이벤트에 대한 처리가 지연되는 것이다.

서비스나 브로드캐스트 리시버에서도 5초 이내로 Message 처리 필요

예를 들어 50초 동안 BroadcastReceiver의 onReceive()가 실행되고 있을 때, 액티비티 화면을 터치하면 어떻게 되는가? 브로드캐스트 리시버는 기본 타임아웃이 1분이지만, 역시 ANR 발생 가능성이 높다. onReceive() 실행이 다 끝난 다음에야 터치 이벤트가 전달되는데, 50초 동안이나 잡고 있다면 onReceive() 실행과 겹치는 앞의 45초 사이의 터치는 5초 내에 처리가 되지 않아 ANR이 발생한다. 따라서 브로드캐스트 리시버나 서비스도 액티비티가 떠있는 상태를 고려해서, 타임아웃을 5초라고 생각하는 편이 낫다. 결론적으로 브로드캐스트 리시버의 경우에 오래 걸리는 작업이 있다면 서비스로 넘겨서 실행해야 하고, 서비스에서는 다시 백그라운드 스레드를 이용해야 한다.

백그라운드 스레드

백그라운드 스레드를 활용하면 앱의 성능을 향상하는 데 많은 도움이 된다. 3장에서는 안드로이드에서 제공하는 클래스를 위주로 백그라운드 스레드 활용 방법을 살펴보자. 무엇보다 AsyncTask가 먼저 떠오르겠지만, 2.4절의 Handler와 내용이 이어지고 구조가 단순한 HandlerThread를 먼저 이야기하기로 한다.

3.1 HandlerThread 클래스

HandlerThread는 Thread를 상속하고, 내부에서 Looper.prepare()와 Looper.loop()를 실행하는 Looper 스레드이다. 클래스명 때문에 Handler를 가진 스레드라고 생각할 수도 있지만 그렇지 않다. HandlerThread는 Looper를 가진 스레드이면서 Handler에서 사용하기 위한 스레드라고 보는 게 맞다. Handler는 HandlerThread에서 만든 Looper에 연결하는데, 바로 2.4.1절에서 설명한 Handler의 세 번째 생성자를 사용한다.

28페이지의 코드 2-4를 다시 한번 보자. Looper.loop()는 무한 반복문을 포함하기 때문에 계속 리턴되지 않는다. Looper.myLooper().quit() 메서드를 실행할 수 있는 위치가 loop() 다음 라인에서는 할 수 없기 때문에, 멤버 변수로 Looper를 가지고 다른 스레드에서 Looper.quit()을 실행해야 한다. quit()을 실행해야 한다.

이때 Looper를 사용하는 방법은 Looper.loop()만 돌고 있는 백그라운드 스레드를 만들고(코드 2-4 참고), 이 스레드는 명시적으로 종료하기 전까지는 계속해서 살아있게 한다. 그리고 Message는 이 Looper 스레드에서 계속 처리된다.

Handler를 Looper에 연결하는 방식에는 2가지가 있는데, 이 둘에는 미묘한 차이가 있다. 코드 2-4처럼 Handler를 스레드 안에 두고 사용하는 방식이 있고, 스레드에서 Looper를 시작하고 스레드 외부에서 Handler를 생성하는 방식이 있다. 두 번째 방식을 미리 만든 것이 HandlerThread이다. HandlerThread는 내부적으로 prepare(), loop()를 실행하는 것 외에 별다른 내용은 없다.

HandlerThread를 사용하는 기본 샘플을 보자.

코드 3-1 HandlerThread 사용 방법

```
private HandlerThread handlerThread;

public Processor() {
    handlerThread = new HandlerThread("Message Thread");
    handlerThread.start();
}

public void process() {
    ...
    new Handler(handlerThread.getLooper()).post(new Runnable() {  // ❶

        @Override
        public void run() {
            ...
        }

    });
}
```

❶ Handler의 세 번째 생성자에 HandlerThread의 Looper를 전달한다. 이후에는 이 Handler에서 보낸 Message가 HandlerThread에서 생성한 스레드에서 처리된다.

HandlerThead 프레임워크 소스

이제 HandlerThread의 코드를 보자. 원래 코드에서 설명이 필요한 부분만 넣은 것이다.

코드 3-2 HandlerThread.java

```
public class HandlerThread extends Thread {

    Looper mLooper;

    @Override
    public void run() {
        Looper.prepare();
        synchronized (this) {
```

```
            mLooper = Looper.myLooper(); // ❶
            notifyAll(); // ❷
        }
        Looper.loop();
    }

    public Looper getLooper() {
        if (!isAlive()) { // ❸
            return null;
        }
        synchronized (this) {
            while (isAlive() && mLooper == null) { // ❹
                try {
                    wait(); // ❺
                } catch (InterruptedException e) {
                }
            }
        }
        return mLooper;
    }

    public boolean quit() {
        Looper looper = getLooper();
        if (looper != null) {
            looper.quit();
            return true;
        }
        return false;
    }

}
```

run() 메서드에서 Looper.prepare()와 Looper.loop()를 실행하면 될 것 같지만 추가적인 작업이 더 있다. ❶에서 mLooper에 Looper.myLooper()를 대입하는 것이다. 그런데 getLooper() 메서드나 quit() 메서드에서 mLooper를 직접적으로 사용하지 않는다. 다시 말해서 getLooper()에서 바로 return mLooper와 같이 단한 줄로 끝나지 않는다. quit()에서도 mLooper는 사용되지 않고 getLooper() 메서드를 거친다.

getLooper() 메서드는 이렇게 내부에서도 사용되기도 하지만, 공개 메서드로 외부에서도 사용된다. 코드 3-1을 보면 Handler 생성자에 전달돼서 Handler에 HandlerThread의 Looper를 연결시킨다.

❸ Thread를 상속한 HandlerThread에서 start()를 호출했는지 체크한다. isAlive()는 스레드가 start() 메서드로 시작되고 아직 종료되지 않았을 때 true를 리턴한다. HandlerThread를 사용할 때 start()를 빠뜨리는 실수를 하기 쉬운데 getLooper()를 호출하기 전에 반드시 start()를 호출해야 한다.

❹ mLooper가 null인지 체크한다. 이 부분이 약간 복잡한데 코드 3-1에서 handlerThread.start()와 new Handler(handlerThread.getLooper())를 다시 한 번 보자. start()를 호출하고서 스레드에서 run() 메서드가 실행되는 시점은 정확히 알 수 없다. 따라서 getLooper()에서는 run() 메서드 내에서 mLooper를 대입하는 시점까지 대기하기 위해서 while 문에서 mLooper가 null인지를 계속해서 체크한다. mLooper 멤버 변수는 대입되고 나서 getLooper() 메서드 외에는 다른 곳에 쓰이지 않는 것을 볼 수 있다.

❺ wait() 메서드로 대기한다. ❷에서 mLooper 대입 이후에 notifyAll()을 실행해서 대기하는 스레드를 깨운다.

순차 작업에 HandlerThread 적용

HandlerThread가 필요한 곳은 어디일까? 바로 UI와 관련없지만 단일 스레드에서 순차적인 작업[1]이 필요할 때이다.

> ✅ 안드로이드 프레임워크에서는 IntentService가 HandlerThread를 내부적으로 사용한다.

예를 들어 보자. 아래 그림을 보면 각 항목의 오른 편에 즐겨찾기(favorite) 표시 CheckBox가 있고 선택과 해제 여부를 실시간으로 DB에 반영하는 요구사항이 있다.

UI를 블로킹하지 않도록 별도 스레드에서 DB에 반영하기로 한다. 사용자가 선

---

1 AsyncTask도 허니콤 이후부터 디폴트로 SERIAL_EXECUTOR를 사용해서 순차적인 스레드 작업을 지원한다.

택/해제를 마구 바꾸기도 하기 때문에 이에 대비해 세심하게 처리할 필요가 있다. 만일 체크 상태가 바뀔 때마다 스레드를 생성하거나 스레드가 스레드를 가져다가 DB에 반영하면 어떤 일이 벌어질까? 스레드가 start()를 실행한 순서대로 실행되지 않기 때문에 선택→해제→선택을 했지만, DB에 반영할 때는 선택→선택→해제 순으로 반영하여 최종 결과가 잘못될 가능성이 있다. 실행 순서를 순차적으로 맞추어야 한다. 바로 HandlerThread가 필요한 지점이다.[2] HandlerThread를 쓰지 않고서 비슷한 동작을 하려면 백그라운드 스레드에서 무한 반복문을 만들고, BlockingQueue를 매개로 하여 반복문 내에서 가져오기 (take)를 실행하며, 스레드 외부에서 넣기(put)를 실행하면 된다. BlockingQueue API 문서에 관련 샘플이 있는데, HandlerThread를 사용하면 구조보다 Message에 더 집중할 수 있다.

아래 코드를 한번 보자. 샘플을 통해 HandlerThread의 구조를 좀 더 이해할 수 있을 것이다.

코드 3-3 HandlerThread에서 Message 처리

```
private Handler favoriteHandler;
private HandlerThread handlerThread;

@Override
public void onCreate(Bundle savedInstanceState) {
    ...
    handlerThread
        = new HandlerThread("Favorite Processing Thread");
    handlerThread.start(); // ❶
    favoriteHandler = new Handler(handlerThread.getLooper()) { // ❷

        @Override
        public void handleMessage(Message msg) {
            MessageFavorite messageFavorite = (MessageFavorite) msg.obj;
            FavoriteDao.updateMessageFavorite(messageFavorite.id,
                messageFavorite.favorite);                              ❸
        }

    };

}

private class MessageAdapter extends ArrayAdapter<Message> {

    @Override
    public View getView(int position, View convertView, ViewGroup parent) {
```

---

2 허니콤 이후에는 AsyncTask도 순차 실행이 기본 동작이지만, AsyncTask는 백그라운드 스레드와 UI 스레드를 구분하고 데이터를 전달하는 목적에 더 적합하다.

```
        ...
        holder.favorite.setOnClickListener(new View.OnClickListener() {

            @Override
            public void onClick(View view) {
                boolean checked = ((CheckBox) view).isChecked();
                Message message = favoriteHandler.obtainMessage();
                message.obj = new MessageFavorite(item.id, checked);
                favoriteHandler.sendMessage(message); // ❹
            }

        });
    }
}

@Override
protected void onDestroy() {
    handlerThread.quit(); // ❺
    super.onDestroy();
}
```

❶ HandlerThread를 시작한다. HandlerThread는 Thread를 상속한 것이라는 점을 기억하자.

❷ HandlerThread에서 만든 Looper를 Handler 생성자에 전달한다.

❹ 체크박스를 선택/해제할 때마다 Handler에 Message를 보낸다.

❸ Message를 받아서 DB에 반영한다.

❺ HandlerThread의 quit() 메서드는 내부에서 Looper.quit()을 실행해서 Looper를 종료한다.

3.2 스레드 풀 사용

스레드를 만들려면 Thread를 상속하거나 Thread(Runnable) 생성자에 Runnable을 넘기는 방법이 있지만, 스레드 풀을 사용하는 방법도 있다. 스레드 풀은 대기 상태의 스레드를 유지해서 스레드 종료/생성 오버헤드를 줄임으로써, 많은 개수의 비동기 작업을 실행할 때 퍼포먼스를 향상시킨다. 게다가 스레드 풀은 스레드를 포함한 리소스를 제한하고 관리하는 방법도 제공한다. 백그라운드에서 할 작업이 많다면 스레드 풀 사용을 고려해 보자.

3.2.1 ThreadPoolExecutor 클래스

자바에서는 스레드 풀이 ThreadPoolExecutor 클래스로 구현되어 있다. AsyncTask도 내부적으로 ThreadPoolExecutor를 사용하고 있다.

✅ 어떤 앱에서 콜렉션에 Thread를 담아 직접 스레드 풀을 만든 것을 본 적이 있는데, 결국 메모리 누수 문제가 발견돼서 ThreadPoolExecutor로 교체하였다. 불필요하게 바퀴를 다시 발명할 필요는 없다.

ThreadPoolExecutor에는 4개의 생성자가 있다. 그 중에서 ThreadFactory 파라미터를 뺀 세 번째 생성자를 위주로 살펴보자.

```
ThreadPoolExecutor(int corePoolSize, int maximumPoolSize,
    long keepAliveTime, TimeUnit unit,
    BlockingQueue<Runnable> workQueue,
    RejectedExecutionHandler handler)
```

파라미터 가운데서 corePoolSize와 maximumPoolSize는 풀에서 스레드의 기본 개수와 최대 개수를 정한 것이다. 스레드 풀의 스레드 개수가 corePoolSize보다 커진다면, 초과하는 개수만큼의 태스크는 끝나고 나서 스레드를 유지할 필요는 없다. 조금 혼동되는 부분이 있는데, ThreadPoolExecutor 생성자에서 corePoolSize만큼 미리 생성하는가 하면 그렇지는 않다. 해당 용도의 메서드는 prestartCoreThread()가 별도로 있고 필요할 때 호출하면 된다. ThreadPoolExecutor는 기본적으로 execute()나 submit()을 호출하는 순간에 작업 중인 스레드 개수가 corePoolSize보다 적으면 스레드를 새로 추가하는 형태이다. keepAliveTime과 unit은 태스크가 종료될 때 바로 제거하지 않고 대기하는 시간이다. 보통 unit에는 TimeUnit.SECONDS나 TimeUnit.MINUTES를 사용한다. workQueue도 내용상 중요하다. 스레드 풀에서는 스레드를 corePoolSize 개수만큼 유지하려 하고 추가로 요청이 들어오면 workQueue에 쌓는다.

workQueue 파라미터

workQueue에 쓸 수 있는 것은 3가지이다.

ArrayBlockingQueue
큐(queue) 개수에 제한이 있으며, 요청이 들어오면 일단 큐에 쌓는다. 큐가 꽉 차서 더 넣을 수 없는 경우에는 maximumPoolSize가 될 때까지 스레드를 하나씩 추가해서 사용한다.

LinkedBlockingQueue
일반적으로 큐 개수에 제한이 없다. 들어오는 요청마다 계속해서 쌓는데 이 경우에 maximumPoolSize 값은 의미가 없다. LinkedBlockingQueue도

LinkedBlockingQueue(int capacity) 생성자를 사용해서 큐 개수를 제한할 수는 있다.

SynchronousQueue

요청을 큐에 쌓지 않고 준비된 스레드로 바로 처리한다. 결국 큐를 쓰지 않는다는 의미이다. 모든 스레드가 작업 중이라면 maximumPoolSize까지는 스레드를 생성해서 처리한다.

handler 파라미터

ThreadPoolExecutor가 정지(shutdown)되거나, maximumPoolSize + workQueue 개수를 초과할 때는 태스크가 거부된다. 이때 거부되는 방식을 정하는 것이 Thread PoolExecutor 생성자의 마지막 파라미터인 RejectedExecutionHandlerhandler이고, ThreadPoolExecutor의 내부 클래스에 미리 정의된 4개가 있다.

ThreadPoolExecutor.AbortPolicy

디폴트 handler로 RejectedExecutionException 런타임 예외를 발생시킨다.

ThreadPoolExecutor.CallerRunsPolicy

스레드를 생성하지 않고 태스크를 호출하는 스레드에서 바로 실행된다.

ThreadPoolExecutor.DiscardPolicy

태스크가 조용히 제거된다.

ThreadPoolExecutor.DiscardOldestPolicy

workQueue에서 가장 오래된 태스크를 제거한다.

AsyncTask에 적용된 ThreadPoolExecutor

AsyncTask.THREAD_POOL_EXECUTOR도 RejectedExecutionHandler를 따로 넣지 않으므로 AbortPolicy가 기본으로 적용된다. AsyncTask는 킷캣 이전에 maximumPoolSize는 128이고 workQueue의 크기는 10으로 지정되어 있었다. 킷캣부터 maximumPoolSize의 공식은 'CPU 개수 * 2 + 1'이 되고 workQueue의 크기는 128로 변경되었는데, 어쨌든 maximumPoolSize + workQueue 개수를 넘으면 RejectedExecutionException이 발생한다. 파일 사이즈가 큰 이미지들을 AsyncTask를 이용해서 한꺼번에 다운로드한다면 예외 케이스를 재현해볼 수 있다.

RejectedExecutionHandler에 DiscardOldestPolicy 적용

앱에서 ThreadPoolExecutor를 사용할 때 가장 쓸모 있는 RejectedExecution
Handler는 DiscardOldestPolicy이다. ListView, ScrollView, ViewFlipper,
ViewPager 등에서 화면을 스크롤하면서 이동할 때, 이미 지나가버린 화면보다
새로 보이는 화면이 상대적으로 더 중요하다. DiscardOldestPolicy를 사용하면
오래된 것을 workQueue에서 제거하고 최신 태스크를 workQueue에 추가한다.

아래는 ImageView에 표시할 이미지 파일을 다운로드해서 보여줄 때, Discard
OldestPolicy를 사용한 예이다.

```
private static final int FIXED_THREAD_SIZE = 4;
private static final int QUEUE_SIZE = 20;

private ThreadPoolExecutor executor
    = new ThreadPoolExecutor(FIXED_THREAD_SIZE, FIXED_THREAD_SIZE,
        0L, TimeUnit.MILLISECONDS,
        new LinkedBlockingQueue<Runnable>(QUEUE_SIZE),
        new ThreadPoolExecutor.DiscardOldestPolicy());

private void queueDownload(ImageView imageView, String url) {
    executor.submit(new ImageDownloadTask(imageView, url));
}
```

예를 들어 ListView의 각 아이템에 ImageView가 있고 url을 다운로드해서
ImageView에 보여주는 것을 ImageDownloadTask로 감쌌다. 스크롤된 위치에서
ImageDownloadTask가 workQueue의 마지막에 들어가고 workQueue 사이즈를 초과
하는 경우 스크롤된 지 오래된 ImageDownloadTask는 제거된다.

기본과 최대 스레드 개수는 4개이고 workQueue 사이즈는 20이므로, 동시에 24
개까지는 스레드 풀에 태스크를 넣을 수 있다. 24개 이상으로 submit()을 실행
하면 workQueue에서 오래된 태스크를 제거하고 새로운 태스크를 workQueue에 추
가한다.

3.2.2 ScheduledThreadPoolExecutor 클래스

지연/반복 작업에 대해서는 ScheduledThreadPoolExecutor를 사용할 수 있다. 앞
에서 Handler를 이용해도 지연/반복 작업을 할 수 있다고 했다. 화면 갱신이라면
Handler를 쓰는 게 적절하지만 백그라운드 스레드에서 네트워크 통신이나 DB
작업 등이 지연/반복 실행되는 경우는 ScheduledThreadPoolExecutor를 고려하
는 게 좋다.

반복/지연 작업의 다른 옵션으로 Timer를 생각할 수도 있지만 Timer API 문서를 보면
ScheduledThreadPoolExecutor를 사용하도록 권장한다. Timer는 실시간 태스크 스케
줄링을 보장하지 않고(스레드를 하나만 생성해서 사용하기 때문에 앞서 실행되는 작업이
므로 예정 시간에 맞지 않게 실행될 수 있음), 여러 스레드가 동기화 없이 하나의 타이머를
공유하는 문제가 있다.[3]

ScheduledThreadPoolExecutor도 ThreadPoolExecutor와 마찬가지로 4개의 생성
자가 있다. ThreadPoolExecutor 설명과 같이 ThreadFactory 파라미터를 뺀 생성
자는 아래와 같다.

```
ScheduledThreadPoolExecutor(int corePoolSize, RejectedExecutionHandler
    handler)
```

ThreadPoolExecutor에 있던 파라미터 가운데서 corePoolSize, threadFactory,
handler는 남아 있고, maximumPoolSize, keepAliveTime, unit, workQueue는 빠
져 있다. 빠져 있는 4개 파라미터는 ScheduledThreadPoolExecutor에서 고
정되어 있는데, maximumPoolSize에는 Integer.MAX_VALUE, keepAliveTime에
는 0, workQueue에는 내부 클래스인 DelayWorkQueue 인스턴스가 전달된다.
DelayWorkQueue의 기본 사이즈는 16인데, 태스크가 많아지면 제한 없이 계속 사
이즈가 커진다.

ScheduledThreadPoolExecutor의 사용 예는 6.2.4절에서 볼 수 있다.

3.2.3 Executors 클래스

ThreadPoolExecutor, ScheduledThreadPoolExecutor는 직접 생성하는 것보
다는 Executors의 팩토리 메서드로 생성하는 경우가 많다. 팩토리 메서드 가
운데서 용도에 맞는 게 없다면 결국 ThreadPoolExecutor, ScheduledThread
PoolExecutor 생성자를 직접 사용해야만 한다.

Executors에서 리턴하는 ExecutorService, ScheduledExecutorService는 각
각 ThreadPoolExecutor, ScheduledThreadPoolExecutor의 상위 인터페이스
이다. Executor부터 시작해서 ExecutorService, ScheduledExecutorService,
ThreadPoolExecutor, ScheduledThreadPoolExecutor 간의 관계를 클래스 다이어
그램으로 그리면 다음과 같다.

---

3 『자바 병렬 프로그래밍』 브라이언 게츠 외 저, 강철구 역, 2008, 6.2.5절을 참고하자.

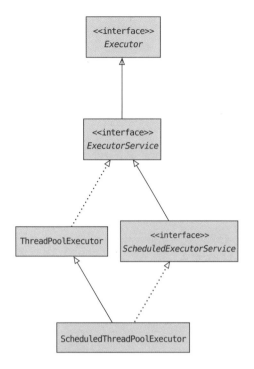

Executors에서 자주 쓰이는 팩토리 메서드는 아래에서 설명한다.

newFixedThreadPool(int nThreads)

nThreads 개수까지 스레드를 생성한다. workQueue는 크기 제한이 없다.

```
new ThreadPoolExecutor(nThreads, nThreads, 0L, TimeUnit.MILLISECONDS,
    new LinkedBlockingQueue<Runnable>())
```

newCachedThreadPool()

필요할 때 스레드를 생성하는데, 스레드 개수에는 제한이 없다. keepAliveTime 이 60초로 길다는 것이 특징이다. 이 때문에 Cached라는 수식어가 붙었다.

```
new ThreadPoolExecutor(0, Integer.MAX_VALUE, 60L, TimeUnit.SECONDS,
    new SynchronousQueue<Runnable>());
```

newSingleThreadExecutor()

단일 스레드를 사용해서 순차적으로 처리한다. workQueue는 크기 제한이 없다.

```
new FinalizableDelegatedExecutorService(
    new ThreadPoolExecutor(1, 1, 0L, TimeUnit.MILLISECONDS,
    new LinkedBlockingQueue<Runnable>())
```

newFixedThreadPool(1)과 동일한 결과를 리턴할 것 같은데, Finalizable
DelegatedExecutorService로 다시 래핑(wrapping)한 것이다. 래핑은 스레드 개
수를 1이 아닌 다른 값으로 변경할 수 없게 한다. 단순히 newFixedThreadPool(1)
로 리턴된 것은 ThreadPoolExecutor로 캐스팅해서 setCorePoolSiz()나 set
MaximuPoolSize() 메서드로 스레드 개수를 변경할 수 있다.

newScheduledThreadPool(int corePoolSize)
corePoolSize 개수의 ScheduledThreadPoolExecutor를 만든다.

```
new ScheduledThreadPoolExecutor(corePoolSize)
```

3.3 AsyncTask 클래스

AsyncTask는 안드로이드 개발자에게는 익숙한 것이기 때문에 이 절에서는 이슈
중심으로 살펴본다. AsyncTask를 적절하게 쓰는 방법과 AsyncTask의 대안에 대
해서도 간단히 알아보자.

 스레드를 다루는 데 익숙하지 않은 개발자는 안드로이드 API에 과도하게 의존하는 경향이
있다. 예를 들어 서비스에서 시간이 오래 걸리는 작업이라면 단순하게 백그라운드 스레드
를 생성해서 실행하면 되는데, AsyncTask를 생성해서 doInBackground() 메서드만을
구현하는 것이다. AsyncTask는 백그라운드 스레드에서 작업하는 진행 상태나 결과 데이
터를 UI 스레드에 전달하고, 백그라운드 스레드와 UI 스레드를 고민하지 않고 구분해서 쓸
수 있도록 만들어진 것이다. AsyncTask는 onPostExecute()를 오버라이드할 필요가 없
을 때, 즉 UI 작업이 필요하지 않다면 쓰지 않는 게 낫다.

3.3.1 백그라운드 스레드와 UI 스레드 구분

AsyncTask를 설명하기 위해 백그라운드 스레드와 UI 스레드를 구분해서 사용하
는 여러 방법을 살펴보자. 먼저 스레드 구분이 필요한 샘플부터 시작하자.

```
public void onClick(View v) {
    new Thread(new Runnable() {

        @Override
        public void run() {
            Bitmap b = loadImageFromNetwork("http://example.com/image.png");
            mImageView.setImageBitmap(b);
        }
    }
```

```
        }).start();
    }
```

백그라운드 스레드에서 UI를 변경하므로 CalledFromWrongThreadException이
발생한다. 이를 해결하는 방법은 앞에서도 얘기했듯이 여러 버전이 있다.

Handler 이용(2가지 방식)

Handler를 사용하는 방식에는 2가지가 있다. 첫 번째는 sendMessage() 메서드로
Message를 보내고 handleMessage() 메서드에서 UI 작업을 실행하는 것이다.

```
private final static int BITMAP_MSG = 1;

private Handler mHandler = new Handler() {

    @Override
    public void handleMessage(Message msg) {
        if (msg.what == BITMAP_MSG) {
            mImageView.setImageBitmap((Bitmap) msg.obj);
        }
    }

};

public void onClick(View v) {
    new Thread(new Runnable() {

        @Override
        public void run() {
            final Bitmap bitmap
                = loadImageFromNetwork("http://example.com/image.png");
            Message message = Message.obtain(mHandler, BITMAP_MSG, bitmap);
            mHandler.sendMessage(message);
        }

    }).start();
}
```

두 번째는 post() 메서드를 사용하여 Runnable에서 UI 작업을 실행하는 것이다.

```
private Handler mHandler = new Handler();

public void onClick(View v) {
    new Thread(new Runnable() {

        @Override
        public void run() {
            final Bitmap bitmap
                = loadImageFromNetwork("http://example.com/image.png");
            mHandler.post(new Runnable() {
```

```
        @Override
        public void run() {
            mImageView.setImageBitmap(bitmap);
        }

    });
}

}).start();
}
```

View의 post() 메서드에 Runnable 전달

내부적으로 Handler를 사용한다. Activity의 runOnUiThread() 메서드도 동일한
형태로 사용하면 된다.

```
public void onClick(View v) {
    new Thread(new Runnable() {

        @Override
        public void run() {
            final Bitmap bitmap
                = loadImageFromNetwork("http://example.com/image.png");
            mImageView.post(new Runnable() {

                @Override
                public void run() {
                    mImageView.setImageBitmap(bitmap);
                }

            });
        }

    }).start();
}
```

AsyncTask 이용

내부적으로 Handler를 이용한 첫 번째 방식으로 되어 있다.

```
public void onClick(View v) {
    new DownloadImageTask().execute("http://example.com/image.png");
}

private class DownloadImageTask extends AsyncTask<String, Void, Bitmap> {

    @Override
    protected Bitmap doInBackground(String... urls) {
        return loadImageFromNetwork(urls[0]);
    }

    @Override
```

```
protected void onPostExecute(Bitmap result) {
    mImageView.setImageBitmap(result);
}

}
```

이 샘플에서 네트워크 통신을 하는 loadImageFromNetwork() 메서드에서 예외가 발생할 수 있다. 여기서는 예외 처리가 빠져 있다. 예외 처리에 관한 내용은 3.3.4절에서 살펴본다.

AsyncTask의 제네릭 파라미터

AsyncTask는 제네릭 클래스이고 파라미터 타입에는 Params, Progress, Result가 있다. 진행 상태가 필요하지 않은 경우 Progress에 Void가 들어가는 경우는 있지만 Params, Progress, Result가 모두 Void인 것은 권장되지 않는다. 최소한 Params에는 값이 전달되는 게 맞다. 아래는 개발자 가이드에 있는 샘플이다.

```
private class MyTask extends AsyncTask<Void, Void, Void> { ... }
```

이것은 백그라운드 스레드와 UI 스레드를 구분하기 위한 용도로만 쓰이는 것으로 Handler를 이용하는 게 더 단순할 수 있다.

3.3.2 액티비티 종료 시점과 불일치

액티비티에서 AsyncTask로 백그라운드 작업을 실행하는 중에 백 키를 눌러서 액티비티를 종료하면 AsyncTask는 어떻게 되는가? 메모리에는 액티비티가 남아 있어서 onPostExecute()도 정상적으로 실행되고, 그 안에서 setText()와 같은 UI 변경 메서드도 잘 실행된다. 다만 액티비티가 보이지 않을 뿐이다. 이렇게 액티비티 종료 시점과 AsyncTask가 끝나는 시점이 달라서 발생하는 문제가 몇 가지 있다.

메모리 문제 발생 가능

액티비티가 백 키로 종료될 때는 AsyncTask가 오래 걸리는 게 아니라면 일시적인 현상이므로 큰 문제는 아니다. AsyncTask 때문에 문제가 생기는 것은 화면 회전 등으로 인해 계속해서 AsyncTask가 쌓여서 실행하는 경우이다. 액티비티가 화면 방향 고정이거나 android:configChanges 속성에 orientation이 들어 있는 게 아니라면, 화면이 회전할 때 액티비티는 종료되고 새로 시작된다. 이때 새로 시작되는 액티비티는 다른 인스턴스인데, AsyncTask가 아직 실행 중인 경우에는 기존 액티비티도 메모리에서 제거되지 않는다. 빈번하게 화면을 회전한다면 액티비티 인스턴스들이 메모리에 쌓이면서 OutOfMemoryError의 원인이 될 수 있다. 『안드로이드 멀티스레딩』[4]에서 메모리 문제 가능성을 없애기 위해 제안한 방법은 AsyncTask를 상속한 정적 내부 클래스 생성자에 Activity를 전달해서 AsyncTask를 만드는 것인데, 번거로워서 쓰기에 망설여진다. 액티비티가 종료될 때 AsyncTask를 함께 종료하는 방법을 찾아보는 게 좋겠다. 이에 대해서는 3.3.3절에서 살펴보자. 또 다른 대안으로는 Loader 프레임워크를 사용하는 방법도 있다.[5] Loader는 사용하기에 복잡하지만 충분히 고려할 만하다.

순차 실행으로 인한 속도 저하

허니콤 이후에 AsyncTask를 순차 실행한다면(SERIAL_EXECUTOR) 화면을 회전할 때마다 작업이 쌓이므로 갈수록 실행이 느려질 수 있다.

Fragment에서 AsyncTask 실행 문제

Fragment에서 AsyncTask를 실행할 때 문제가 발생할 수 있다. AsyncTask 실행 도중에 백 키로 액티비티를 종료하면 Fragment는 액티비티와 분리되면서 Fragment에서 getContext()나 getActivity() 메서드가 null을 리턴한다. AsyncTask의 onPostExecute()에서 Context를 사용할 때 NullPointerException이 발생하므로, 권장되는 방식은 onPostExecute() 메서드 시작 부분에서 getContext()나 getActivity() 결과가 null이라면 곧바로 리턴하는 것이다. 어차피 Fragment 화면이 없으므로 UI를 업데이트하지 않고 리턴하는 게 적절하다.

3.3.3 AsyncTask 취소

AsyncTask에는 cancel() 메서드가 있다. 이 메서드를 호출하면 AsyncTask의 mCancelled 변수를 true로 만들고, 스레드 작업 이후에 onPostExecute() 대신 onCancelled() 메서드가 불린다.[6] 스레드 작업이 오래 걸리는 경우에 doInBackground() 메서드에서는 중간에 isCancelled() 메서드로 체크해서 바로 리턴하는 로직이 권장된다.

결론적으로 AsyncTask를 액티비티 종료 시점에 근접하게 종료하는 방법은

---

4 안데르스 예란손 저, 한대희 역, 한빛미디어, 2015, 10.2.1절
5 *http://developer.android.com/intl/ko/guide/components/loaders.html* 내용을 참고하자.
6 onCancelled() 메서드는 파라미터가 없는 버전만 있었는데, 허니콤부터 doInBackground()의 결과를 전달하는 onCancelled(Result result) 메서드가 추가되었다.

isCancelled() 리턴값을 doInBackground() 곳곳에서 체크하고(특히 반복문에서), AsyncTask를 멤버 변수로 유지하고서 Activity의 onDestroy()에서 Async Task의 cancel() 메서드를 호출하는 것이다.

mayInterruptIfRunning 파라미터

cancel(boolean mayInterruptIfRunning) 메서드의 mayInterruptIfRunning 파라미터는 doInBackground()를 실행하는 스레드에 interrupt()를 실행할지 여부를 나타낸다. interrupt()를 실행하면 Thread에서 sleep(), join() 메서드가 실행 중이거나 Object의 wait() 메서드가 실행 중이라면(❶) 바로 InterruptedException을 발생시키고 해당 catch 문을 실행한다(InterruptedException은 명시적 예외이기 때문에 코드상에서 try~catch 문이 필요하다). ❶ 외에도 메서드 내에서 인터럽트 상태를 체크해서 예외를 던지는 경우도 있다.

아래 샘플을 보자. AsyncTask로 서버에서 로컬에 파일을 다운로드하면서 취소여부를 체크한다.

코드 3-4 while 문에서 취소 여부 체크

```
@Override
protected Boolean doInBackground(String... params) {
    InputStream input = null;
    OutputStream output = null;
    ...
    try {
        URL url = new URL(params[0]);
        URLConnection connection = url.openConnection();
        connection.setConnectTimeout(5000);
        connection.connect();
        input = new BufferedInputStream(url.openStream());
        output = new FileOutputStream(tempFile);
        byte data[] = new byte[1024];
        while ((count = input.read(data)) != -1 // ❶
                && isCancelled() == false) { // ❷
            output.write(data, 0, count);
        }
        output.flush();
    } catch (Exception e) { // ❸
        Log.i(TAG, "file Download Problem", e);
        tempFile.delete();
        return Boolean.FALSE;
    } finally {
        // input, output close
    }
    return Boolean.TRUE;
}
```

❷ AsyncTask 취소 여부를 반복문에서 체크하고 취소되었으면 반복문을 벗어난다. AsyncTask에서 cancel(true)를 실행했다면, ❷에서 취소 여부를 체크하는 게 꼭 필요할까? 이것은 ❶에서 InputStream의 read() 메서드가 동작하는 방식에 따라 다르다. 만일 read() 내부에서 인터럽트에 대응해서 예외를 발생시킨다면 반복문이 더 진행되지 않고 바로 ❸의 catch 문을 수행할 것이다. 서버에서 파일을 다운로드하는 이 샘플에서는 ❷의 체크 로직이 없을 때 동작은 킷캣 이전과 이후가 다르다. 킷캣 이전에는 AsyncTask를 취소해도 반복문은 계속 수행되고, 킷캣부터는 인터럽트에 반응해서 예외가 발생하기 때문에 반복문은 중지된다.

킷캣부터 URLConnection은 http, https 프로토콜에 접근하는 경우 내부적으로 okhttp 라이브러리를 사용한다(URLConnection 구현체는 com.android.okhttp.internal.http.HttpURLConnectionImpl이다). 그리고 인터럽트에 대응해서 킷캣부터 발생하는 예외는 InterruptedIOException이다.

```
java.io.InterruptedIOException
    at com.android.okio.Deadline.throwIfReached(Deadline.java:56)
    at com.android.okio.Okio$2.read(Okio.java:110)
    at com.android.okio.RealBufferedSource.read(RealBufferedSource.java:48)
    at com.android.okhttp.internal.http.HttpConnection$FixedLengthSource.
        read(HttpConnection.java:446)
    at com.android.okio.RealBufferedSource$1.read(RealBufferedSource.java:168)
        at java.io.InputStream.read(InputStream.java:162)
    at java.io.BufferedInputStream.fillbuf(BufferedInputStream.java:149)
    at java.io.BufferedInputStream.read(BufferedInputStream.java:295)
    at java.io.InputStream.read(InputStream.java:162)
```

Deadline 클래스의 throwIfReached() 메서드에서 인터럽트를 체크해서 예외를 던지는 코드는 아래와 같다.

```
if (Thread.interrupted())
    throw new InterruptedIOException();
```

이와 같이 반복문에서 InputStream의 read() 메서드가 실행될 때마다 인터럽트 여부를 체크한다. 이때 AsyncTask의 cancel(true)를 실행하면 백그라운드 작업을 중지시키는 효과가 있지만, 킷캣 이하일 때에는 반복문에서 인터럽트 여부가 체크되지 않기 때문에 가능하면 AsyncTask의 doInBackground() 메서드 내에서 isCancelled()로도 체크하는 게 좋다.

여기서는 doInBackground() 메서드에서 URL에 직접 접근해서 스트림을 읽어들이는 동작을 하지만, 이런 코드는 별도 클래스나 라이브러리에 있는 때가 더 많다. 별도 클래스나 라이브러리를 쓸 때는 그 안에서 AsyncTask의 취소 여부를 알 수 있는 방법이 없다. 따라서 별도 클래스나 라이브러리를 작성할 때는 interrupted()나 isInterrupted() 메서드로 인터럽트를 체크하는 게 좋다.

 Thread에 interrupt()를 실행하면 Thread는 내부적으로 인터럽트(interrupt) 플래그를 true로 만든다. interrupted()나 isInterrupted() 메서드는 인터럽트 플래그를 리턴하는 것은 동일하지만, interrupted() 메서드는 사이드 이펙트로 인터럽트 플래그를 다시 false로 만든다. Thread에 interrupt() 실행 후 isInterrupted() 메서드는 여러 번 해도 true를 리턴하지만, interrupted()는 true를 한 번만 리턴하고 이후에는 false를 리턴한다.

이제 작업 취소와 관련해서 결론을 얘기해보자. AsyncTask를 취소할 때는 mayInterruptIfRunning 파라미터를 일반적으로 true로 전달하는 게 낫다. 내부에서 인터럽트를 체크하지 않는다면 효과가 없지만, 인터럽트를 체크해서 예외를 발생시킨다면 백그라운드 작업을 중지시킬 수 있다. 가능하면 doInBackground() 메서드 곳곳에서 isCancelled()도 함께 체크해서 백그라운드 작업을 중지하는 방식을 사용하자.

mayInterruptIfRunning 파라미터를 false로 하는 건, 일부러 인터럽트를 하지 않고 내부적으로 백그라운드 작업을 계속 진행하는 게 유리할 때 쓸 수 있다. doInBackground() 실행 도중에 cancel(false)가 호출되면 onPostExecute() 대신 onCancelled()가 실행되어서 데이터를 UI에 곧바로 반영하지는 못한다. 하지만 앱에서 반드시 필요한 데이터를 doInBackground() 메서드에서 가져온다면 cancel(false)를 고려해보자.

3.3.4 예외 처리 메서드 없음

AsyncTask에는 정상적으로 데이터를 처리하기 위한 onPostExcecute()와 작업을 취소하기 위한 onCancelled() 메서드는 있는데, 예외를 처리하기 위한 onError() 메서드는 없다. 백그라운드 스레드에서 하는 작업은 네트워크 문제와 같은 다양한 예외 케이스가 있는데, 이때 문제를 화면에 표시하는 경우가 많다. 즉 예외 케이스에도 UI 작업이 필요하다.

AsyncTask의 기본 패턴 변형

백그라운드 스레드와 UI 스레드를 분리할 때 백그라운드 스레드에서 예외 발생을 고려해야 한다. 그런데 이 내용이 AsyncTask에는 없어서 AsyncTask의 기본 패턴을 변형해서 사용하는 경우가 있다.

코드 3-5 예외가 발생하면 null 리턴

```java
public void onClick(View v) {
    new DownloadImageTask().execute("http://example.com/image.png");
}

private class DownloadImageTask extends AsyncTask<String, Void, Bitmap> {

    @Override
    protected Bitmap doInBackground(String... urls) {
        try {
            return loadImageFromNetwork(urls[0]);
        } catch (Exception e) {
            return null; // ❶
        }
    }

    @Override
    protected void onPostExecute(Bitmap result) {
        if (result == null) { // ❷
            //  화면에 에러 메시지를 보여준다.
            return;
        }
        mImageView.setImageBitmap(result);
    }

}
```

예외가 발생할 때 ❶에서 null을 리턴하고 ❷에서 전달된 값을 체크해서 null이면 에러 메시지를 보여주는 식이다. 이 방식도 문제가 완전히 해결된 것은 아니다. loadImageFromNetwork()에서 예외가 발생하지 않을 때에도 null을 리턴하는 경우가 있다면, 에러 메시지가 의도에 맞지 않는다. 예외 상황에만 null이 리턴된다면 가능한 방식이다.

코드 3-6 예외가 발생하면 Boolean.False 리턴

```java
public void onClick(View v) {
    new DownloadImageTask().execute("http://example.com/image.png");
}

private class DownloadImageTask extends AsyncTask<String, Void, Boolean> {

    private Bitmap bitmap;
```

```
    @Override
    protected Bitmap doInBackground(String... urls) {
        try {
            bitmap = loadImageFromNetwork(urls[0]);
            return Boolean.TRUE; // ❶
        } catch (Exception e) {
            return Boolean.FALSE; // ❷
        }
    }

    @Override
    protected void onPostExecute(Boolean result) {
        if (!result) {
            // 화면에 에러 메시지를 보여준다.
            return;
        }

        mImageView.setImageBitmap(bitmap);
    }

}
```

loadImageFromNetwork()의 결과를 doInBackground()에서 onPostExecute()로 전달하지 않고, ❶, ❷에서 성공 여부를 전달하고 있다. 전달하는 결과 값은 뜬금없이 DownloadImageTask의 멤버 변수에 대입돼서 onPostExecute()에서 사용한다. 가능한 방식이지만 결과 값을 파라미터로 전달하는 원래 AsyncTask의 사용 패턴과 차이가 생긴다.

대안으로 RxJava 사용

AsyncTask에서는 예외 처리를 위해서 군더더기 코드가 생겨나는데 이에 대한 대안으로 RxJava를 사용하기도 한다. RxJava에서는 예외 처리 방법을 기본으로 제공한다. RxJava에 대한 상세한 내용은 『RxJava를 활용한 리액티브 프로그래밍』(토마스 누르키비치, 벤 크리스텐센 공저, 김인태 역, 인사이트)을 참고하자. 위와 동일한 기능을 제공하는 RxJava 샘플을 보면 아래와 같다.

코드 3-7 RxJava에서 예외 처리

```
public void onClick(View v) {
    Observable<Bitmap> observable
        = loadImageFromNetwork("http://example.com/image.png"); // ❶
    observable.subscribeOn(Schedulers.io()) // ❷
        .observeOn(AndroidSchedulers.mainThread()) // ❸
        .subscribe(new Observer<Bitmap>() {
```

```
@Override
public void onNext(Bitmap bitmap) {
    mImageView.setImageBitmap(bitmap);  ❹
}

@Override
public void onError(Throwable e) {
    // 화면에 에러 메시지를 보여준다.  ❺
}

@Override
public void onCompleted() {
    Log.d(TAG, "onCompleted");
}

    });
}
```

❶ loadImageFromNetwork() 메서드는 Bitmap이 아닌 Observable<Bitmap>을 리턴하도록 변경이 필요하다.

❷ loadImageFromNetwork() 메서드가 실행되는 스레드를 정한다.

❸ Observer의 메서드가 실행되는 스레드를 정한다.

❹ onNext() 메서드가 AsyncTask의 onPostExecute() 메서드와 역할이 비슷하다.

❺ onError() 메서드에서 예외를 처리한다.

3.3.5 병렬 실행 시 doInBackground() 실행 순서가 보장되지 않음

안드로이드 버전이 올라가면서 논란이 된 것 중 하나가 AsyncTask를 실행할 때 기본 동작이 '병렬 실행'에서 '순차 실행'으로 바뀐 것이다. '병렬 실행'이 여러 문제를 일으켰기 때문에, 제어 가능하다고 자신하는 경우에만 '병렬 실행'을 쓰라는 의미이다. 그럼에도 여전히 AsyncTask는 병렬 실행을 기본으로 해서 개발할 때가 많다.

병렬 실행이 필요한 경우

AsyncTask의 병렬 실행이 필요한 경우를 들어보자. 예를 들어, 화면에 보여 줄여러 정보를 API로 한번에 가져오지 못할 때가 있다. 도착 지점의 날씨 정보와 주변 주차장 정보를 화면에 보여주고 싶은데 API가 별도라면, 결과를 빠르게 보여주기 위해 API를 병렬로 호출하는 게 유리하다.

병렬로 데이터 가져올 때 데이터 간 의존성

성격이 전혀 다른 데이터라면 병렬 실행해서 각각의 위치에서 데이터를 보여주면 된다. 하지만 데이터 간의 의존성이 있을 때는 단순히 병렬 실행만으로는 안 된다. 예를 들어, 개요와 상세 데이터가 있다면 개요 위치에 먼저 데이터를 보여 주고 그 다음에 상세 위치에 데이터를 보여주는 게 적절하다. 즉, 병렬로 실행하 기는 하지만 실행 순서도 중요한 것이다.

3개 이상을 병렬로 실행하는 경우도 있겠지만 여기에서는 일단 2개로 제 한해서 이야기하자. 2개의 AsyncTask를 함께 시작하면 메인 스레드에서 동작 하는 onPostExecute()는 단일 스레드 규칙에 의해 하나씩 실행되지만, 2개의 AsyncTask 가운데 어느 것이 doInBackground()를 먼저 끝내고 onPostExecute() 를 실행할지는 알 수 없다.

예를 들어 보자. 필자는 2개의 AsyncTask에서 동일한 데이터 구조를 가져와 서 조합한 적이 있다. 로컬에서 가져온 데이터를 먼저 보여주고 API를 통해 서 버에서 가져온 데이터를 다시 조합해서 화면에 보여주는 형태이다. 로컬 데이터 를 가져오는 AsyncTaskA를 먼저 실행하고 서버 데이터를 가져오는 AsyncTaskB 를 바로 이어서 실행하였다. 로컬 데이터가 결과를 빨리 가져온다는 가정하 에 AsyncTaskA에서는 멤버 변수에 데이터를 저장하고 화면에 먼저 보여주고 AsyncTaskB의 onPostExecute()에서 조합해서 다시 화면을 갱신했는데, 결과는 어땠을까? 아주 드물지만 로컬 데이터를 먼저 가져온다는 가정이 어긋날 때에 에러가 발생했다. 결과가 나오는 것을 작업량이 많고 적은 것으로 판단하면 안 된다. 스레드 간에 무엇이 먼저 실행된다고 가정해서도 안 된다. 극단적으로 말 하면 정상 동작 여부가 운에 따른다. 이런 문제를 제어하기 어렵다면 차라리 '순 차 실행'을 하는 게 나을 수도 있다.

CountDownLatch로 실행 순서 조정

2개의 AsyncTask 간에 병렬 실행도 하면서 실행 순서가 중요한 경우에는 일반적 으로 CountDownLatch를 사용하면 된다. CountDownLatch를 사용한 샘플을 한번 보자. AsyncTask 간에는 먼저 시작한 AsyncTask의 작업이 끝날 때까지 대기했다 가 그 이후에 데이터를 보여준다.

코드 3-8 CountDownLatch로 순서 조정

```
private ArrayList<String> composedList = new ArrayList<>();

private CountDownLatch latch = new CountDownLatch(1); // ❶

private class AsyncTaskA extends AsyncTask<Void, Void, List<String>> {
```

```java
        @Override
        protected List<String> doInBackground(Void... params) {
            ... // ❷
            return Arrays.asList("spring", "summer", "fall", "winter");
        }

        @Override
        protected void onPostExecute(List<String> result) {
            try {
                composedList.addAll(result);
                title.setText(TextUtils.join(", ", composedList));
            } catch (Exception e) {
                Toast.makeText(SomeActivity.this, "Error=" + e.getMessage(),
                    Toast.LENGTH_LONG).show();
            } finally {
                latch.countDown(); // ❸
            }
        }

    }

    private class AsyncTaskB extends AsyncTask<Void, Void, List<String>> {

        @Override
        protected List<String> doInBackground(Void... params) {
            try {
                ... // ❹
                return Arrays.asList("east", "south", "west", "north");
            } catch (Exception e) {
                Log.d(TAG, "exception = " + e.getMessage());
                return null;
            } finally {
                try {
                    latch.await(); // ❺
                } catch (InterruptedException e) {
                }
            }
        }

        @Override
        protected void onPostExecute(List<String> result) {
            if (result != null) {
                composedList.addAll(result);
                title.setText(TextUtils.join(", ", composedList));
            }
        }

    }

    public void onClick(View view) {
        AsyncTaskCompat.executeParallel(new AsyncTaskA());    ❻
        AsyncTaskCompat.executeParallel(new AsyncTaskB());
    }
```

원래 의도는 이렇다. AsyncTaskA가 먼저 실행된다면 TextView에는 'spring, summer, fall, winter'가 먼저 보인 후에 'spring, summer, fall, winter, east, south, west, north'가 보이고, AsyncTaskB가 먼저 실행되면 대기했다가 Text View에는 'spring, summer, fall, winter, east, south, west, north'가 한꺼번에 보인다.

❻ AsyncTaskA와 AsyncTaskB를 병렬로 시작한다.

❶, ❸, ❺는 CountDownLatch를 사용하는 방식이다. ❶에서 생성자에 들어가는 숫자는 countDown() 실행 횟수를 지정한다. countDown()을 실행하면 생성자 파라미터의 값이 1씩 줄어드는데, 이 값이 0이 될 때 대기 상태가 풀린다. ❺에서 await()는 대기하고 있다가 countDown()이 되면 대기 상태를 풀고 다음 라인을 진행한다. 여기서는 AsyncTaskB에서 await()를 통해 AsyncTaskA가 작업이 끝날 때까지 대기한다. await()보다 countDown()이 먼저 실행되어도 상관없다. countDown()을 통해 이미 0이 되었기 때문에 await()는 굳이 대기하지 않고 다음 라인을 진행한다.

❸에서 countDown()을 finally 문에서 실행하는 이유는 예외 상황에도 반드시 실행돼야 하기 때문이다. 코드 실행 경로에서 countDown()이 빠지면 await()에서 계속 대기하기 때문에 문제가 발생할 수 있다. ❺에서 await()도 마찬가지다. ❺가 아닌 ❹ 위치에 await()가 들어간다면 예외가 발생할 때 await()가 실행되지 않아서 AsyncTaskB의 onPostExcecute()가 먼저 실행될 수 있다.

AsyncTaskB에서는 onPostExecute()를 실행하기 전에 대기하기 위해서 doIn Background()에서 await()를 실행하고, AsyncTaskA에서는 UI에 반영까지 하고 나서 AsyncTaskB도 UI 반영하라는 의미에서 onPostExecute()에서 countDown() 메서드를 실행한다.

2개의 AsyncTask 간에 시간차를 테스트하기 위해서는 ❷, ❹에서 SystemClock. sleep() 메서드를 추가해서 파라미터에 시간을 2000, 5000으로 지정한다. 반대로 시간을 바꿔봐도 된다. 원래 의도대로 실행 순서를 보장하는 것을 볼 수 있다.

Context 클래스

앱을 개발하다 보면 Context 클래스를 항상 만난다. Context가 없으면 액티비티를 시작할 수도, 브로드캐스트를 발생시킬 수도, 서비스를 시작할 수도 없다. 리소스에 접근할 때도 Context를 통해서만 가능하다. Context는 여러 컴포넌트의 상위 클래스이면서 Context를 통해서 여러 컴포넌트가 연결돼 있으므로 Context 자체를 살펴보는 것이 컴포넌트를 이해하는 데도 도움이 된다.

Context는 추상 클래스인데 메서드 구현이 거의 없고 상수 정의와 추상 메서드로 이루어진다. 그럼 Context의 하위 클래스는 어떤 게 있는가? 주요한 것을 이야기하면 직접 상속한 것은 ContextWrapper이고 ContextWrapper를 상속한 것은 Activity, Service, Application이다(BroadcastReceiver와 ContentProvider 는 Context를 상속한 것이 아니다).

ContextWrapper 클래스

Context와 컴포넌트 중간에 있는 ContextWrapper를 먼저 살펴보자. Context Wrapper 클래스는 그 이름처럼 Context를 래핑한 ContextWrapper(Context base) 생성자를 갖고 있다.

코드 4-1 ContextWrapper.java

```
Context mBase;

public ContextWrapper(Context base) {
    mBase = base;
}
```
❶

```
protected void attachBaseContext(Context base) {
    if (mBase != null) {
        throw new IllegalStateException("Base context already set");
    }
    mBase = base;
}
```
❷

```
public Context getBaseContext() {
    return mBase;
}

...

@Override
public Context getApplicationContext() {
    return mBase.getApplicationContext();
}

...

@Override
public void startActivity(Intent intent) {
    mBase.startActivity(intent);
}

...

@Override
public void sendBroadcast(Intent intent) {
    mBase.sendBroadcast(intent);
}

...

@Override
public Resources getResources() {
    return mBase.getResources();
}
```
❸

❶, ❷에서 base 파라미터에 전달되는 것은 Context의 여러 메서드를 직접 구현한 ContextImpl 인스턴스이다. ContextImpl은 앱에서 직접 사용할 수 있는 퍼블릭 클래스는 아니지만, 소스는 공개되어 있으니 한번씩은 살펴보도록 하자. ❸ ContextWrapper의 여러 메서드는 base의 메서드를 그대로 다시 호출한다. Activity, Service, Application은 ❶의 생성자를 사용하지 않고, 실제로는 ❷의 attachBaseContext() 메서드를 사용한다. Activity, Service, Application 모두 내부적으로 ActivityThread에서 컴포넌트가 시작된다. 이때 각 컴포넌트의 attach() 메서드를 실행하고 attach() 메서드에서 또다시 attachBaseContext() 메서드를 호출한다.

ContetImpl은 컴포넌트별로 있음

이제 다른 질문을 해보자. ContextWrapper 생성자에 전달되는 ContextImpl은 앱에서 싱글톤으로 단 1개의 인스턴스만 있는가? 그렇지 않다. Context Wrapper에 getBaseContext()와 getApplicationContext()라는 2개의 메서드가 별도인 것을 보고서 싱글톤이 아닌 것을 유추할 수 있다.[1]

　Activity, Service, Application 컴포넌트는 각각 생성한 ContextImpl을 하나씩 래핑하고 있고 getBaseContext()는 각각 ContextImpl 인스턴스를 리턴한다. getApplicationContext()는 Application 인스턴스를 리턴하는 것으로 Application은 앱에서 1개밖에 없고 어디서나 동일한 인스턴스를 반환한다.

ContextImpl의 메서드

ContextImpl의 메서드는 기능별로 헬퍼(helper), 퍼미션, 그리고 시스템 서비스 접근 관련한 3개의 그룹으로 나눌 수 있다.

- 앱 패키지 정보를 제공하거나 내/외부 파일, SharedPreferences, 데이터베이스 등을 사용하기 위한 헬퍼 메서드가 있다.
- Activity, BroadcastReceiver, Service와 같은 컴포넌트를 시작하는 메서드와 퍼미션 체크 메서드가 있다. 이들 메서드는 system_server 프로세스의 ActivityManagerService의 메서드를 다시 호출한다.
- ActivityManagerService를 포함한 시스템 서비스에 접근하기 위해서 getSystemService() 메서드가 있다. ContextImpl의 정적 초기화 블록(static initializer block)에서 클래스가 최초 로딩될 때 시스템 서비스를 매핑하고, 이후에는 getSystemService() 메서드에서 매핑을 바로 사용한다. 시스템 서비스는 Context 클래스에서 XXX_SERVICE와 같이 상수명으로 모두 매핑되어 있고, Context가 전달되는 클래스나 메서드라면 어디서든 getSystemService(Context.ALARM_SERVICE)와 같이 시스템 서비스를 가져다 쓸 수 있다.

Context와 하위 클래스

앞에서 얘기한 내용을 클래스 다이어그램으로 간단히 그려보자.

1　Context에 getBaseContext() 메서드는 없고 getApplicationContext() 메서드만 있다.

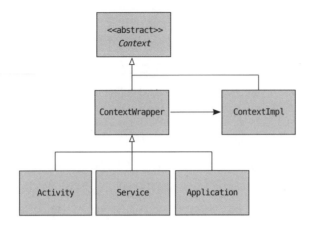

객체 지향의 원칙에서 상속보다는 구성을 사용하라고 하는데, 위 클래스 다 이어그램을 보면 원칙에 들어 맞는다는 것을 알 수 있다. Activity, Service, Application을 보면 ContextImpl을 직접 상속하지 않고, ContextImpl의 메서드 를 호출하는 형태라는 것을 알 수 있다. 이렇게 하면 ContextImpl의 변수가 노출 되지 않고, ContextWrapper에서는 ContextImpl의 공개 메서드만 호출하게 된다. 또한 각 컴포넌트별로 사용하는 기능을 제어하기도 단순해진다.

사용 가능한 Context는 여러 개 있음

코드에서 Context를 쓰는 방법을 생각해보자. Activity를 예로 들어보면 사용 가능한 Context 인스턴스는 3개가 있다.

1. Activity 인스턴스 자신(this)
2. getBaseContext()를 통해 가져오는 ContexImpl 인스턴스
3. getApplicationContext()를 통해 가져오는 Application 인스턴스: Activity의 getApplication() 메서드로 가져오는 인스턴스와 같다.

3개의 인스턴스가 다르기 때문에 캐스팅을 함부로 하면 안 된다. 이를테면 getBase Context()로 가져온 것을 Activity로 캐스팅하면 ClassCastException이 발생한다.

View 클래스를 보면 생성자에 Context가 들어간다. 이 Context가 어디서 온 것 인지 다음 코드를 통해 확인해보자.

```
@Override
public void onCreate(Bundle savedInstanceState) {
    super.onCreate(savedInstanceState);
    setContentView(R.layout.simple_text);
    statusView = (TextView) findViewById(R.id.status);
    Log.d(TAG, "1st=" + (statusView.getContext() == this)); // ❶
    Log.d(TAG, "2nd=" + (statusView.getContext() == getBaseContext())); // ❷
    Log.d(TAG, "3rd=" + (statusView.getContext() == getApplicationContext())); // ❸
    Log.d(TAG, "4th=" + (statusView.getContext() == getApplication())); // ❹
}
```

❶에서만 true가 나오는 것을 볼 수 있다. View 클래스는 생성자에 Context가 전달되어야 하는데 Activity에 쓸 수 있는 3가지 Context 모두 다 전달 가능하다. 그러나 View와 연관이 깊은 것은 Activity이므로 Activity가 전달된 것을 이해할 수 있을 것이다. 내부적으로 setContentView() 메서드에서 사용하는 LayoutInflater에 Activity 인스턴스가 전달되고, View 생성자의 Context 파라미터에 Activity 인스턴스가 전달된다.

액티비티

액티비티는 앱에서 화면의 기본 단위가 되고 가장 많이 쓰이는 컴포넌트이다. 5장에서는 액티비티를 개발하면서 생기는 여러 이슈를 살펴보자.

액티비티는 필요한 만큼만 유지

액티비티는 다른 컴포넌트와 마찬가지로 AndroidManifest.xml에 선언해야 한다. 설정 파일에 액티비티를 추가할 뿐이지만, 액티비티 개수가 많아지면 유지하기도 어려우므로[1], 불필요하게 많이 만들지 말 것을 권장한다. 내부에 UI 액션이 많고 로직이 많다면 우선 액티비티를 고려하고, 다른 액티비티 위에 팝업 형식으로 뜬다면 커스텀 레이아웃 다이얼로그나 DialogFragment, PopupWindow로 대체하자. '로딩 중'이라고 전체를 덮는 반투명 화면은 어떨까? 이것도 액티비티보다는 DialogFragment가 적절하다. 기준은 단순하게 두자. 독립적인 화면이라면 액티비티가 더 적합하고, 종속적인 화면으로 보인다면 다른 것을 쓸 수 있는지 생각해 보는 게 낫다.

setContentView() 메서드를 쓰지 않는 경우도 있음

Activity에서는 setContentView() 메서드로 메인 뷰를 화면에 표시한다. 때에 따라 setContentView()를 실행하지 않고, 로직에 따라 분기해서 다른 액티비티를 띄우는 용도로 사용하기도 한다. setContentView()를 실행하지 않는다면 결국 UI가 없는 액티비티이다. 한 예로 Intent의 스킴(scheme)에 따라 다른 화면

---

[1] 규모가 있는 앱은 기능이 변경되면서 사용하지 않는 액티비티가 자꾸 생겨나기도 한다. 다행히 근래의 IDE에서는 사용하지 않는 액티비티를 표시해주기도 한다.

으로 전환하는 경우가 있다. 이때 AndroidManifest.xml에서 여러 액티비티에 각각 intent-filter 엘리먼트를 추가하지 않고 관문(front controller) 역할의 액티비티 1개에만 여러 스킴의 intent-filter를 추가한다. 이 액티비티에서는 스킴에 따라 다른 액티비티를 시작하고 자신은 종료한다.

이해를 위해 간단한 샘플을 작성해보자. 맨 먼저 AndroidManifest.xml에 선언한 내용이다.

```xml
<activity android:name=".FrontControllerActivity">
    <intent-filter>
        <action android:name="android.intent.action.VIEW" />
        <category android:name="android.intent.category.DEFAULT" />
        <data android:scheme="doc" />
        <data android:scheme="xls" />
        <data android:scheme="ppt" />
    </intent-filter>
</activity>
```

android.intent.action.VIEW 액션과 함께 doc, xls, ppt 스킴이 전달되면 FrontControllerActivity에서 처리하겠다는 의미이다.

FrontControllerActivity의 소스는 아래와 같다. 각 스킴에 따라 다른 액티비티를 시작하고 자신은 종료하는 것을 볼 수 있다.

코드 5-1 다른 액티비티를 시작하고 자신은 종료하는 액티비티

```java
public class FrontControllerActivity extends Activity {

    private static final String WORD_SCHEME = "doc";
    private static final String EXCEL_SCHEME = "xls";
    private static final String POWERPOINT_SCHEME = "ppt";

    @Override
    protected void onCreate(Bundle savedInstanceState) {
        super.onCreate(savedInstanceState);

        Uri uri = getIntent().getData();
        if (uri == null) {
            Toast.makeText(this, "Uri does not exist!!", Toast.LENGTH_LONG).show();
        } else {
            switch (uri.getScheme()) {
                case WORD_SCHEME:
                    startActivity(new Intent(this, WordActivity.class));
                    break;
                case EXCEL_SCHEME:                                              ❶
                    startActivity(new Intent(this, ExcelActivity.class));
                    break;
                case POWERPOINT_SCHEME:
                    startActivity(new Intent(this, PowerPointActivity.class));
```

```
            break;
        }  ┌─────────────────────────────────────┐
    }
    finish();
}
```

❶ switch 문에서 스킴에 따라 액티비티를 시작하고 FrontControllerActivity 는 종료한다.

호출하는 쪽은 아래와 같은 코드를 사용한다.

```
Uri uri = Uri.parse("doc://microsoft/0000");
Intent intent = new Intent(Intent.ACTION_VIEW, uri);
startActivity(intent);
```

FrontControllerActivity를 거치지만 곧바로 WordActivity로 이동한다.

5.1 생명주기

액티비티의 생명주기를 정확히 이해하는 것은 중요하다. 생명주기를 이해하지 못했을 때 리소스가 반납되지 않을 수도 있고, 필요한 데이터를 읽어들이지 못할 수도 있다. 여기서는 생명주기에 관한 기본적인 내용과 생명주기와 관련한 이슈를 중심으로 살펴보자.

5.1.1 액티비티 생명주기 다이어그램

그림 5-1은 액티비티의 생명주기를 설명하는 가장 기본적인 그림이다. onCreate()부터 onDestory()까지 아래로 향하는 화살표 흐름은 시간의 경과에 따른 것인데, 여기서는 onPause()나 onStop()에서 위로 향해서 올라가는 화살표에 주목해보자.

다른 액티비티에 가리는 경우

그림 5-1에서 우측 위로 올라가는 화살표를 보자. 다른 액티비티가 일부만 가리면 onPause()까지 불리고(❶) 전체를 가리면 onStop()까지 불린다(❷). 전면에 있던 다른 액티비티가 종료돼서 원래 액티비티에 다시 돌아오면 ❶의 경우 onResume()가 불리고 ❷의 경우는 onRestart()와 onStart()가 불린다.

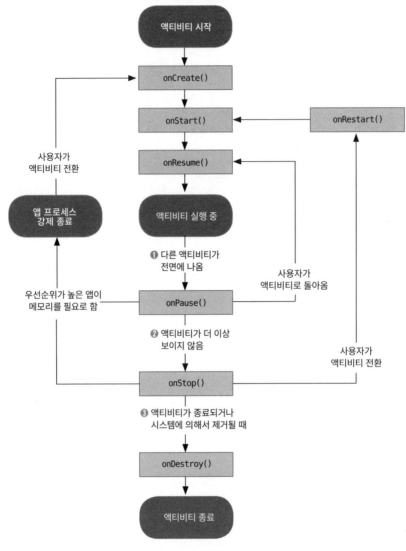

그림 5-1 액티비티 생명주기

우선순위가 더 높은 앱이 메모리를 확보

그림의 좌측에서 위로 올라가는 화살표를 보자. 우선순위 더 높은 앱이 메모리가 필요하다면 앱은 언제든지 종료될 수 있기 때문에 onStop(), onDestroy() 메서드는 반드시 실행된다는 보장이 없다. 반드시 실행되는 것이 아니기 때문에 onCreate(), onResume(), onPause() 메서드는 주로 오버라이드하지만 onStop()과 onDestroy() 메서드는 상대적으로 오버라이드하지 않을 때가 많다. 리소스를 안전하게 정리하는 게 필요할 때는 onStop()이나 onDestroy()에 안전 장치로 코드를 추가하기도 한다.

시스템에 의한 액티비티 제거

onDestroy()까지 불리는 것은 finish()가 호출될 때만으로 이해하기 쉽다. 그런데 ❸에 의하면 시스템에서 액티비티를 제거할 때가 있고, 이때도 onDestroy()까지 불린다.

이는 여러 태스크를 사용하는 앱에서 메모리가 많이 사용될 때 발생한다. 앱에서 하나의 태스크만 사용할 때는 메모리 사용이 많아지면 OutOfMemoryError가 발생하지만, 앱에서 여러 태스크를 사용한다면 OutOfMemoryError가 발생하기 전에 메모리 문제 가능성을 줄이는 방법이 있다. 가용 메모리의 4분의 3이 넘을 때 포그라운드의 태스크를 우선시하면서 메모리를 확보하기 위해 백그라운드의 태스크에서 액티비티를 종료하는 것이다.

이것이 시스템에 의한 액티비티 제거 방식이다. 시스템에 의해서도 제거될 수 있기 때문에 태스크의 액티비티 목록이 유지된다고 가정해서는 안 된다. 따라서 액티비티 개수나 액티비티 목록을 메모리에 유지하는 방식은 가능하면 사용하면 안 되고, 사용하더라도 이런 내용을 이해하고서 주의해야 한다.

5.1.2 생명주기 메서드 호출 시점

케이스별로 생명주기 메서드가 호출되는 순서를 알아보자.

시작할 때

onCreate → onStart → onResume

화면 회전할 때(가로/세로)

onPause → onStop → onDestroy → onCreate → onStart → onResume

다른 액티비티가 위에 뜰 때/전원 키로 화면 OFF할 때/홈 키

onPause → onStop

백 키로 액티비티 종료

onPause → onStop → onDestroy

백 키로 기존 액티비티에 돌아올 때/홈 키로 나갔다가 돌아올 때

onRestart → onStart → onResume

다이얼로그 테마 액티비티나 투명 액티비티가 위에 뜰 때

onPause

메서드가 어디까지 호출되는지는 액티비티가 화면에 보이는지(visible) 여부와
포그라운드 상태를 체크해보면 알기 쉽다. 화면이 일부 보이긴 하지만 백그라운
드 상태이면(다른 화면이 가린 상태) onPause()까지 실행되고, 화면이 보이지 않
는 상태이면 onStop()까지 실행된다.

액티비티 라이프타임

Activity API 문서를 보면 3가지 라이프타임(lifetime)으로 구분한다.

- 전체 라이프타임: onCreate() ~ onDestroy()
- 가시(visible) 라이프타임: onStart() ~ onStop()
- 포그라운드 라이프타임: onResume() ~ onPause()

여기의 from~to는 'from <= 라이프타임 <= to' 관계가 아니다. 등호가 빠져 있
는 'from < 라이프타임 < to' 관계이다. 반복되는 얘기지만 Activity는 onPause()
이전까지가 포그라운드 상태이고, onPause()까지 실행된다면 일부가 보이면
서 백그라운드 상태가 된다. 마찬가지로 onStop() 이전까지 보이기는 하지만
onStop()까지 실행된다면 더 이상 보이지 않는 것이다.

또 하나 혼동되는 게 있다. onCreate() 메서드에서 setContentView()에 전달
된 레이아웃이 가시 라이프타임인 onStart()에서부터 화면에 보이는 것일까?
그렇지 않다. onCreate()부터 onResume()까지는 하나의 Message 처리이므로,
setContentView()의 결과 화면은 onResume() 이후에 보인다. onStart()부터 가
시 라이프타임이라는 것은 액티비티가 화면에 보이지 않다가 다시 보일 때는 여
기부터 실행된다는 의미이다. onResume()도 마찬가지이다. 백그라운드에 있으
면서 아직 보이는 상태(투명 액티비티나 다이얼로그 테마 액티비티에 가린 경
우)에 있다가 포그라운드로 오면 onResume()부터 실행된다.

다음 그림은 상태 다이어그램으로 액티비티 생명주기를 표현한 것이다. 가시
(visible), 보이지 않음(hidden), 일부 가시(partially visible)에 주목하면 된다.

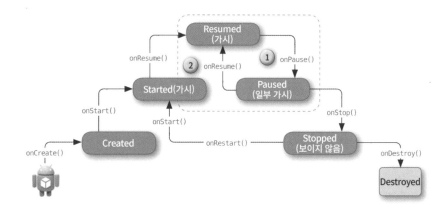

추가로 생명주기 메서드가 불리는 시점 확인

또 다른 케이스를 들어보자.

- onCreate()에서 finish()를 호출하면 다른 생명주기 메서드를 거치지 않고 곧 바로 onDestroy()를 실행한다.
- onActivityResult()는 onResume()보다 먼저 실행된다. 이 순서를 유의해야 할 때가 있다. onActivityResult()에서 가져온 결과를 업데이트하고 onResume() 에서도 최신 데이터를 업데이트해야 할 때, 실행 순서에 주의해야 한다.

onPostCreate()나 onPostResume() 같은 메서드는 앱에서 권장하지 않음

Activity에는 onPostCreate()나 onPostResume() 같은 메서드도 있어서 앞에서 얘기한 생명주기 메서드 사이에 뭔가를 할 수도 있다. 하지만 이들 메서드는 시스템에서 초기화를 위해서 사용하는 것으로 앱에서 쓰는 것은 권장하지 않는다.

5.1.3 액티비티 시작 메서드

다음 절에서 액티비티 전환 시 생명주기를 살펴볼 것이다. 여기에서는 먼저 액티비티를 시작하는 메서드를 살펴보자.

호출자와 피호출자

액티비티 전환에 대해서 용어부터 정리해보자. 새로운 액티비티를 시작하면서 A→B 간 액티비티를 전환한다고 하자. 이때 어떤 문서에서는 A를 부모 액티비티라고 하고, B를 자식 액티비티라고 하는데 혼동할 수 있는 표현이다. TabActivity와 같은 ActivityGroup이 부모 액티비티이고, 탭 위치에 들어가는 하위 액티비티가 자식 액티비티이다. Activity에는 getParent() 메서드가 있는데 이것은 자신을 포함한(embed) 액티비티를 가리키는 것이지 자신을 시작시킨 액티비티를 가리키는 것이 아니다.

Activity에 getCallingActivity()와 getCallingPackage() 메서드가 있는데 이 'call'이라는 단어가 A→B 간 액티비티 전환을 잘 표현하고 있다. 따라서 이 책에서는 A→B 간 액티비티 전환에서 A를 호출자(caller)로 부르고 B를 피호출자(callee)로 부르겠다.[2]

액티비티를 시작하는 메서드

액티비티를 시작하는 방법은 startActivity()와 startActivityForResult() 메서드를 호출하는 것이다. startActivity()는 Context의 메서드이기 때문에 Activity뿐만 아니라 Service, BroadcastReceiver, Application 어디서든 startActivity()를 실행할 수 있다. 또한 컴포넌트가 아니더라도 Context가 전달된 곳이라면 어디에서든 startActivity()를 실행할 수 있다. 반면 startActivityForResult()는 Activity의 메서드이다. Activity끼리만 데이터를 주고받을 수 있다고 이해하자.

startActivity()는 피호출자에 데이터를 전달하기만 한다. 호출자에게 다시 데이터를 전달하는 액션은 하지 않는다. startActivity()로 시작된 피호출자에서 getCallingActivity()와 getCallingPackage() 메서드는 null을 리턴한다.

startActivityForResult()는 startActivity()와는 다르게 동작한다. 이제 startActivityForResult() 메서드 관련해서 몇 가지 내용을 살펴보자.

getCallingActivity()와 getCallingPackage() 메서드

피호출자에서 getCallingActivity()와 getCallingPackage() 메서드는 호출자의 정보를 리턴한다. 호출자에 따라 다르게 처리할 필요가 있는 경우 구분을 위해 사용할 수 있다.

requestCode에는 0 이상의 값을 넣음

startActivityForResult(Intent intent, int requestCode) 메서드 시그너처에서 requestCode 파라미터에는 0 이상인 값을 넣으면 된다.

---

2 영어로는 보통 calling activity, called activity 또는 caller activity, callee activity로 쓰인다.

동일한 태스크에 있을 때만 유효

호출자와 피호출자가 다른 태스크에 속해 있다면 onActivityResult()에서 결과를 다시 받을 수 없다.

setResult() 메서드는 finish() 전에 호출

결과를 돌려주는 피호출자에서는 finish() 메서드 전에 setResult() 메서드를 호출해야 한다. 그래야만 setResult(int resultCode, Intent data) 메서드의 파라미터인 resultCode와 data가 호출자에 전달된다. 자주하는 실수는 아니지만 기능을 변경하다 보면 위치를 잘못 잡을 때가 있다.

resultCode는 RESULT_OK와 RESULT_CANCELED를 주로 사용

setResult() 메서드를 호출하지 않으면 resultCode에는 기본 값인 RESULT_CANCELED(상수 0)가 전달된다. 일반적으로 RESULT_OK(상수 -1) 값을 넣지만, 원하는 정수값을 임의로 전달해도 된다.

Intent.FLAG_ACTIVITY_FORWARD_RESULT 플래그

ActivityA에서 startActivityForResult() 메서드로 ActivityB를 시작하고 ActivityB에서는 자신을 닫으면서 또 다른 ActvityC를 시작하는 경우가 있다. 이때 ActivityC에서 setResult()로 전달한 데이터는 ActivityA에 전달될까? 가끔 이것을 가정하고 만들어진 것도 있는데 전혀 그렇지 않다. ActivityC가 닫히는 순간 ActivityA의 onActivityResult() 메서드는 불리지만, setResult() 메서드의 파라미터인 resultCode와 data는 ActivityA에 전달되지 않는다. resultCode가 RESULT_CANCELED면서 data는 null이 될 뿐이다.

이 경우에 값을 전달받기 위해서는, ActivityB에서 startActivity() 메서드로 ActivityC를 시작하면서 Intent에 Intent.FLAG_ACTIVITY_FORWARD_RESULT 플래그를 추가해야 한다. 이 플래그는 startActivityForResult()에서 쓰면 아래와 같은 예외를 발생시킨다.

```
android.util.AndroidRuntimeException: FORWARD_RESULT_FLAG used while also
requesting a result
```

다시 말하면, ActivityA에서 ActivityB를 시작할 때는 startActivityForResult() 메서드를 사용하고, ActivityB에서 ActivityC를 시작할 때는 startActivity() 메서드를 사용하면서 FLAG_ACTIVITY_FORWARD_RESULT 플래그를 사용해야 한다. 이

런 식으로 하면 여러 개를 거쳐도 맨 처음 startActivityForResult()를 실행한 ActivityA에 값을 전달할 수 있다. 필자도 자주 혼동하던 내용이므로 케이스를 아래에 코드로 정리했다.

코드 5-2 Intent.FLAG_ACTIVITY_FORWARD_RESULT 플래그 사용 방법

```
// onActivityResult() 데이터가 메서드에 정상적으로 전달되지 않는 케이스
// ActvityA
startActivityForResult(new Intent(this, ActivityB.class), REQUEST_CODE);

// ActivityB
Intent intent = new Intent(this, ActivityC.class);
intent.addFlags(Intent.FLAG_ACTIVITY_FORWARD_RESULT);
startActivityForResult(intent, REQUEST_CODE);
finish();

// ActivityC
Intent intent = new Intent();
intent.putExtra("value", "Android");
setResult(RESULT_OK, intent);
finish();

// 크래시 발생 케이스
// ActivityA
startActivityForResult(new Intent(this, ActivityB.class), REQUEST_CODE);

// ActivityB => 크래시
Intent intent = new Intent(this, ActivityC.class);
intent.addFlags(Intent.FLAG_ACTIVITY_FORWARD_RESULT);
startActivityForResult(intent, REQUEST_CODE);
finish();

// 정상 케이스
// ActivityA
startActivityForResult(new Intent(this, ActivityB.class), REQUEST_CODE);

// ActivityB
Intent intent = new Intent(this, ActivityC.class);
intent.addFlags(Intent.FLAG_ACTIVITY_FORWARD_RESULT);
startActivity(intent);
finish();

// ActivityC
Intent intent = new Intent();
intent.putExtra("value", "Android");
setResult(RESULT_OK, intent);
finish();
```

5.1.4 액티비티 전환 시 생명주기 메서드 호출

액티비티가 전환되면서 생명주기 메서드가 어떻게 불리는지 알아보자.

액티비티에서 다른 액티비티를 시작할 때

ActivityA에서 ActivityB를 시작할 때, ActivityA는 onPause()와 onStop()을 실행하고 ActivityB는 onCreate(), onStart()와 onResume()을 실행한다. 그런데 이때 실행 순서가 ActivityA가 onStop()까지 실행하고 나서 ActivityB가 onCreate()부터 실행하는 것이 아니다. 순서는 다음과 같다.

1. ActivityA는 onPause() 메서드를 실행한다(백그라운드로 이동).
2. ActivityB는 onCreate(), onStart(), onResume() 메서드를 실행하고 포커스를 갖는다(포그라운드로 이동).
3. ActivityA는 onStop() 메서드를 실행한다(ActivityB가 전체 화면을 덮어서 ActivityA는 보이지 않는 상태). ActivityB가 투명하거나 화면을 일부만 덮는 경우에는 onStop()을 실행하지 않는다(ActivityA는 아직 보이기 때문).

호출자는 먼저 백그라운드로 이동하고, 피호출자가 포그라운드로 이동한다. 그 다음에 호출자는 전체 또는 일부가 보이지 않는 상태가 된다. onStop()이 나중에 불리는 이유는 무엇일까? 피호출자가 투명하거나 화면을 일부만 덮는 액티비티라면 피호출자의 onStop()을 호출하지 않기 때문에, 피호출자가 뜨고 난 이후에야 onStop()이 필요한지 알 수 있기 때문이다.

 평소에는 순서를 크게 신경 쓸 필요가 없지만 꼭 알고 있어야 하는 경우가 있다. ActivityA에서 변경된 값을 ActivityB에서 사용하고자 할 때를 생각해보자. ActivityA에서 매 이벤트마다 SharedPreferences나 DB에 저장하지는 않고 ActivityA가 끝날 때만(화면을 백 키로 나가거나, 다른 액티비티를 시작할 때) 저장하기로 했다. 이때 onStop() 메서드에서 값을 저장하면 안 되고 onPause() 메서드에서 값을 저장해야만 ActivityB가 onCreate()에서부터 이 값을 정상적으로 사용할 수 있다.

포그라운드 액티비티가 닫힐 때

앞에서와 반대의 경우이다. ActivityA에서 ActivityB를 시작한 상태에서, 이번에는 ActivityB를 닫으면 ActivityA가 다시 보인다. 이때의 생명주기 순서는 역순이다.

1. ActivityB는 onPause() 메서드를 실행한다(백그라운드로 이동).

2. ActivityA는 onRestart(), onStart(), onResume() 메서드를 실행한다(포그 라운드로 이동).

3. ActivityB는 onStop(), onDestroy() 메서드를 실행한다(종료).

 액티비티 전환 간에 호출되는 생명주기 메서드 실행 순서는 외우려고 해도 매번 잊는다. 원리를 이해하는 게 중요하다.

5.1.5 생명주기 메서드 사용 시 주의사항

리소스 생성/제거는 대칭으로 실행

onCreate()에서 리소스를 생성했다면 onDestroy()에서 제거하고, onResume() 에서 생성했다면 onPause()에서 제거한다. 많이 사용하는 예는 onResume()에서 registerReceiver()를 실행하고, onPause()에서 unregisterReceiver()를 실행하는 것이다. 즉 포그라운드에 있을 때만 브로드캐스트 이벤트를 처리한다는 것이다. 다른 예로 DB를 열고 닫는 것도 생각할 수 있다. onCreate()에서 DB를 열었는데 onPause()에서 DB를 닫는다면 어떻게 될까? 다른 액티비티로 전환되었다가 백 키로 다시 화면으로 돌아올 때 onCreate()는 호출되지 않고 onResume()만 불리므로, DB가 닫혀 쿼리를 실행할 수 없다.

super.onXxx() 호출 순서

onCreate(), onStart(), onResume()에서는 super.onCreate(), super.onStart(), super.onResume()을 먼저 실행하고, onPause(), onStop(), onDestroy()에서는 super.onPause(), super.onStop(), super.onDestroy()를 나중에 실행한다.

```
protected void onCreate() {
    super.onCreate();
    ...
}

protected void onStart(){
    super.onStart();
    ...
}

protected void onResume() {
    super.onResume();
    ...
}
```

```
protected void onPause() {
    ...
    super.onPause();
}

protected onStop(){
    ...
    super.onStop();
}

protected void onDestroy() {
    ...
    super.onDestroy();
}
```

생명주기를 시작할 때는 뭔가를 만들어내는 일이 많고, 끝날 때는 정리하는 일이 많다는 것을 생각하자. 많은 문서나 샘플에서도 이런 규칙은 없고 여기에 맞게 작성하지도 않지만(구글에서 만든 소스도 마찬가지), 경험상 이 습관은 필요하다. *http://orhanobut.github.io/effective-android/*에서도 항목 37에 'Constructive first, destructive last'라는 내용이 있는 것을 볼 수 있다.

Activity의 onCreate()나 onResume(), onPause() 메서드에서는 실제로 하는 작업은 거의 없다. 그러나 onDestroy()에서는 하는 작업이 있는데 startManaging Cursor() 메서드[3]에 등록된 Cursor를 닫고, showDialog()를 사용해서 캐시된 Dialog를 제거한다.

단순히 Activity를 직접 상속해서 화면을 만든다면 호출 순서는 별 문제가 되지 않는다. 그런데 많은 앱에서는 리소스를 생성해서 사용하고 반납 또는 제거하는 공통 로직이 많이 사용된다. 예를 들어보자. 일반적인 앱에서는 로그인/로그아웃 상태를 갖고 있거나 화면 로딩 속도를 체크하는 등의 공통 로직이 있어서, 상위 클래스로서 BaseActivity를 사용하는 경우가 많다. 상위 클래스의 onResume() 메서드에서 객체 인스턴스를 1개 생성한다고 해보자. onResume()에서 생성한 인스턴스를 가지고 하위 클래스에서 로그를 남길 수도 있고, 뭔가 다른 추가적인 작업을 할 수도 있다. 그런데 super.onResume()을 먼저 호출하지 않고 나중에 호출하면 무슨 일이 생길까? 바로 개발 시에 자주 보는 NullPointerException이 발생한다. 그리고 onPause() 메서드에서는 super. onPause() 메서드를 먼저 호출하고서 다른 로직을 실행하면 이미 반납된 자원을 사용하는 경우가 생길 수 있다.

---

3 허니콤에서 지원 중단되었다(deprecated).

해당 샘플을 보자. 먼저 공통 로직 용도로 사용하는 상위 클래스이다.

코드 5-3 기본 상위 Activity 클래스

```java
public class BaseActivity extends Activity {

    protected MyLocationManager myLocationManager;

    @Override
    protected void onResume() {
        super.onResume();
        myLocationManager = new MyLocationManager();
        myLocationManager.requestUpdate();
    }

    @Override
    protected void onPause() {
        myLocationManager = null;
        super.onPause();
    }

}
```

여기서 myLocationManager 변수를 onResume()에서 생성하고 onPause()에서 null
로 하였다. myLocationManager는 protected 변수로 하위 클래스에서도 사용한다.

코드 5-4 하위 Activity 클래스

```java
public class LocationActivity extends BaseActivity {

    private LocationRepository locationRepository;
    private Location lastLocation;

    @Override
    protected void onCreate(Bundle savedInstanceState) {
        super.onCreate(savedInstanceState);
        ...
        locationRepository = new LocationRepository();
    }

    @Override
    protected void onResume() {
        lastLocation = locationRepository.getLastLocation();
        super.onResume();
    }

    @Override
    protected void onPause() {
        super.onPause(); // ❶
        locationRepository.saveLocation(myLocationManager.getLastLocation()); // ❷
    }

}
```

하위 클래스에서는 onResume()에서 마지막 위치(lastLocation)을 가져오고 onPause()에서 마지막 위치를 저장한다. 여기 주의사항과 반대로 onResume과 onPause()에서는 super.onResume()을 나중에 호출하고 super.onPause()는 먼저 호출하였다. 이때 super.onPause()에서 myLocationManager는 null로 만들었으므로 ❷에서 NullPointerException이 발생한다. ❶과 ❷의 위치를 바꾸면 예외가 발생하지 않는다.

finish() 메서드 호출하고 바로 리턴 필요

onCreate() 메서드에서 유효성 여부를 체크하고서 문제가 있을 때, Toast를 띄운 뒤 finish()를 호출하고서 곧바로 리턴하지 않는 경우가 있다. finish() 메서드는 리턴을 대신한 것도 아니고 리턴을 포함한 것도 아니다. finish()는 액티비티를 종료하라고 Message를 보내는 것일 뿐이다. finish()를 호출한 후에 그 아래로직도 실행되면 유효성 문제가 있기 때문에 에러가 나거나 엉뚱한 결과를 보여줄 수 있다. finish() 호출 위치가 메서드의 끝일 때만 리턴이 필요 없는 것이지 메서드 중간이라면 리턴은 반드시 필요하다.

```java
@Override
protected void onCreate(Bundle savedInstanceState) {
    super.onCreate(savedInstanceState);
    address = getIntent().getParcelableExtra(EXTRA_DATA_ADDRESS);
    if (address == null) {  // ❶
        Toast.makeText(this, "Address not exist.", Toast.LENGTH_LONG).show();
        finish();  // ❷
        return;  // ❸
    }
    Log.d(TAG, "address=" + address.dong);  // ❹
    ...
}
```

❶에서 address가 null이라면 ❷에서 finish()를 호출하고 ❸에서 리턴한다. 만일 ❸을 빠뜨렸다면 ❹에서 NullPointerException이 발생한다.

onXxx() 메서드 직접 호출은 권장하지 않음

onCreate(), onResume(), onPause(), onDestroy() 메서드를 직접 호출하는 경우는 거의 볼 수 없지만, onBackPressed() 같은 메서드를 직접 호출하는 경우는 몇번 본 적이 있다. onBackPressed()는 기본 동작이 finish()를 호출하는 것이므로 일단 당장은 문제없어 보이지만 onBackPressed()는 요구사항에 따라 오버라이드 가능성이 있는 메서드이다. 사용 패턴을 알기 위해서 백 키를 체크하는 코드가 들어갈 수도 있고, 백 키를 눌렀을 때 moveTaskToBack() 메서드를 호출해서 태스크를 아예 백그라운드로 보내는 경우도 있다. 또는 백 키를 막기 위해서 onBackPressed() 메서드에서 super.onBackPressed()를 쓰지 않고 비어 있는 메서드로 오버라이드하기도 한다. 이때 onBackPressed()를 다른 메서드에서도 호출했다면 동작에 문제가 생긴다. 다른 코드에 영향을 쉽게 받는 코드는 가능하면 작성하지 않는 게 좋다.

Activity와는 별개지만 SQLiteOpenHelper를 상속한 Database 헬퍼(helper)를 만들 때 onUpgrade() 메서드에서 onCreate() 메서드를 호출하는 것은 여러 문서에서도 흔히 보인다.

```java
@Override
public void onCreate(SQLiteDatabase db) {
    db.exexSQL("CREATE TABLE schedule ...");
    db.execSQL("INSERT INTO schedule VALUES ...");
    ...
    db.execSQL("CREATE TABLE member ...");
    ...
}

@Override
public void onUpgrade(SQLiteDatabase db, int oldVersion, int newVersion) {
    db.execSQL("DROP TABLE IF EXISTS schedule");
    db.execSQL("DROP TABLE IF EXISTS member");
    onCreate(db); // ❶
}
```

❶에서 onCreate() 메서드를 호출하고 있다. 이것 역시 마찬가지다. 현재까지 동일하게 동작하는 게 확실하다면, 별도 메서드를 만들어서 그 메서드를 호출하도록 하자.

```java
@Override
public void onCreate(SQLiteDatabase db) {
    createTables(db);
}

@Override
public void onUpgrade(SQLiteDatabase db, int oldVersion, int newVersion) {
    db.execSQL("DROP TABLE IF EXISTS schedule");
    db.execSQL("DROP TABLE IF EXISTS member");
    createTables(db);
}

private void createTables(SQLiteDatabase db) {
    db.execSQL("CREATE TABLE schedule ...");
    db.execSQL("INSERT INTO schedule VALUES ...");
```

```
    ...
    db.execSQL("CREATE TABLE member ...");
    ...
}
```

시스템이 알아서 호출하는 메서드(이하 시스템 메서드)는 함부로 엮지 말고, 위처럼 별도 메서드를 만들자. 그렇게 하면 시스템 메서드를 오버라이드할 필요가 있어도 그 메서드를 직접 호출하는 다른 곳이 없기 때문에 더 이상 신경 쓰지 않아도 된다. 시스템 메서드를 직접 호출하는 것이나 별도 메서드에서 실행하는 것이나 기능이 완전히 동일하지 않냐고 반문하는 경우도 있다. 혼자서 개발한다면 시스템 메서드를 직접 호출해도 문제가 되지 않는다. 하지만 여러 사람이 함께 개발하는데 자신이 바꾸는 코드가 어디까지 영향을 주는지 매번 생각해야 한다면 피곤할 수밖에 없다. 코드를 읽는 것도 어려워진다. 필자의 경우에는, 액티비티에 로그인하는 기능이 있다는데 아무리 봐도 로그인하는 코드가 보이지 않아서 소스를 분석하는 데 어려움을 겪은 적이 있다. 원인은 코드상에서 onActivityResult()를 직접 호출하고 그 안에서 로그인을 시도하는 것 때문이었다. onActivityResult()는 피호출자에서 데이터를 받아서 처리하는 것이지 직접 호출하는 용도는 아니다.

5.2 구성 변경

구성(Configuration)은 컴포넌트에서 어떤 리소스를 사용할지 결정하는 조건이고, 이 조건 항목은 프레임워크에서 정해져 있다. 81페이지에서 화면 회전 시 액티비티의 생명주기 메서드가 onDestroy()까지 실행되고 다시 onCreate()부터 실행하는 것을 얘기했다. 화면 방향(orientation)이 구성의 가장 대표적인 항목이다. 다른 것들은 무엇이 있는지 알아보기 위해 android.content.res.Configuration의 멤버 변수를 나열해보자.

```
densityDpi, fontScale, hardKeyboardHidden, keyboard, keyboardHidden,
locale, mcc, mnc, navigation, navigationHidden, orientation,
screenHeightDp, screenLayout, screenWidthDp, smallestScreenWidthDp,
touchScreen, uiMode
```

이렇게 모두 17개가 있다. 여기서 fontScale과 locale은 단말의 환경 설정에서 정할 수 있는 사용자 옵션이고 나머지는 단말의 현재 상태이다.

5.2.1 리소스 반영

구성은 컴포넌트에서 사용하는 리소스를 결정하기 때문에, 구성이 변경되면 컴포넌트에서 사용하는 리소스도 변경된다. 예를 들어 단말 환경 설정에서 언어를 변경한다고 하자. 영어를 기본으로 하고 한국어와 일본어를 지원하기 위해서 /res/values와 /res/values-ko와 /res/values-ja에 동일한 내용의 문자열을 번역해서 strings.xml을 각각 만든다. 단말의 처음 언어 설정은 한국어여서 액티비티 화면에 /res/values-ko/strings.xml의 문자열을 보여주는데, 언어 설정을 일본어로 바꾸면 /res/values-ja/strings.xml의 문자열로 변경해서 화면에 보여줘야 한다. 이때 어떤 방식으로 하는 것일까? 안드로이드에서 선택한 방법은 화면에서 하나씩 문자열을 찾아서 변경하는 게 아니라 액티비티를 재시작해서 변경된 리소스를 사용하는 방식이다. 화면 회전도 마찬가지다. 화면 회전에 따라 /res/layout-port와 /res/layout-land 디렉터리의 레이아웃을 교체하려면 액티비티를 재시작한다. 참고로 액티비티 외에 다른 컴포넌트는 구성이 변경되어도 재시작하지 않는다.

5.2.2 구성 변경으로 인한 액티비티 재시작

구성이 변경되어 액티비티를 재시작하면 하나의 인스턴스를 가지고 새로 초기화해서 재사용하는 것이 아니다. 기존 인스턴스는 onDestroy()까지 실행하고 새 인스턴스가 onCreate()부터 실행하는 것이다.

메모리 누수 가능성

액티비티가 재시작하면서 메모리 누수 문제가 생길 수 있다. Activity가 onDestroy()까지 불리었는데도 Activity에 대한 참조가 남아 있다면 이 Activity는 GC되지 않고 메모리를 계속 차지한다. 화면을 회전할 때 자꾸 OutOfMemoryError가 발생한다면 원인은 메모리 누수 때문이다. 빈번하게 발생하는 액티비티의 메모리 누수 상황을 나열해보자.

Activity 목록 참조

떠 있는 Activity에 특별한 작업을 하기 위해서 Activity 인스턴스를 컬렉션(Collection)에 모아둔다. 최악의 상황으로 WeakReference를 사용하더라도 가능하면 피해야 한다. 기능 요구사항이나 레거시 코드 문제로 사용한 적은 있지만 권장되지 않는 방식이다. 액티비티 목록은 시스템이 알아서 관리하는 영역이기도 하고, 액티비티가 종료할 때 컬렉션에서 제거해야 하는데 실수로 빠뜨릴 가능성도 많다.

Activity의 내부 클래스나 익명 클래스 인스턴스

Activity의 내부 클래스나 익명 클래스의 인스턴스가 Activity에 대한 참조를 갖고 있다면, 이들 인스턴스를 외부에 리스너로 등록한 경우에 해제도 반드시 되어야 한다. 해제를 빠뜨리는 것이 메모리 누수의 주된 원인이다. 내부 클래스에서 SomeActivity.this를 쓸 수 있는 상황이면 Activity에 대한 참조를 갖고 있는 것이다. 이때 Activity 참조를 없애기 위해 단순 내부 클래스는 정적 내부 클래스를 만드는 것이 권장된다. Activity의 변수나 메서드에 꼭 접근할 일이 있다면 정적 내부 클래스 생성자에 WeakReference로 Activity를 전달하기도 한다. 그러면서 코드가 복잡해지지만 문제가 심각하다면 고려할 수 있는 방법이다.

싱글톤에서 Activity 참조

싱글톤에 Context가 전달되어야 하는데 Activity 자신을 전달한 경우이다. 싱글톤에 Activity 참조가 남아서 문제를 일으킨다. 이에 대한 대응 패턴은 11.1절의 내용을 참고하자.

AsyncTask에서 Activity 참조

AsyncTask에서 작업이 오래 걸리는 경우에도 문제를 발생시킨다. Activity가 시작하면서 작업을 실행하기 위해서 onCreate()에서 AsyncTask를 시작한다고 하자. AsyncTask는 Activity에 대한 참조를 가지고 있기 때문에, 화면을 회전하고 onDestroy()까지 불러도 AsyncTask가 끝나기 전까지 Activity는 GC 대상이 되지 않는다. 게다가 onCreate()에서 AsyncTask를 실행하면 회전할 때마다 AsyncTask가 매번 실행된다. Activity 자체나 AsyncTask 작업이 메모리를 많이 차지하고, AsyncTask가 시간이 오래 걸린다면, 화면을 빈번하게 회전할 때 OutOfMemoryError가 발생할 가능성이 높아진다. 이에 대해서 3.3.3절에서 대응 방법을 언급하였다.

 언어별 문자열이 따로 없거나 가로/세로 레이아웃이 별도로 없는 경우에도 일단 재시작한다. 구성이 변경되면 무조건 재시작하는 것으로 이해하면 된다. 재시작해서 리소스를 가져올 때 결과적으로 동일한 리소스를 사용하는 것뿐이다.

5.2.3 프레임워크 소스 확인

구성을 업데이트할 때 프레임워크에서 호출 스택은 다음과 같다.

```
ActivityManagerService.updateConfigurationLocked(Configuration values,
    ActivityRecord starting, boolean persistent, boolean initLocale)
        ActivityThread.applyConfigurationToResources(Configuration config)
        (through binder IPC)
        ResourcesManager.applyConfigurationToResourcesLocked(Configuration
                config, CompatibilityInfo compat)
            Resources.updateConfiguration(Configuration config, DisplayMetrics // ❶
                    metrics, CompatibilityInfo compat)
            AssetManager.setConfiguration(int mcc, int mnc, String locale,
                int orientation, int touchscreen, int density,
                int keyboard,
                int keyboardHidden, int navigation, int screenWidth,
                int screenHeight,
                int smallestScreenWidthDp, int screenWidthDp,
                int screenHeightDp,
                int screenLayout, int uiMode, int majorVersion)
            (native method)
```

구성이 변경되면 system_server에서 동작하는 ActivityManagerService에서 앱 프로세스의 메인 클래스인 ActivityThread에 새로운 Configuration을 전달한다. 결과적으로 하는 일은 AssetManager의 네이티브 메서드인 setConfiguration() 을 실행하는 것이다. 네이티브에서는 리소스 테이블을 유지하고 있는데, 현재 Configuration을 전달해놓고 리소스를 가져올 때마다 현재 Configuration에 맞는 리소스를 선택해서 가져온다.

이제 리소스를 가져오는 한 예로서 getText() 메서드의 호출 스택을 살펴 보자.

```
Resources.getText(int id)
    AssetManager.getResourceText(int ident) // ❷
        AssetManager.loadResourceValue(int ident, short density,
            TypedValue outValue, boolean resolve) (native method)
```

❶과 ❷에 결론적으로 AssetManager가 나오는데 AssetManager에서 현재 Configuration을 전달하고, AssetManager를 거쳐서 Configuration에 맞는 리소스를 매번 선택해서 가져오는 것이다. 리소스 선택 로직은 내부적으로 최적화 되어 있다. 안드로이드 개발자 사이트에서 'Providing Resources' 문서[4]에서 'Android가 가장 잘 일치되는 리소스를 찾는 방법'을 참고하자.

---

4 *http://developer.android.com/intl/ko/guide/topics/resources/providing-resources.html*을 참고하자.

5.2.4 구성 한정자

이제 리소스 디렉터리명을 구성하는 구성 한정자[5]를 살펴보자. 개발자 가이드에 있는 우선순위대로 나열하였다.

구성 한정자	샘플	Configuration 필드
MCC 및 MNC	mcc310, mcc310-mnc004	mcc, mnc
언어 및 지역	en, fr, en-rUS, fr-rFR	locale
레이아웃 방향	ldrtl, ldltr	
가장 짧은 너비	sw320dp, sw600dp, sw720dp	smallestScreenWidthDp
이용 가능한 너비	w720dp, w1024dp	screenWidthDp
이용 가능한 높이	h720dp, h1024dp	screenHeightDp
화면 크기	small, normal, large, xlarge	screenLayout
화면 비율	long, notlong	
화면 방향	port, land	orientation
UI 모드	car, desk, television, appliance, watch	uiMode
야간 모드	night, notnight	
화면 픽셀 밀도(dpi)	ldpi, mdpi, hdpi, xhdpi, xxhdpi, xxxhdpi, nodpi, tvdpi	densityDpi

여기서는 특기할 내용만 살펴보고 구성 한정자에 대한 상세 내용은 'Providing Resources' 문서에서 표 2를 참고하자.

- 플랫폼 버전도 리소스 선택에 영향을 주지만 Configuration 멤버 변수에는 플랫폼 버전 값이 없다. 플랫폼 버전은 숨겨진(hidden) 멤버 변수인 Build.VERSION.RESOURCES_SDK_INT에 상수로 되어 있다.
- Configuration의 멤버 변수 가운데서 fontScale은 구성 한정자와 관련된 것이 없다. 즉, fontScale은 리소스 선택 로직에는 영향을 주지 않고 액티비티를 재시작할 때 화면에서 sp 단위로 된 문자열의 크기를 변경할 뿐이다.
- 언어 설정을 아랍어, 히브리어 또는 페르시아어로 변경하면 RTL(right-to-left)로 레이아웃 방향이 변경된다(AndroidManifest.xml에서 supportsRtl 속성이 true이고 targetSdkVersion이 17 이상일 때). 예를 들어, 수평 Linear

---

5 configuration qualifier는 구성 한정자 또는 리소스 식별자로 번역된다. 개발자 가이드에서는 구성 한정자로 쓰고 있다.

Layout에 ImageView와 TextView를 배치한다면 일반적인 LTR(left-to-right) 배치가 아닌 미러링 배치를 보게 된다. 즉, 오른쪽에 ImageView가 있고 그 왼쪽에 TextView가 있다. 환경 설정의 개발자 옵션에서 'RTL 레이아웃 강제 변경'을 체크하면 한국어에서도 레이아웃 변화를 테스트할 수 있다.

5.2.5 데이터 복구

구성 변경으로 액티비티가 재시작되어도 사용자 경험상 기존에 보던 화면을 유지하는 게 좋다. 예를 들어, ViewPager에서 플링(fling)을 통해 특정 페이지로 이동했을 때 구성 변경으로 액티비티가 재시작해도 동일한 페이지를 보여주려고 한다. 이때 상태를 임시 저장하고 복구하는 메서드인 onSaveInstanceState()와 onRestoreInstanceState()를 사용하면 된다. onRestoreInstanceState() 메서드에 전달되는 Bundle savedInstanceState 파라미터는 onCreate() 메서드에도 전달되지만, 대칭을 위해서 onRestoreInstanceState() 메서드에서 복구하는 로직을 많이 사용한다. onSaveInstanceState() 메서드는 구성 변경으로 재시작할 때뿐만 아니라, 메모리 문제로 시스템이 액티비티를 강제 종료하는 경우(주로 백그라운드에 있을 때 우선순위에 밀려서 발생)에도 호출된다.

onSaveInstanceState()는 생명주기 메서드처럼 항상 호출되는 것이 아니다. 로그를 남겨서 실행 여부를 체크해보면, onSaveInstanceState()는 매번 호출되지 않는 것을 알 수 있다. 구성이 변경되는 조건에서(가장 손쉽게 화면을 회전해보면) onSaveInstanceState()가 호출되고 Activity는 onCreate()부터 새로 시작한다.

targetSdkVersion에 따른 onSaveInstanceState() 호출 시점

onSaveInstanceState() 메서드는 targetSdkVersion에 따라 호출되는 시점이 다르다. targetSdkVersion이 11 미만이면 onPause() 이전에 호출되고 11 이상에서는 onStop() 이전에 호출된다. onRestoreInstanceState()는 onCreate() 메서드 이후, onResume() 메서드 이전에 호출된다.

액티비티 전환 시에 onSaveInstanceState() 메서드 호출

이제 한 가지 의문을 가져보자. ActivityA에서 ActivityB로 액티비티를 전환하고서 화면을 회전하면 2개의 액티비티에서 한꺼번에 onSaveInstanceState()가 호출될까? 그렇지 않다. 화면을 회전하는 그 순간에는 ActivityB에서만 onSaveInstanceState()가 호출된다. ActivityA에서 ActivityB로 액티비티를 전환하면 ActivityA는 onStop()이 호출되는데, onStop() 이전에 onSaveInstanceState()가 호출된다. 즉, ActivityB가 포그라운드에 있을 때는 ActivityA에서는 onSaveInstanceState()가 이미 호출된 상태이다.

이 상태에서 ActivityB를 회전하면 ActivityB에서는 onSaveInstanceState()가 호출되고서 재시작된다. 이때 화면 회전에 대응해서 ActivityA도 재시작될까? 그렇지 않다. 화면에 보이는 액티비티가 아니면 재시작할 필요가 없다. 이제 백 키로 ActivityB를 종료하면 onSaveInstanceState()가 이미 호출된 ActivityA는 이제서야 재시작한다.

ActivityB를 회전했다가 다시 원래대로 돌린 다음에 백 키로 돌아가면 어떨까? ActivityA로 보면 방향이 바뀌지 않은 것이다. 이때는 백 키로 돌아와도 ActivityA는 재시작하지 않는다. 즉, 화면이 덮이는 상황에서는 onSaveInstanceState()를 해놓지만, 다시 돌아왔을 때 구성이 바뀌지 않는다면 화면을 그대로 보여줄 뿐 복구할 내용이 없는 것이다.

ActivityB에서 홈 키를 누르면 어떻게 될까? 이때도 ActivityB는 onSaveInstanceState()를 호출한다. ActivityB가 홈 키로 다시 포그라운드로 돌아올 때 화면 방향 등의 구성이 변경된다면 ActivityB는 재시작된다. 전원 키로 화면을 OFF하는 경우도 동일하다. onStop() 메서드까지 실행되는데, 직전에 onSaveInstanceState()를 호출한다. 그래서 화면 방향이 바뀌고서 화면이 ON될 때에도 데이터를 복구할 수 있다.

ActivityA에서 DialogActivity(다이얼로그 테마)로 액티비티 전환하는 경우는 어떨까? DialogActivity가 뜨면 아직 배경으로 보이는 ActivityA의 onSaveInstanceState()가 호출된다. 이때 화면을 회전하면 DialogActivity에서 onSaveInstanceState() 호출 후 재시작하고 그 이후에 ActivityA를 재시작한다.

5.2.6 android:configChanges 속성

구성이 변경되어도 액티비티를 재시작하지 않는 옵션을 살펴보자. 앞에서도 얘기했듯이 구성 변경 가운데서 가장 빈번하게 발생하는 것은 화면 회전이다. 먼저 화면 회전과 관련한 옵션을 먼저 살펴보자.

화면 회전 시에 매번 액티비티를 재시작해서 초기화 때문에 느려지는 것이나 (예를 들어 onCreate()에서 AsyncTask 실행), 메모리 사용이 부담될 때(액티비티는 재시작할 때 기존 인스턴스를 바로 메모리에서 제거하지는 않음), 상태 저장/복구에 부담을 느낄 때, 재시작을 방지하는 게 의미가 있다. Android Manifest.xml의 액티비티 선언에 지정하는 속성에는 2가지가 있다. android: screenOrientation 속성에 지정해서 화면 방향을 아예 고정하는 방법과 android: configChanges 속성에 orientation을 추가해서 화면 방향이 바뀌어도 재시작하지 않게 하는 방법이다.

- android:screenOrientation 속성을 portrait나 landscape로 고정하면 회전해도 화면은 그대로이고 재시작하지 않는다. 화면이 상대적으로 작은 2.X 버전에서는 화면 방향을 고정하는 경우가 많았는데, 태블릿을 지원하는 3.X 버전 이후에는 많이 쓰이지 않는다. 게임 앱처럼 용도가 확실한 것에는 화면 방향을 고정하는데, 요구사항에 맞다면 쓸 수 있는 옵션이다. 이때는 화면 회전 시에도 구성이 변경되지 않는다.
- android:configChanges 속성에 orientation을 지정하면 화면 회전 시에는 재시작하지 않고 Activity의 onConfigurationChanged() 메서드에서 회전 시에 할 작업을 지정한다.

첫 번째 방법은 화면을 회전해도 구성 변경을 하지 않겠다는 의미이므로 구성 변경과는 관련이 없다. 여기서는 구성 변경에 대응하는 두 번째 방법에 주목해보자. android:configChanges 속성에 들어가는 내용은 아래 항목과 그 비트 OR 값(|)이다.

```
mcc, mnc, locale, touchscreen, keyboard, keyboardHidden, navigation,
orientation, screenLayout, uiMode, screenSize, smallestScreenSize,
layoutDirection, fontScale, colorMode, density
```

 이 항목은 안드로이드 개발자 사이트에서도 개수가 잘 맞지 않는다. *https://developer.android.com/intl/ko/reference/android/R.attr.html#configChanges*에는 16개가 모두 나온다. 하지만 *http://developer.android.com/intl/ko/guide/topics/manifest/activity-element.html*의 상단 'SYNTAX'에는 현 시점에서(2017년 5월) layoutDirection이 나오지 않고, 하단 설명에서는 layoutDirection이 나온다. 참고로 density는 누가에서 추가되었고 colorMode는 그 다음 버전에 추가되었다. 이 책에서는 2개를 뺀 나머지 14개의 내용을 주로 언급하였다.

Configuration의 멤버 변수와 android:configChanges 항목 비교

Configuration 변수명과 차이가 있는 것도 혼동된다. 이 항목들은 비트 OR 연산에 쓰이는 숫자 상수와 매핑되는데 android.content.pm.ActivityInfo에서

CONFIG_로 시작하는 상수가 그 값이다. 이름이 동일한 것을 제외하고 나머지는 어떻게 매핑되는지 표로 살펴보자. 표의 내용은 Configuration 클래스에서 비트 OR 연산을 하는 updateFrom() 메서드를 참고하였다.

Configuration	android:configChanges
screenHeightDp, screenWidthDp	screenSize
hardKeyboardHidden, navigationHidden	keyboardHidden
smallestScreenWidthDp	smallestScreenSize

여기서 특이한 점은 navigationHidden이 keyboardHidden에 매핑된다는 것이다. 변수명 때문에 navigationHidden이 navigation에 매핑될 것 같지만, navigation 은 내비게이션 타입(trackball/dpad)이 바뀐 것을 의미할 뿐이다.

onConfigurationChanged() 메서드에서 구성 변경 대응

android:configChanges에 항목을 넣는 것은 해당 항목의 구성이 변경될 때 onConfigurationChanged()를 오버라이드해서 직접 처리하겠다는 의미이다. onConfigurationChanged()가 불린 이후에는 화면을 다시 그린다. onConfiguration Changed()를 따로 오버라이드하지 않아도, Activity의 기본 onConfiguration Changed() 메서드가 불리고서 다시 그린다. 예를 들어, 화면이 회전할 때 세로 모드에서 View의 layout_width가 match_parent였다면 가로 모드로 바뀔 때 가로 모드 너비에 맞게 꽉 채워서 다시 그리는 것을 볼 수 있다.

android:configChanges에 항목을 넣어서 활용하는 예를 세 가지 들어보자. onConfigurationChanged()에서는 변경된 Configuration에 맞는 리소스가 사용 가 능한 것을 기억하자.

화면 회전 대응

android:configChanges에 넣는 가장 흔한 항목으로 화면 회전에 대응하는 'orientation'이 있다. layout-port, layout-land 디렉터리에 별도 레이아웃 리 소스를 사용하지 않을 때 많이 쓰인다. 앞에서 얘기했듯이 onConfiguration Changed()가 실행된 이후에 다시 그려지면서 View의 layout_width나 layout_ height가 바뀌지 않아도, 그려진 너비와 높이는 계산(measure)된 결과에 따라 서 달라진다. 경우에 따라 가로/세로 모드에서 layout_width나 layout_height만 변경해서 적용할 때도 있다. 예를 들어, 마스터-디테일(master-detail) 화면에서 세로 모드에서는 마스터 너비를 넓게 쓸 수 없지만 가로 모드에서는 좀 더 여유 있게 쓸 수 있다. 전체 레이아웃이 바뀌지 않는다면 layout-port, layout-land에 별도 레이아웃 xml 파일을 만들 필요가 없다. 바로 /res/values-port와 /res/values-land 디렉터리 각각의 dimens.xml에 동일한 name으로 값을 넣고 레이아웃에서 name을 참조하면 된다.

먼저 가로 사이즈를 지정하였다.

코드 5-5 /res/values-port/dimens.xml

```
<?xml version="1.0" encoding="utf-8"?>
<resources>
    <dimen name="left_width">50dp</dimen>
</resources>
```

세로 사이즈는 별도로 지정하였다.

코드 5-6 res/values-land/dimens.xml

```
<?xml version="1.0" encoding="utf-8"?>
<resources>
    <dimen name="left_width">70dp</dimen>
</resources>
```

레이아웃에서는 dimens.xml에서 지정한 값을 사용한다.

코드 5-7 /res/layout/view_list.xml 일부분

```
<LinearLayout
    android:layout_width="match_parent"
    android:layout_height="150dp"
    android:orientation="horizontal">
    <View
        android:id="@+id/left"
        android:layout_width="@dimen/left_width" // ❶
        android:layout_height="match_parent"
        android:background="#00ff00" />
    <View android:layout_width="match_parent"
        android:layout_height="match_parent"
        android:background="#0000ff" />
</LinearLayout>
```

❶ 너비를 dimen 리소스를 참조하도록 했다.

android:configChanges 속성을 쓰지 않는다면 화면을 회전할 때마다 액티비티는 새로 시작하고 그에 맞는 dimens.xml 파일을 참조해서 화면을 보여줄 것이다. android:configChanges 속성에 orientation을 쓴다면 화면을 회전해도 액티비티는 재시작하지 않는다. 이때 onConfigurationChanged() 메서드를 오버라이드해서 크기를 변경해야 한다.

코드 5-7 onConfigurationChanged() 메서드에서 화면 회전 처리

```
private View left;

@Override
protected void onCreate(Bundle savedInstanceState) {
    super.onCreate(savedInstanceState);
    setContentView(R.layout.view_list);
    left = findViewById(R.id.left);
}

@Override
public void onConfigurationChanged(Configuration newConfig) {
    super.onConfigurationChanged(newConfig);
    ViewGroup.LayoutParams lp = left.getLayoutParams();
    lp.width = getResources().getDimensionPixelSize(R.dimen.left_width); // ❶
    left.setLayoutParams(lp);
}
```

onConfigurationChanged()에서 getResources().getXxx() 메서드는 변경된 Configuration에 대응하는 값을 가져오기 때문에, ❶은 화면 회전에 따라 그에 맞는 dimens.xml의 값을 쓰겠다는 의미이다.

조금 혼동될 수도 있겠다. onConfigurationChanged() 메서드 이후에 어차피 화면을 다시 그린다. 이때 변경된 Configuration에 맞는 리소스를 반영해서 그리는 건 아닐까? 즉 onConfigurationChanged()를 오버라이드하지 않아도 될 것 같다. 이것은 View 생성자에서 해당 Configuration의 리소스를 대입하는 구조 때문이다. android:layout_width나 android:layout_height는 View의 속성이라기보다 상위 ViewGroup의 속성이다. setContentView()에서 내부적으로 사용하는 LayoutInflater의 inflate() 메서드에서는 View 생성자에서 View의 속성을 먼저 반영한다. 그리고 ViewGroup의 generateLayoutParams()를 실행해서 android:layout_width나 android:layout_height를 반영한다. 즉, /res/layout/view_list.xml에서 android 네임스페이스에 있는 값들은 LayoutInflater의 inflate()가 실행되는 순간에 이미 대입되고, Configuration이 변경된다고 해서 다시 대입되지 않는다. 이 때문에 onConfigurationChanged()에서 변경된 값을 다시 대입할 필요가 있다.

폰트 크기 변경 대응

textSize 단위로 sp를 쓰지 않는다면 'fontScale'도 가능하다. UI가 단순한 경우에는 권장사항대로 sp를 써도 된다. 하지만 UI가 복잡한 경우 디자인 문제로 textSize를 dp로 제한하는 경우가 많다. dp만을 사용한다면 환경 설정에서 글꼴 크기를 변경해도 화면에 영향이 없으므로 'fontScale'을 추가해서 불필요하게 재시작하지 않게 할 수 있다.

로케일 변경 대응

앱에서 다국어를 대응하지 않는다면 'locale'을 넣을 수도 있다. 'locale'을 넣어서 화면의 일부만 다국어 대응을 할 수도 있다. 화면에서 제목만 다국어를 대응해도 된다고 하자. 이때 onConfigurationChanged() 메서드에서 titleText.setText(R.string.title)과 같이 쓰면 변경된 언어로 문자열이 쓰여진다.

여러 개의 항목 반영

비트 OR 값에 대한 얘기도 필요하다. android:configChanges에 들어간 비트 OR 값은 그중에 하나만 해당하면 되는 게 아니다. 그 비트 OR 값에 모두 포함되어야 액티비티가 재시작하지 않고 onConfigurationChanged() 메서드에서 처리한다. 여러 조건이 한꺼번에 변경되는 경우가 있다. 예를 들어, 환경 설정에서 언어를 바꾸고 화면을 회전하고서 액티비티가 포그라운드로 돌아오면 locale과 orientation이 한꺼번에 바뀐다. 이때 android:configChanges에 orientation만 있고 locale이 포함되지 않는다면 액티비티는 재시작한다. locale도 바뀌었는데 이에 대해 처리하는 방법이 없는 것으로 간주하는 것이다.

이 때문에 번거롭게 함께 붙어다녀야만 하는 항목들이 생겼다. android:configChanges에 가장 보편적으로 들어가는 게 orientation인데, 허니콤 API 레벨 13 이상에서는 화면을 회전할 때 화면 크기도 같이 변경된다(targetSdkVersion이 그 이하이면 호환 모드로 동작해서 화면 크기가 변경되는 것으로 간주하지 않는다). 앱을 업데이트하면서 targetSdkVersion을 13 이상으로 올렸는데 화면 회전이 기존처럼 동작하지 않는다면 이 때문이다. 따라서 화면 회전을 정상적으로 처리하고자 하면 screenSize도 함께 포함해서 'orientation|screenSize'를 써야 한다.

그리고 화면 회전에 대응한다고 keyboardHidden까지 포함해서 'keyboardHidden|orientation|screenSize'로 쓰는 경우가 많다. 화면 회전에 관련 속성이 아닌 듯한 keyboardHidden(하드웨어 키보드가 숨겨졌는지 여부)이 왜 따라붙

는 것일까? 근래에는 큰 화면 단말이 많아서 거의 보이지 않지만, 기존에는 하드웨어 키보드가 있는 모델(2009년에 모토쿼티, 2010년에는 옵티머스 Q)이 있었다. 하드웨어 키보드가 단말 뒷면에 숨겨져 있다가 화면을 위로 밀면 화면 하단에 있던 키보드가 나타난다. 이때 세로 모드로 있었다면 키보드를 꺼내는 순간에 단말을 돌리지도 않았는데 가로 모드로 전환되었다. keyboardHidden 속성이 변경되면서 화면 방향도 바뀌기 때문에 keyboardHidden과 orientation을 함께 쓰게 되었다.

Activity에는 setRequestedOrientation(int requestedOrientation) 메서드가 있다. 방향 센서를 통해서 화면을 회전하는 것이 아니라, 화면을 특정 방향으로 변경해서 보여주는 메서드이다. 이 메서드를 호출하면 기본적으로 액티비티는 재시작하는데, 이때도 android:configChanges에 orientation 항목이 있다면 액티비티는 재시작하지 않고 onConfigurationChanged() 메서드가 불린다.

android:configChanges에 값을 넣을 때는 '최대'보다는 '최소'를 원칙으로 하는게 좋다. 14개를 다 넣는다고 해서 액티비티가 재시작하는 걸 방지할 수 있는 것도 아니다. 백그라운드로 이동했다가 앱이 종료되는 경우도 있기 때문에 완벽하게 대응할 수도 없다. mcc나 mnc와 같은 옵션은 유심 카드가 새로 발견된 경우를 말하는데 이처럼 굳이 대응할 필요가 없는 경우도 있다. 유심이 바뀐다면 단말 재부팅하기도 바쁜데, 앱에서 액티비티가 재시작되는지 신경 쓸 사용자는 없을 것이다.

 단말에서 커스텀 구성을 추가하는 경우도 있다. 예를 들어 메이저 업체들의 단말에서는 환경 설정에서 화면 폰트를 바꿀 수도 있다. 이런 구성 변경은 액티비티를 재시작해서 반영할 수밖에 없고 android:configChanges로 대응이 불가능하다.

onSaveInstanceState() 메서드는 여전히 필요함

android:configChanges에 값을 넣어도 액티비티가 전환될 때 호출자에서 여전히 onSaveInstanceState()는 불린다. 예를 들어 3개의 액티비티에 android:configChanges 속성을 'orientation|screenSize'로 설정해 보자. ActivityA →ActivityB→ActivityC로 액티비티를 전환하면 ActivityA와 ActivityB에서는 onSaveInstanceState()가 불린다. 이때 ActivityC에서 화면을 회전하면 onSaveInstanceState()는 불리지 않고 onConfigurationChanged() 메서드가 불린다. ActivityC에서 화면 방향 외에 다른 구성이 변경되면 그때에야 onSave

InstanceState()가 불리고 재시작한다.

액티비티가 전환되면서 곧바로 onSaveInstanceState()가 불린 ActivityA와 ActivityB는 백 키로 다시 화면에 돌아가면, 화면 방향 외에 다른 구성이 변경되었다면 바로 재시작한다.

 ActivityA→ActivityB→DialogActivity(다이얼로그 테마)로 액티비티를 전환하고 화면을 회전하면 DialogActivity의 onConfigurationChanged()가 먼저 불리고 ActivityB의 onConfigurationChanged()는 그 다음에 불린다.

결론적으로 말하자면, 빈번한 화면 회전에 대응하기 위해 android:configChanges를 사용하는 것이 나쁜 선택은 아니다. 다만, 중요한 정보를 어떤 상황에도 유지하기 위해서는 onSaveInstanceState()와 onRestoreInstanceState()도 함께 사용하는 게 좋다.

5.2.7 Configuration 클래스의 변수 확인

마지막으로 Configuration 클래스의 변수를 확인하고, Configuration이 변경되는 타이밍에 대해서 더 알아보자. Context 인스턴스에서 getResources().get Configuration()으로 Configuration을 가져와서 toString() 메서드로 출력해보자.

```
{1.0 450mcc5mnc ko_KR ldltr sw360dp w360dp h567dp 480dpi nrml port finger
-keyb/v/h -nav/h s.28}
{1.0 450mcc5mnc ko_KR ldltr sw360dp w598dp h335dp 480dpi nrml land finger
-keyb/v/h -nav/h s.29}
...
{1.15 450mcc5mnc ko_KR ldltr sw360dp w360dp h567dp 480dpi nrml port finger
-keyb/v/h -nav/h s.39}
{1.15 450mcc5mnc ko_KR ldltr sw360dp w598dp h335dp 480dpi nrml land finger
-keyb/v/h -nav/h s.40}
```
❶
❷

❶은 화면을 회전한 것이고 ❷는 환경 설정에서 글꼴 크기를 키우고서 화면을 회전한 것이다. 스페이스로 구분되어서 값이 14개가 나오는데 실제 단말에서는 커스텀 데이터가 더 나오기도 한다. 이제 14개 값의 의미를 차례로 살펴보자.

- 첫 번째는 fontScale 값이다. 환경 설정에서 글꼴 크기를 '보통'으로 한 경우 1.0이 나오고(❶) '크게'로 한 경우 1.15가 나왔다(❷). 표준 비율은 있지만 단말마다 비율이 달라서 실제로 큰 의미는 없다. '보통'에서 값이 1.0인 것은 변

함없을 것 같은데 갤럭시 노트4에서는 값이 1.09로 나오기도 했다.

- 두 번째는 mcc, mnc 값이다. *http://mcclist.com*에 따르면 450은 한국의 국가 코드이고, 5는 SK Telecom의 통신사 코드이다.
- 세 번째는 locale 값이다.
- 네 번째 ldltr은 screenLayout 값이다(left-to-right).
- 다섯 번째 sw360dp는 smallestScreenWidthDp 값이다. 화면을 회전해도 이 값은 변하지 않는다.
- 여섯 번째와 일곱 번째는 screenWidthDp와 screenHeightDp 값이다. 화면 회전 시에 너비(width)와 높이(height)가 서로 바뀌기만 할 것 같은데, 상단의 상태 바(status bar) 영역과 함께 넥서스 시리즈에 주로 보이는 홈 키를 포함한 소프트 키 영역 때문에 차이가 생긴다.
- 여덟 번째는 densityDpi 값이다.
- 아홉 번째 nrml은 screenLayout 값이다.
- 열 번째는 orientation 값이다.
- 열한 번째 finger는 touchscreen 값이다.
- 열두 번째 -keyb/v/h는 keyboard, keyboardHidden, hardKeyboardHidden 값이다. v나 h는 visible/hidden을 의미한다. -keyb는 키보드가 없다는 의미다(마이너스로 생각하면 된다).
- 열세 번째 -nav/h는 navigation과 navigationHidden 값이다. 마이너스가 있으므로 navigation 타입이 없다는 의미다.
- 열네 번째 seq는 변경 횟수이다. 구성이 바뀔 때마다 seq가 커진다. seq는 하나의 앱에 대한 것이 아니라 단말 전체적으로 쓰이는 전역적인 값이다.[6]

이제 구성이 변경될 때 동작을 얘기해보자. 구성이 바뀔 때는 Application의 onConfigurationChanged() 메서드가 먼저 불리고, 포그라운드에 있는 액티비티는 AndroidManifest.xml 설정에 따라 재시작하거나 onConfigurationChanged() 메서드가 불린다.

포그라운드 액티비티 기준으로 구성 변경

화면 방향과 관련해서 구성이 바뀌는 것은 포그라운드에 있는 액티비티가 기준이다. 만일 화면 방향 고정인 액티비티가 포그라운드에 있다면 아무리 화

6　seq는 ActivityManagerService의 updateConfigurationLocked() 메서드에서 변경한다.

면을 회전해도 Application의 onConfigurationChanged()조차 불리지 않는다. ActivityA가 가로 방향 화면 고정이고 ActivityB가 따로 방향을 고정하지 않았다면 어떤 현상이 발생할까? ActivityA에서는 Configuration의 orientaten 변수가 ORIENTATION_LANDSCAPE로 고정된다. 이때 Configuration의 seq 값이 N이라고 하면, ActivityA에서는 아무리 화면을 회전해도 seq가 바뀌지 않는다. ActivityB로 전환하면 어떤 현상이 발생할까? 만일 세로 방향이었다면 ActivityB가 세로 방향으로 보여야 하기 때문에 orientation이 ORIENTATION_PORTRAIT로 바뀌면서 seq는 N+1이 된다. 만일 가로 방향이었다면 seq는 그대로이다. ActivityB를 회전하면 seq가 계속해서 늘어나면서 orientation 변수가 ORIENTATION_LANDSCAPE와 ORIENTATION_PORTRAIT로 번갈아가면서 바뀐다. 이때 백 키로 ActivityB를 종료하고 가려져 있던 ActivityA로 돌아오면 어떻게 될까? 이 시점에 orientation이 ORIENTATION_LANDSCAPE라면 seq가 더해지지 않는다. 그런데 orientation이 ORIENTATION_PORTRAIT라면 ActivityA에 맞는 Configuration으로 변경되면서 orientation이 ORIENTATION_LANDSCAPE가 되고 seq는 더해진다. seq는 변경될 때마다 Application의 onConfigurationChanged() 메서드가 불린다.

Configuration은 1개의 상태만 있음

Configuration은 한순간에 1개의 값만 존재한다. 예를 들어, ActivityA 위에 다이얼로그 테마 액티비티인 ActivityB가 있다고 하자. 다이얼로그 테마 액티비티에 android:screenOrientation을 지정하지 않으면(즉 unspecified라면) 배경에 있는 액티비티의 방향을 따르므로 문제가 없다. 이제 ActivityA에서는 android:screenOrientation을 'land'로 지정하고 ActivityB에서는 android:screenOrientation을 'port'로 지정해서, 배경 액티비티와 전면 액티비티를 다른 방향으로 보이도록 시도해보자. ActivityA만 있을 때는 가로 고정이었는데, 세로 고정인 ActivityB를 시작하면 배경에 있는 ActivityA까지 세로 방향으로 바뀐다. 이런 특별한 경우에는 ActivityA 입장에서는 방향을 고정한 게 의미가 없는 것이다.

ActivityA에서 android:configChanges에 orientation을 포함시켜서 방향 회전에 대응했다면 ActivityA의 onConfigurationChanged() 메서드가 불린다. 방향 회전에 대응되어 있지 않다면 ActivityA는 결국 재시작한다. 필자의 경우도 android:screenOrientation을 'land'나 'port'로 지정하면 화면 방향이 고정되기 때문에 android:configChanges는 필요 없다고 생각했었다. 하지만 이렇게 고정된 화면 방향이 바뀌는 특이한 케이스도 있다는 것을 염두에 두자.

앱에서 액티비티가 모두 종료될 때는 어떨까? 프로세스가 바로 종료되지 않고 빈(empty) 프로세스로 한동안 남아 있다. 이때도 포그라운드에 있는 다른 앱의 액티비티가 방향을 회전할 때마다 Application의 onConfigurationChanged() 메서드가 불린다. 포그라운드에 있는 액티비티가 역시 방향 고정이라면 Application의 onConfigurationChanged() 메서드는 불리지 않는다. 보통 홈 스크린은 방향 고정인 경우가 많아서 홈 화면에서 아무리 화면을 많이 회전한다 해도 다른 앱의 Configuration에 영향을 주지 않는다. 액티비티가 스택에 남아 있는 채로 홈 키를 통해 백그라운드로 이동해도 마찬가지다. 포그라운드에 있는 액티비티가 아니라면 변경된 Configuration을 받지 않으므로, 다른 앱에서 바뀐 Configuration은 액티비티에는 전달되지 않고 Application에만 전달된다.

환경 설정에서 언어나 글꼴 크기를 변경할 때도 실행 중인 모든 앱 프로세스에서 Application의 onConfigurationChanged()가 불리고 변경된 Configuration이 전달된다.

5.3 태스크

태스크는 간단하게 액티비티 작업 묶음 단위라고 보면 된다. 태스크의 예를 들어보자. 사진 리스트를 보고(PictureListActivity), 사진 상세를 살펴보고 (PictureDetailActivity), 사진을 올리려고 카메라를 실행시킨다(별도 카메라 앱의 CameraActivity). 이러면 3개의 액티비티가 하나의 태스크가 되는데, 2개의 앱이 하나의 태스크가 되었다. 앱과 태스크는 일대일 대응이 아니라는 것을 염두에 두자. 여러 개의 앱이 하나의 태스크가 될 수도 있고, 필요하면 하나의 앱에서도 태스크를 여러 개 가질 수 있다.

백 스택

액티비티는 백 스택(back stack)이라 불리는 스택에 차례대로 쌓인다. 태스크와 백 스택은 용어를 혼용해서 쓰기도 하는데 태스크는 액티비티 모임이고 백 스택은 그 모임이 저장된 방식을 의미하는 것으로 이해하면 된다. 스택은 말 그대로 LIFO(last-in-first-out) 방식으로 쌓이고 사라진다. 개발자 가이드에는 백 스택이 스택 구조라서 넣고 빼기만 할 수 있고 순서를 바꿀 수 없다고 나오지만 꼭 그렇진 않다. Intent.FLAG_ACTIVITY_REORDER_TO_FRONT 플래그를 사용하면 순서를 조정할 수 있다.

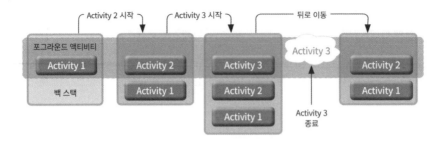

이 책에서는 스택에 쌓인 액티비티를 표시할 때, 배열 목록 표시처럼 [Activity 1, Activity 2]와 같이 표시하기로 한다. 예를 들어, 위 그림에서 스택은 [Activity 1], [Activity 1, Activity 2], [Activity 1, Activity 2, Activity 3], [Activity 1, Activity 2]로 변경된다.

태스크 관리 필요

단순하게 startActivity()를 실행해서 스택에 추가하고 백 키로 제거해가면 아무 일도 없지만, 실제 앱에서는 다양한 경로로 액티비티를 접근하기 때문에 내비게이션(화면 흐름)이 꼬이는 경우가 많다. 이 때문에 태스크 관리가 필요하다. 예를 들어보자.

- 캘린더 앱은 달력 화면(A)에서 일정 상세 화면(B)으로 가고 다시 일정 수정 화면(C)으로 이동한다. 그러다가 홈 키를 눌러서 태스크를 백그라운드로 보낸다. 홈 스크린에 일정 목록 앱 위젯이 있고 여기서 특정한 일정 상세 화면(B)으로 이동할 수 있다. 그렇다면 이 특정한 일정 상세 화면은 앞에 있던 A, B, C 위에 B'를 추가하면 될까? 아니면 C를 스택에서 없애고, B를 다시 로딩하게 할까? 정해진 답이 있는 것이 아니므로 규칙을 정할 필요가 있다.
- 사진 공유 앱에서 사진 목록 화면(A)에서 등록자의 프로필 이미지를 클릭하면 등록자의 프로필을 포함한 등록자의 사진 목록 화면(B)로 이동한다. B 화면의 사진들에는 [좋아요]를 선택한 사용자 프로필 이미지들이 있는데, 이 이미지를 클릭하면 그 사용자의 사진 목록 화면(B')으로 이동한다. 계속 반복해서 사용자의 사진 목록 화면이 쌓일 수도 있고, 아니면 같은 화면에서 사진 목록만 갱신할 수도 있다. 어느 쪽이 원하는 방식일까? 이에 대한 고민이 필요하다.

각 앱에서 원하는 내비게이션이 있는데, 태스크의 동작 방식을 이해하지 못하면 사용자가 보려는 화면이 아닌 엉뚱한 화면을 보여주는 경우가 생긴다. 태스크의 동작 방식은 이해하기 쉽지 않고 이 때문에 많은 시행착오를 겪을 수 있다.

5.3.1 태스크 상태

태스크는 화면에 포커스되어 있는 포그라운드 상태와, 화면에 보이지 않는 백그라운드 상태가 있다. 앱 아이콘이나 숏컷(shortcut), 앱 위젯, 노티피케이션 (Notification)을 통해 새로운 포그라운드 태스크가 될 수 있다. 포그라운드에 있는 것은 홈 키를 통해서 언제든 백그라운드로 이동할 수 있다. 백그라운드에 있는 것도 언제든 포그라운드로 이동할 수 있다.

 홈 화면에 나와 있을 때는 론처가 포그라운드 태스크이다.

태스크를 포그라운드나 백그라운드 상태로 바꾸는 메서드도 있는데 이 메서드에 대해서도 알아보자.

포그라운드에서 백그라운드로 태스크 이동

포그라운드에서 백그라운드로 상태를 변경하는 메서드는 Activity에 moveTask ToBack(boolean nonRoot) 메서드가 있다. nonRoot 파라미터에 true가 들어가면 어느 위치에서건 백그라운드로 이동할 수 있고, false인 경우에는 태스크 루트일 때만 백그라운드로 이동이 가능하다.

 moveTaskToBack(boolean nonRoot)는 메서드 시그너처에서 파라미터의 용도를 볼 때마다 혼동되는데, 잘 만든 메서드는 아닌 듯하다. 메서드 시그너처를 moveTaskToBack (boolean onlyRoot) 이런 식으로 반대로 바꾸면 이해가 쉽지 않을까. 부정어는 머릿속 에서 한번 더 생각해야 하는 문제가 있다.

이 메서드를 사용할 일은 많지 않은데 반드시 필요할 때가 있다. 카카오톡이나 라인(Line)의 설정 메뉴에 들어가면 '암호 잠금'이나 '비밀번호 잠금' 메뉴가 있는 데, 사생활이 중요한 앱에서 패스코드를 설정하는 기능이다. 패스코드는 숫자로만 정해지고, 앱이 포그라운드에 올 때마다(시작할 때, 홈 키로 백그라운드로 나갔다가 돌아올 때 등) 원래 보여지는 액티비티 위로 패스코드 입력 액티비티가 전면에 뜬다.

패스코드가 맞게 입력되면 패스코드 액티비티가 종료되면서 원래 액티비티로 돌아가야 한다. 그리고 패스코드가 맞게 입력되지 않으면 원래 액티비티로 돌아갈 수 있는 방법이 없어야 한다. 패스코드를 입력하는 방식이 기존 액티비티 스택 위에 패스코드 액티비티가 올라가 있는 형태이기 때문에 백 키를 누르면 원래 액티비티로 돌아갈 가능성이 있다. 따라서 백 키를 누를 때도 원래 액티비티가 보이지 않게 태스크를 백그라운드로 이동하는 방법을 사용한다. 결론적으로 패스코드 액티비티에서 onBackPressed() 메서드를 오버라이드해서 moveTaskToBack(true)를 호출하면 된다.

백그라운드에서 포그라운드로 태스크 이동

반대로 백그라운드에서 포그라운드로 상태를 변경하는 메서드가 있을까? 액티비티가 보이지 않는 백그라운드 상태이기 때문에 Activity의 메서드로는 안 된다. 이때는 ActivityManager에서 moveTaskToFront(int taskId, int flags) 메서드를 사용하면 된다. 이 메서드는 허니콤부터 사용 가능하고 android.permission.REORDER_TASKS 퍼미션이 필요하다.

사용 샘플은 아래와 같다.

```
ActivityManager activityManager
    = (ActivityManager) context.getSystemService(Context.ACTIVITY_SERVICE);
List<ActivityManager.RecentTaskInfo> runningTaskInfos
    = activityManager.getRecentTasks(
        Integer.MAX_VALUE, ActivityManager.RECENT_IGNORE_UNAVAILABLE); // ❶
for (ActivityManager.RecentTaskInfo recentTaskInfo : runningTaskInfos) {
    if (recentTaskInfo.baseIntent.getComponent().getPackageName() // ❷
            .equals(context.getPackageName())) {
        if (recentTaskInfo.id > -1) { // ❸
            activityManager.moveTaskToFront(recentTaskInfo.id, 0);
        }
    }
}
```

❶ getRecentTasks() 메서드로 태스크 목록을 가져온다.

❷ for 문에서 태스크가 시작된 Intent인 baseIntent의 패키지명과 앱의 패키지명을 비교한다.

❸ 태스크 id를 -1과 비교하는 이유는, 실행 중이 아닌 태스크는 어차피 동작하지 않기 때문에 굳이 호출하지 않으려는 것이다.

✅ 롤리팝에서 getRecentTasks() 메서드는 지원 중단되었다(deprecated). 대신 getAppTasks() 메서드를 사용하면 된다. getAppTasks()에서는 List<Activity Manager.AppTask>를 리턴하는데, AppTask에는 moveToFront() 메서드가 있으며 ActivityManger의 moveTaskToFront() 메서드와 역할이 동일하다.

5.3.2 dumpsys 명령어로 태스크 확인

화면이 바뀌는 것을 눈으로 직접 보면서 테스트하면 태스크가 정상적으로 동작하는지 확인하기 어렵다. 백 키로 전환하는 화면들은 마치 하나의 스택처럼 보이는데, 이 화면들이 동일한 태스크라고 확신할 수 없다. 예를 들어, 어느 화면에서 startActivity()를 실행해서 브라우저를 열었다면 그 화면과 브라우저는 한 묶음 같아 보인다. 그런데 과연 동일한 태스크일까? 그렇지 않다. 브라우저는 singleTask launchMode로 되어 있어서 별도의 태스크로 되어 있다.

태스크를 확인할 때는 adb shell에서 dumpsys 명령어를 활용하자. adb shell dumpsys activity activities를 실행하거나, adb shell 내에서 dumpsys activity activities를 실행하면 된다. 마지막 옵션인 activities는 a로 줄여쓸 수도 있다.

dumpsys의 출력 결과가 많은 경우 한번에 확인하기 어렵다. 이때는 리다이렉션을 통해 파일로 저장하는 것을 권장한다. adb shell dumpsys activity a > tasks.txt와 같이 사용한다. adb shell 내에서도 dumpsys를 할 수 있지만 셸 내에서는 리다이렉션이 되지 않는다.

그래도 dumpsys 출력 결과가 워낙 많긴 하다. 해당 앱 관련 내용만 보려고 할 때는 grep 명령어를 활용하자. dumpsys activity a | grep com.example.android.supportv4와 같이 grep을 활용하면 특정 패키지와 관련한 라인만 볼 수 있다. 필자의 경우는 grep을 통해서 일부만 보면 필요한 정보를 빠뜨릴 수 있을 것으로 생각해서 잘 쓰지 않았는데, dumpsys 결과에 패키지명이 계속해서 들어가기 때문에 grep을 통해서 보는 편이 낫다는 걸 알게 된 후로는 자주 사용한다.

아래는 adb shell dumpsys activity a를 실행한 결과이다. 참고로 안드로이드 버전마다 dumpsys 결과는 다를 수 있다. 10.2절에서 dumpsys 명령어를 상세히 살펴보기로 한다.

```
ACTIVITY MANAGER ACTIVITIES (dumpsys activity activities)
  Main stack:
  * TaskRecord{43495e10 #132 A com.example.android.supportv4 U 0} // ❶
    numActivities=3 rootWasReset=false userId=0
    affinity=com.example.android.supportv4 // ❷
    intent={act=android.intent.action.MAIN cat=[android.intent.category.
        LAUNCHER]
    flg=0x10000000 cmp=com.example.android.supportv4/.Support4Demos}
    realActivity=com.example.android.supportv4/.Support4Demos
    askedCompatMode=false
    lastThumbnail=android.graphics.Bitmap@42fcd710 lastDescription=null
    lastActiveTime=123128734 (inactive for 36s)
  * Hist #36: ActivityRecord{432c0720 com.example.android.supportv4/.app.
    FragmentTabs}
      packageName=com.example.android.supportv4 processName=com.example.
          android.supportv4
      launchedFromUid=10194 userId=0
      app=ProcessRecord{42c11768 18847:com.example.android.supportv4/u0a194}
      Intent { cmp=com.example.android.supportv4/.app.FragmentTabs }
      frontOfTask=false task=TaskRecord{43495e10 #132 A com.example.android.
          supportv4 U 0}
      taskAffinity=com.example.android.supportv4 // ❸
      realActivity=com.example.android.supportv4/.app.FragmentTabs
      baseDir=/data/app/com.example.android.supportv4-2.apk
      dataDir=/data/data/com.example.android.supportv4
      stateNotNeeded=false componentSpecified=true isHomeActivity=false
      compat={320dpi always-compat} labelRes=0x7f07002a icon=0x7f020001 theme=0x0
      config={1.15 450mcc5mnc ko_KR sw384dp w384dp h615dp nrml long port
          finger
          -keyb/v/h -nav/h s.110fontTypeIndex}
      launchFailed=false haveState=true icicle=Bundl[mParcelledData.
```

```
        dataSize=3540]
    state=STOPPED stopped=true delayedResume=false finishing=false
    keysPaused=false inHistory=true visible=true sleeping=true idle=true
    fullscreen=true noDisplay=false immersive=false launchMode=0
    frozenBeforeDestroy=false thumbnailNeeded=false forceNewConfig=false
    thumbHolder=TaskRecord{43495e10 #132 A com.example.android.supportv4 U 0}
    waitingVisible=false nowVisible=true lastVisibleTime=-1m8s283ms
* Hist #35: ActivityRecord{42d3e318 com.example.android.supportv4/.
    Support4Demos}
    packageName=com.example.android.supportv4 processName=com.example.android.
        supportv4
    launchedFromUid=10194 userId=0
    app=ProcessRecord{42c11768 18847:com.example.android.supportv4/u0a194
    Intent { cmp=com.example.android.supportv4/.Support4Demos (has extras) }
    frontOfTask=false task=TaskRecord{43495e10 #132 A com.example.android.
        supportv4 U 0}
    taskAffinity=com.example.android.supportv4
    realActivity=com.example.android.supportv4/.Support4Demos
    baseDir=/data/app/com.example.android.supportv4-2.apk
    dataDir=/data/data/com.example.android.supportv4
    stateNotNeeded=false componentSpecified=true isHomeActivity=false
    compat={320dpi always-compat} labelRes=0x7f070000 icon=0x7f020001
        theme=0x0
    config={1.15 450mcc5mnc ko_KR sw384dp w384dp h615dp nrml long port
        finger
    -keyb/v/h -nav/h s.110fontTypeIndex}
    launchFailed=false haveState=true icicle=Bundle[mParcelledData.
        dataSize=1284]
    state=STOPPED stopped=true delayedResume=false finishing=false
    keysPaused=false inHistory=true visible=false sleeping=true idle=true
    fullscreen=true noDisplay=false immersive=false launchMode=0
    frozenBeforeDestroy=false thumbnailNeeded=false forceNewConfig=false
    thumbHolder=TaskRecord{43495e10 #132 A com.example.android.supportv4
        U 0}
    waitingVisible=false nowVisible=false lastVisibleTime=-1m13s34ms
* Hist #34: ActivityRecord{42c07700 com.example.android.supportv4
        /.Support4Demos}
    packageName=com.example.android.supportv4 processName=com.example.android.
        supportv4
    launchedFromUid=2000 userId=0
    app=ProcessRecord{42c11768 18847:com.example.android.supportv4/u0a194}
    Intent { act=android.intent.action.MAIN cat=[android.intent.category.
        LAUNCHER]
    flg=0x10000000 cmp=com.example.android.supportv4/.Support4Demos }
    frontOfTask=true task=TaskRecord{43495e10 #132 A com.example.android.
        supportv4 U 0}
    taskAffinity=com.example.android.supportv4
    realActivity=com.example.android.supportv4/.Support4Demos
    baseDir=/data/app/com.example.android.supportv4-2.apk
    dataDir=/data/data/com.example.android.supportv4
    stateNotNeeded=false componentSpecified=true isHomeActivity=false
    compat={320dpi always-compat} labelRes=0x7f070000 icon=0x7f020001
        theme=0x0
    config={1.15 450mcc5mnc ko_KR sw384dp w384dp h615dp nrml long port
```

```
             finger
          -keyb/v/h -nav/h s.110fontTypeIndex}
        launchFailed=false haveState=true icicle=Bundle[mParcelledData.
          dataSize=1284]
        state=STOPPED stopped=true delayedResume=false finishing=false
        keysPaused=false inHistory=true visible=false sleeping=true idle=true
        fullscreen=true noDisplay=false immersive=false launchMode=0
        frozenBeforeDestroy=false thumbnailNeeded=false forceNewConfig=false
        thumbHolder=TaskRecord{43495e10 #132 A com.example.android.supportv4
          U 0}
        waitingVisible=false nowVisible=false lastVisibleTime=-1m21s22ms
  * TaskRecord{43294328 #131 A com.example.android.apis U 0}
        ...

  Running activities (most recent first): // ❹
    TaskRecord{43495e10 #132 A com.example.android.supportv4 U 0}
      Run #12: ActivityRecord{432c0720 com.example.android.supportv4
        /.app.FragmentTabs}
      Run #11: ActivityRecord{42d3e318 com.example.android.supportv4
        /.Support4Demos}
      Run #10: ActivityRecord{42c07700 com.example.android.supportv4
        /.Support4Demos}
    TaskRecord{43294328 #131 A com.example.android.apis U 0}
      Run #9: ActivityRecord{42f55e10 com.example.android.apis/.app.
        FinishAffinity}
...

  mResumedActivity: null
  mFocusedActivity: ActivityRecord{432c0720 com.example.android.supportv4
    /.app.FragmentTabs} // ❺
  mLastPausedActivity: ActivityRecord{432c0720 com.example.android.supportv4
    /.app.FragmentTabs}
  mSleepTimeout: false
  mDismissKeyguardOnNextActivity: false

  Recent tasks: // ❻
  * Recent #0: TaskRecord{43495e10 #132 A com.example.android.supportv4 U 0}
    numActivities=3 rootWasReset=false userId=0
    affinity=com.example.android.supportv4
    intent={act=android.intent.action.MAIN cat=[android.intent.category.
      LAUNCHER]
    flg=0x10000000 cmp=com.example.android.supportv4/.Support4Demos}
    realActivity=com.example.android.supportv4/.Support4Demos
    askedCompatMode=false
    lastThumbnail=android.graphics.Bitmap@42fcd710 lastDescription=null
    lastActiveTime=123128734 (inactive for 37s)
  * Recent #1: TaskRecord{43294328 #131 A com.example.android.apis U 0}
    numActivities=4 rootWasReset=false userId=
    affinity=com.example.android.apis
    intent={act=android.intent.action.MAIN cat=[android.intent.category.
      LAUNCHER]
    flg=0x10000000 cmp=com.example.android.apis/.ApiDemos}
    realActivity=com.example.android.apis/.ApiDemos
    askedCompatMode=false
```

```
        lastThumbnail=android.graphics.Bitmap@42ec86d0 lastDescription=null
        lastActiveTime=123083178 (inactive for 82s)
...

    mCurTask: 132  // ❼
```

태스크는 최근에 사용한 액티비티 기준으로 먼저 위쪽에 나타난다.

❶ TaskRecord 섹션은 하나의 태스크를 이루고 태스크의 다양한 정보를 볼 수 있다. numActivities로 스택의 액티비티 개수를 알 수 있고, 그 안에 Hist 섹션의 ActivityRecord를 통해 스택의 액티비티 정보를 알 수 있다. ProcessRecord에는 프로세스명(패키지명) 앞뒤로 프로세스의 PID와 USER ID도 보여준다 (adb shell에서 ps 명령어로 확인해보자).[7] TaskRecord에는 'app=null'이면서 'state=DESTROYED'인 것도 볼 수 있는데, 이는 프로세스가 종료된 것을 뜻한다. 말 그대로 히스토리이다.

TaskRecord에서 affinity(❷)는 ActivityRecord의 taskAffinity(❸)와 관련이 있다. 상세한 내용은 5.3.3절에서 다시 살펴보겠다.

❹ Running activities 섹션은 스택의 간략한 내용으로 나온다.

❺ 화면에 포커스되어 있는 액티비티가 나온다.

❻ RecentTasks 섹션도 내용이 반복되지만, numActivities 등 태스크의 간략한 개요가 나온다.

❼ 현재 포그라운드에 있는 태스크를 보여준다. 홈 화면도 하나의 태스크이기 때문에 홈 화면으로 나와 있다면 론처가 현재 태스크로 보인다.[8]

dumpsys 명령어로 포커스된 액티비티 찾기

dumpsys 명령어는 개발 중에 현재 포커스된 액티비티가 어떤 것인지 확인하는 데도 유용하다. 테스트하면서 여러 액티비티를 이동하다 보면 현재 어느 액티비티에 있는지 찾는 게 간단치 않다는 걸 알게 된다. dumpsys 명령어를 몰랐을 때는 시작 액티비티부터 로직을 따라가서 현재 포커스된 액티비티를 찾기도 했다. ApiDemos에서 기능을 테스트하다가 관련 액티비티를 찾아서 디렉터리를 뒤져본 기억은 안드로이드 앱 개발자라면 한번쯤은 있을 것이다.

이제는 간단하게 아래 명령을 실행하면 현재 포커스된 액티비티를 바로 알 수 있다.

---

7 TaskRecord, ActivityRecord, ProcessRecord는 클래스명이기도 하다.
8 시점에 따라 백그라운드의 태스크 번호를 보여주기도 한다. 이 번호는 참고 데이터 정도로만 이해하자.

```
adb shell dumpsys activity a | grep mFocusedActivity
```

5.3.3 taskAffinity 속성

앞에서 dumpsys 명령어를 통해서 태스크 목록을 살펴보았다. 액티비티가 시작되면 어느 TaskRecord의 어느 ActivityRecord에는 소속되는데, 이 소속되는 기준 가운데 한 가지가 바로 taskAffinity 문자열 속성이다. 5.3.4절에서 액티비티에 태스크 속성을 부여하는 방법을 설명하는데, 이때 taskAffinity에 대한 이해가 필요하기 때문에 먼저 정리하기로 한다.

taskAffinity는 언제 사용되는가

taskAffinity는 합성어이므로 먼저 affinity의 사전적 의미부터 살펴보자. 네이버 사전에 의하면 '친밀감, (밀접한) 관련성, 친연성'이라고 나온다. taskAffinity 속성은 바로 액티비티가 '관련된' 태스크에 들어갈 때 참고하는 값이라고 보면 된다.

설명이 간단치 않아서 비유를 생각해보았다. 필자의 성은 노씨이다. 하지만 다른 성이 있는 어느 친목 모임에든 속할 수 있다. 한 친목 모임에만 참여할 수 있다는 규칙을 넣으면 개인은 액티비티와 비슷하고 친목 모임은 태스크와 비슷하다. 이때 친목 모임 설립자가 같은 성을 가진 곳에 들어가기로 한다면 어떨까? 이 친목 모임조차 노씨 성을 가진 사람만 있는 것이 아니다. 하지만 설립자의 성이 기준이 되어서 필자가 들어가는 친목 모임이 정해질 수 있다.

앞 절의 dumpsys 결과에서 TaskRecord의 affinity와 ActivityRecord의 taskAffinity를 언급했다. 이 두 가지 차이를 이해하는 게 필요하다. taskAffinity는 AndroidManifest.xml의 액티비티 설정에 들어가는 값이다. 액티비티 설정에 android:taskAffinity를 지정하지 않으면 앱의 패키지명이 액티비티의 taskAffinity 속성값이 된다. 그럼 TaskRecord의 affinity는 또 무엇일까? 필자도 용어 때문에 혼란스러웠는데, TaskRecord의 affinity는 바로 태스크를 시작한 액티비티의 taskAffinity 속성이다.

액티비티를 시작하면 태스크에 들어가는 기준으로 taskAffinity 속성은 언제 사용될까? 바로 AndroidManifest.xml의 액티비티 설정에서 android:launchMode에 singleTask를 지정하거나, 액티비티를 시작하는 Intent에 FLAG_ACTIVITY_NEW_TASK 플래그를 전달하는 경우에 사용된다. 이 두 가지 경우에 액티비티가 시작되면서 TaskRecord의 affinity가 액티비티의 taskAffinity와 동일한 것을 찾아 그 태스크에 액티비티가 속하게 된다. 앞에서 친목 모임을 비유로 들었는데 설립자의 성을 따라서 친목 모임에 드는 것과 비슷하다.

이제 필자가 용어 때문에 혼동한 이야기를 해보겠다. FLAG_ACTIVITY_NEW_TASK 플래그는 의미상으로 새로운 태스크를 생성하는 것으로 이해하기 쉽다. 하지만 그게 전부가 아니다. 게다가 새로운 태스크를 생성하는 것은 기본 옵션이 아니라 부가 옵션으로 봐야 한다. 액티비티를 시작할 때 이 플래그를 전달하면 이 액티비티의 taskAffinity에 따라서 결과가 달라진다. TaskRecord의 affinity가 액티비티의 taskAffinity와 동일한 게 있다면 그 태스크에 액티비티가 포함되고 그렇지 않다면[9] 새로운 태스크가 시작된다. 플래그명을 FLAG_BELONG_OR_NEW_TASK라고 하면 의미가 더 확실할 것 같지만, 어쨌든 이미 만들어진 이름을 따라야 하고 의미를 이해해야 한다.

액티비티 외의 컴포넌트에서 액티비티 시작

Activity에서 startActivity()를 실행하는 게 일반적이지만, BroadcastReceiver 나 Service에서 startActivity()를 실행하기도 한다. 드물지만 Application에서 startActivity()를 실행하는 경우도 있다. Activity에서 startActivity()를 실행할 때 특별한 옵션이 없다면 피호출자는 호출자와 동일한 태스크에 올라가면 된다. 하지만 Activity 외의 다른 컴포넌트에서 startActivity()를 실행하면 어느 태스크에 올라가야 할까? 이 때문에 반드시 필요한 규칙이 있는데 바로 액티비티를 시작하는 Intent에 FLAG_ACTIVITY_NEW_TASK 플래그를 추가하는 것이다.

Activity 외에 다른 컴포넌트에서 startActivity()를 실행했을 때 아래와 같은 에러를 만난 적이 있을 것이다.

```
09-07 08:49:32.314: E/AndroidRuntime(482): Caused by: android.util.
AndroidRuntimeException:
Calling startActivity() from outside of an Activity context requires
the FLAG_ACTIVITY_NEW_TASK flag. Is this really what you want?
```

에러 메시지에 있는 대로 FLAG_ACTIVITY_NEW_TASK 플래그를 포함해야 한다.

```
Intent intent = new Intent(context, ScheduleViewerActivity.class);
intent.putExtra(ScheduleViewerActivity.CALEDAR_ID, 20);
intent.setFlags(Intent.FLAG_ACTIVITY_NEW_TASK); // ❶
context.startActivity(intent);
```

---

9 비교 로직은 com.android.server.am.ActivityStack 클래스에서 findTaskLocked() 메서드를 참고하자.

❶과 같이 추가하면 ScheduleViewerActivity의 taskAffinity와 동일한 게 있다면 그 태스크 위에 올라가고 그런 태스크가 없다면 ScheduleViewerActivity는 새로운 태스크의 baseActivity가 된다.

taskAffinity 속성 지정

앞에서 언급했듯이 taskAffinity는 AndroidManifest.xml의 액티비티 선언에 android:taskAffinity로 지정할 수 있고 속성이 없다면 디폴트 값은 패키지명이다. 결국 android:taskAffinity 속성을 선언하지 않은 것끼리는 FLAG_ACTIVITY_NEW_TASK 속성을 쓰더라도 같은 태스크에 있게 된다. android:taskAffinity는 보통은 쓰지 않는 속성인데, 디폴트 값이 지정되기 때문에 새로 액티비티를 시작할 때 FLAG_ACTIVITY_NEW_TASK 플래그를 써도 새로운 태스크가 생기지 않는다. 별도로 속성을 줄 때는 android:taskAffinity에 ':alarm'과 같이 콜론(:) 뒤에 구분자를 적는 것이 권장된다.[10] android:taskAffinity에는 com.example.android.lifecycle.another 또는 :another와 같은 형식이 모두 가능하지만 another처럼 단순한 이름을 쓰는 것은 허용되지 않는다.

액티비티 선언에 android:taskAffinity 속성을 별도로 지정하는 경우를 더 알아보자. 다른 화면들과 독립적으로 보여지는 알람 화면을 예로 들어보겠다. 알람 앱에 알람 리스트 화면(AlarmClock), 알람 설정 화면(AlarmSettings), 알람 화면(AlarmAlert)과 같이 3개의 액티비티가 있다. 만일 AlarmAlert에 android:taskAffinity 속성이 따로 없다면 어떻게 될까? 일정 시간이 되어 알람이 뜨는(AlarmAlert) 그 순간에 알람 앱의 태스크가 포그라운드나 백그라운드에 이미 있을 수 있다. 포그라운드에 이미 있었다면 AlarmAlert 화면이 그 위에 추가되어서 포커스될 것이고, 백그라운드에 있다면 태스크가 포그라운드되면서 그 위에 AlarmAlert 화면이 뜰 것이다. 백 키를 누르니 방금 전까지 보이지 않았던 AlarmSettings 화면이 뜬다. 백그라운드에 있던 화면이 딸려 올라와서 이미 있던 것처럼 동작하는데 사용자 입장에서는 화면 흐름이 어색해 보일 수 있다.

이런 케이스를 막기 위해 독립적인 화면인 AlarmAlert의 android:taskAffinity 속성을 별도로 지정하고 AlarmAlert를 호출할 때 Intent에 FLAG_ACTIVITY_NEW_TASK 플래그를 포함해보자. 그러면 AlarmAlert는 새로운 태스크로 뜨게 되고 배경에 다른 화면이 딸려 올라오는 일이 없어진다. 이렇게 되면 태스크가 각각이 되고 하나의 앱에서 2개의 태스크를 사용하게 된다. 홈 키를 길게 눌러서 최근

---

10 프로세스를 분리할 때에도 콜론(:)을 쓰는 것이 권장된다.

앱 목록을 보면 2개가 있는 것을 볼 수 있다.

 AlermAlert 화면이 최근 앱 목록에 보이는 것을 방지하기 위해서 AndroidManifest.xml의 AlarmAlert 선언에 android:excludeFromRecents 속성을 true로 하면 알람 기능의 기본 형태를 갖추게 된다.

5.3.4 태스크 속성 부여

액티비티에 태스크 속성을 부여하는 방법에는 2가지가 있다. 속성을 아예 부여하지 않고서 개발할 수 있다면 좋겠지만, 원하는 내비게이션을 만들기가 어렵다. 속성을 따로 부여하지 않는다면 디폴트는 액티비티 인스턴스가 매번 새로 생성돼서 쌓인다.

속성을 부여하는 방법에는 2가지가 있다. 하나는 피호출자에서 '나를 이런 식으로 취급해줘(존재할 거야)'이고, 다른 하나는 호출자에서 '너를 이렇게 다루겠어'이다. 2가지 방법을 조합할 수도 있다. 복잡하게 생각할 건 없다. 테스트하면서 원하는 내비게이션을 만드는 과정이 조금 어려울 뿐이다. 아래 설명을 위해서 *http://developer.android.com/intl/ko/training/basics/activity−lifecycle/pausing.html*에 있는 ActivityLifecycle.zip을 다운로드하고 변경하면서 테스트해 보자. 이 샘플에는 ActivityA, ActivityB, ActivityC, DialogActivity(다이얼로그 테마)까지 4개의 액티비티가 있다.

피호출자 속성은 액티비티 선언에 android:launchMode로 지정

launchMode에는 standard, singleTop, singleTask, singleInstance가 있다. standard와 singleTop은 여러 인스턴스가 존재할 수 있고, singleTask와 singleInstance는 1개의 인스턴스만 존재한다. singleTask와 singleInstance는 특별한 상황에서만 사용한다. 사실 태스크 관련해서 테스트하다 보면 제일 혼동

되는 게 이 부분이다.

이제 launchMode 각각을 살펴보자. 설명에서 topActivity(스택의 맨 위)나 baseActivity(스택의 맨 하단)는 ActivityManager.RunningTaskInfo 클래스의 변수명을 그대로 사용했다.

standard

기본 값이다. 태스크의 topActivity에 매번 새로운 액티비티 인스턴스를 생성해서 Intent를 전달한다. Activity의 onCreate() 메서드에서부터 getIntent() 메서드를 사용해서 전달된 값을 읽어들인다.

singleTop

호출하고자 하는 액티비티가 이미 topActivity에 있다면 새로 생성하지 않고, onNewIntent() 메서드로 Intent를 전달한다. topActivity에 없을 때는 standard와 동일하게 새로 생성한다.

singleTask

태스크에 인스턴스는 1개뿐이다. 액티비티의 taskAffinity 값을 참고해서 들어가게 되는 태스크가 존재하고 여기에 동일한 액티비티의 인스턴스가 이미 있다면 새로 생성하지 않고, onNewInent() 메서드로 Intent를 전달한다. 태스크에 동일한 액티비티의 인스턴스가 없는 경우에는 기존 스택 위에 액티비티가 올라간다. 액티비티의 taskAffinity 값에 맞는 태스크가 없다면 새로운 태스크를 만들고 액티비티는 새로운 태스크의 baseActivity가 된다. singleTask로 있는 액티비티 스택에는 다른 액티비티를 추가할 수 있다. 앞에서 얘기했듯이 모바일 브라우저의 경우가 singleTask launchMode를 사용한다.

ActivityLifecycle 샘플에서 ActivityB를 singleTask로 정하고, ActivityA→ActivityB→ActivityC 순서로 호출해보자. 결과적으로 하나의 태스크에 모든 액티비티가 쌓이는 것을 볼 수 있다. ActivityB를 띄울 때 동일한 taskAffinity로 태스크가 이미 있으므로 ActivityA 위에 ActivityB가 뜨게 된다. 이번에는 ActivityA→ActivityB→ActivityC→ActivityB 순서로 실행해보자. ActivityC 위에 ActivityB가 올라가지 않고 ActivityC가 스택에서 제거되면서 ActivityB의 onNewIntent()가 불린다. 결과적으로 태스크에 [ActivityA, ActivityB]로 남는다.

이번에는 ActivityB가 singleTask인 채로 ActivityB의 taskAffinity를 변경하고 테스트해보자. ActivityA→ActivityB→ActivityC 순서로 호출하면

[ActivityA], [ActivityB, ActivityC]로 2개의 태스크가 남는다. ActivityB의 taskAffinity에 해당하는 태스크가 없기 때문에 별도 태스크가 만들어진 것이다. 여기서도 ActivityA→ActivityB→ActivityC→ActivityB 순서로 실행해보자. 역시 ActivityC가 스택에서 제거되고 결국 [ActivityA], [ActivityB]와 같이 2개의 태스크만 남는다.

이 예에서 조금 혼동되는 부분이 있을 수 있다. ActivityC의 taskAffinity는 ActivityA의 taskAffinity와 동일하지만 ActivityB 위에 올라간다. 이는 여러 taskAffinity가 다른 액티비티끼리 태스크에 섞여 있는 것으로 원래 방식이다. 여러 앱의 액티비티들이 동일한 태스크에 있는 것도 taskAffinity가 다른 것끼리 모여있는 것이다. 이때 ActivityC를 taskAffinity가 동일한 ActivityA 위에 올리려면 어떻게 하면 될까? ActivtyC도 singleTask로 지정하거나 ActivityC를 시작하는 Intent에 FLAG_ACTIVITY_NEW_TASK 플래그를 넣는 것이다. 그러면 taskAffinity에 따라 ActivityA 위에 올라간다.

여기서 처음 ActivityA→ActivityB로 전환하면서 별도 태스크가 되는 것에도 주목해보자. ActivityB가 다른 태스크로 뜨면서 보통의 액티비티 전환처럼 액티비티가 금방 나타내지 않는다. 안드로이드 버전에 따른 것인지 제조사에 따른 것인지 필자도 확인하지는 못했지만 딜레이되면서 생기는 2가지 현상이 있다. ActivityB가 뜨기 전에 검은 화면이 뜨는 경우가 있고, ActivityA가 조금 줄어들어서 사라지고 줄어든 그 위치쯤에서 ActiviyB가 나타나서 커지는 경우도 있다. 피호출자가 늦게 뜨면서 체감 성능과 사용자 경험에서 차이가 생기므로, 새로운 태스크가 되어야 하는 케이스와 그렇지 않아도 되는 케이스를 구분하는 게 좋다. 이 얘기는 singleTask뿐 아니라 태스크가 바뀌는 경우라면 전부 해당된다.

singleInstance

singleTask와 마찬가지로 태스크에 해당 액티비티 인스턴스가 1개뿐이며 태스크의 유일한 액티비티이다. 다시 말하면 태스크에 들어가는 액티비티가 하나밖에 없고 이 액티비티는 인스턴스 하나만 가지고 사용한다는 의미이다. singleInstance로 지정된 액티비티에서 다른 액티비티를 시작하면 다른 태스크에 들어가게 되어, 새로운 태스크를 만드는 효과가 있다.

ActivityB의 launchMode가 singleInstance라고 해보자. ActivityA→ActivityB→ActivityC 순서로 호출해 보면 재미있는 현상이 발생한다.

ActivityB는 당연히 별도의 태스크가 된다. 그런데 ActivityA와 ActivityC

는 taskAffinity가 동일하기 때문에(singleInstance인 ActivityB도 taskAffinity가 동일하긴 하지만) 동일한 태스크로 다시 묶인다. 즉 결과로 [ActivityB], [ActivityA, ActivityC]와 같이 2개의 태스크가 된다. ActivityC에서 백 키를 누르면 ActivityB가 아니라 ActivityA로 이동한다. 다시 백 키를 눌러야만 ActivityB를 볼 수 있다.

ActivityB의 launchMode를 singleInstance로 지정한 다음 ActivityA→ActivityB→DialogActivity 순서대로 호출해 보자. DialogActivity는 다이얼로그 테마 액티비티이므로 배경에 다른 액티비티가 보이는데, ActivityB에서 DialogActivity를 띄웠으니 배경에 ActivityB가 있을 것 같지만, 실제 결과를 보면 ActivityA가 배경에 있다는 것을 알 수 있다.

최근 앱 목록을 보면 singleInstance로 되어 있는 액티비티는 따로 보이지 않는다. 최근 앱 목록도 taskAffinity 기준이라는 것을 알 수 있다. ActivityB의 taskAffinity를 다른 값으로 바꿔주면 어떨까? 결과적으로 태스크가 분리되는 것은 동일하다. 다만 최근 앱 목록에 2개가 따로 뜨는 차이가 있다.

피호출자 속성 부여는 Intent 플래그에 지정

Intent에는 setFlags(int flags) 메서드와 addFlags(int flags) 메서드가 있다. 여기에 전달되는 값은 Intent 클래스의 int 상수인 FLAG_ACTIVITY_XXX 값이고, 비트 OR 연산(|)으로 여러 개를 전달할 수 있다. Intent 플래그에 전달하는 값은 피호출자의 lanuchMode보다 우선해서 적용된다. 즉, 서로 모순되는 옵션일 때에는 오버라이드의 효과가 있다. 피호출자의 launchMode 속성과 호출자의 Intent 플래그를 적절하게 사용해서 조합해야 할 때도 있다.

setFlags() 메서드를 쓸 때 제일 중요한 규칙은 가능한 최소한의 플래그만 전달하는 것이다. 어떤 앱에서 setFlags() 메서드에 5개의 플래그를 함께 전달하는 것을 본 적도 있는데, 잘 따져보니 2개만 전달해도 태스크 동작 방식에 문제가 없는 것이었다. 어떻게든 태스크가 원하는 방식으로 동작하면 된다는 생각으로 이것저것 끼워넣기보다는 의도를 명확히 해야 한다. 그래야 내비게이션이 변경되어도 문제없이 대응할 수 있다.

플래그에 전달하는 상수는 많다. 호출자에서 쓸 수 있는 다양한 옵션이 있는데 그 가운데 많이 쓰이는 것을 위주로 얘기해보자.

FLAG_ACTIVITY_SINGLE_TOP

singleTop launchMode와 동일한 효과를 갖는다.

FLAG_ACTIVITY_NEW_TASK

singleTask launchMode와 동일한 효과를 갖는다.

FLAG_ACTIVITY_CLEAR_TOP

launchMode에 동일한 효과를 갖는 건 없다. 스택에서 피호출자보다 위에 있는 액티비티를 종료시킨다. 스택에 [ActivtyA, ActivityB, ActivityC]가 있다면 ActivityC에서 ActivitiyB를 시작할 때 이 플래그를 사용하면 ActivityC는 사라지고 [ActivityA, ActivityB]만 스택에 남는다. 보통 FLAG_ACTIVITY_SINGLE_TOP 플래그와 같이 쓰이는데, 이때 피호출자는 스택에 남아 있으므로 onNewIntent() 메서드에 새로운 Intent가 전달된다. FLAG_ACTIVITY_SINGLE_TOP 플래그를 함께 쓰지 않고 FLAG_ACTIVITY_CLEAR_TOP 플래그를 단독으로 쓰면 피호출자는 종료되고 onCreate()부터 새로 실행한다.

이제 FLAG_ACTIVITY_CLEAR_TOP의 한계도 알고 있어야 한다. [ActivityA, ActivityB, ActivityA, ActivityB]까지 스택에 있을 때 ActivityB에서 FLAG_ACTIVITY_CLEAR_TOP 플래그를 전달해서 ActivityA를 시작하면 어떻게 될까? 맨 아래에 있는 ActivityA만 남으면 좋겠는데 실제로는 맨 위에 있는 ActivityA 기준으로 클리어 탑(clear top)이 되고, 그 결과 [ActivityA, ActivityB, ActivityA]가 스택에 남는다. 이를 해결하는 방법으로 5.4절에서 <activity-alias>를 활용하는 것을 살펴볼 것이다.

FLAG_ACTIVITY_CLEAR_TASK

허니콤부터 사용 가능하다. 피호출자가 시작되기 전에 관련된 스택이 모두 제거되고, 피호출자는 빈 태스크의 baseActivity가 된다. 이 플래그는 FLAG_ACTIVITY_NEW_TASK와 함께 사용되어야 한다. 앱을 사용하면서 태스크에 여러 액티비티를 쌓아놓았다가, 로그아웃하고 다른 아이디로 로그인한다면 이 플래그를 사용해서 태스크를 정리하고 메인 액티비티를 새로 시작하는 게 적절하다.

FLAG_ACTIVITY_REORDER_TO_FRONT

스택에 동일한 액티비티가 이미 있으면 그 액티비티를 스택의 맨 위로 올린다. 해당 액티비티가 스택의 맨 위에 1개만 있어야 하는 경우에 쓸 수 있다. 여기서 주의할 게 2가지 있다.

첫 번째, FLAG_ACTIVITY_CLEAR_TOP 플래그와 함께 사용하면 옵션이 무시된다. 두 번째, 호출자가 액티비티일 때만 정상적으로 재배치(reorder)가 동작한다.

FLAG_ACTIVITY_NEW_TASK를 플래그에 함께 사용해야 하는 서비스, 브로드캐스트 리시버, Application에서는 FLAG_ACTIVITY_REORDER_TO_FRONT가 동작하지 않는다.

5.4 <activity-alias> 선언

AndroidManifest.xml에는 activity-alias 엘리먼트가 있어서 액티비티의 별명을 지정할 수 있다. 그런데 액티비티의 별명은 어디에 도움이 될까? 여기에서는 activity-alias의 용도를 살펴보도록 하자.

제거된 액티비티 대체

activity-alias는 기존에 있던 액티비티가 소스에서 제거될 때 사용할 수 있다. 예를 들어, SplashPage가 맨 처음 뜨는 화면이었는데 SplashPage를 제거하고 바로 MainActivity를 보여주기로 했다. 그런데 숏컷(shortcut)과 같이 SplashPage에 대한 링크가 기존 버전을 설치한 단말에 남아 있는 경우가 있다. 기존 숏컷은 이제 MainActivity를 바라보게 해야 하는데, 이때 쓰는 것이 바로 activity-alias이다.

```
<activity-alias
    android:name=".SplashActivity"
    android:targetActivity=".MainActivity"/>
```

android:name 속성에 존재하는 클래스명을 반드시 넣을 필요는 없다. 액티비티를 시작하는 인텐트에 주로 사용하는 생성자인 new Intent(Context package Context, Class<?> cls)는 결과적으로 new Intent().setComponent(new ComponentName(String pkg, String cls))일 뿐이다. android:name에 들어가는 별명을 시작할 때는 ComponentName 생성자의 cls 파라미터에 com.suribada. someapp.SplashActivity처럼 패키지명을 포함한 값을 넣으면 된다. 숏컷 외에도 PendingIntent.getActivity() 메서드로 알람에 등록되어 링크가 남는 경우도 있다. 대체하는 화면이 존재한다면 activity-alias로 기존 액티비티 이름을 남겨두는 것을 고려할 수 있다.

FLAG_ACTIVITY_CLEAR_TOP 플래그의 한계 해결

앞 절에서 FLAG_ACTIVITY_CLEAR_TOP 플래그의 한계를 얘기했다. 태스크에 ActivityA가 여러 개 있는 상태를 가정해보자. 이때 ActivityA를 시작하면서

FLAG_ACTIVITY_CLEAR_TOP 플래그를 사용하면 어떨까? 본래 의도는 맨 아래에 있는 ActivityA만 남기는 것이지만 실제로는 그렇게 되지 않는다. 맨 위에 있는 ActivityA 기준으로 클리어 탑(clear top)이 되어서 ActivityA는 여러 개 그대로 남게 된다. 결국 다른 방법이 필요하다. 이때 쓸 수 있는 방법이 activity-alias를 사용해서 ActivityA에 별명을 지어주고 첫 번째 ActivityA가 시작될 때는 별명으로 시작하는 것이다. 그러면 activity-alias 이름으로 스택의 맨 아래에 1개만 있게 된다. 이제 activity-alias 이름으로 startActivity()를 실행하면서 FLAG_ACTIVITY_CLEAR_TOP 플래그가 전달되면 원하는 결과를 얻을 수 있다.

AndroidManifest.xml에 activity-alias를 아래와 같이 선언한다.

```
<activity-alias
    android:name=".FirstActivityA"
    android:targetActivity=".ActivityA"/>
```

activity-alias에 지정한 이름은 실제 클래스가 아니므로 아래와 같이 Component 클래스에 별명을 전달해서 액티비티를 시작한다.

```
Intent intent = new Intent().setComponent(
    new Component(this, "com.suribada.someapp.FirstActivityA"));
intent.setFlags(Intent.FLAG_ACTIVITY_CLEAR_TOP
    | Intent.FLAG_ACTIVITY_SINGLE_TOP);
startActivity(intent);
```

 activity-alias를 쓰면서 제한 사항이 있다. android:targetActivity에 들어가는 액티비티는 이전에 선언되어 있어야 한다는 것이다. activity-alias 엘리먼트에는 쓸 수 있는 속성이 많지 않다. 액티비티의 기본 속성은 android:targetActivity에 지정된 속성을 그대로 따르고 intent-filter는 별도로 쓸 수 있다.

서비스

서비스는 UI를 제공하지 않고 백그라운드에서 실행되는 컴포넌트이다. 6장에서는 서비스를 왜 사용하는지, 어떻게 사용하는지 위주로 살펴본다.

백그라운드 스레드에서 작업을 오래 하는 문제

서비스를 이야기하기 전에 아래 코드를 한번 보자. 일반적으로는 아래의 코드처럼 작성하지 않는다. 별도의 클래스를 만들어 그 안에서 스레드를 시작하는데 동작에는 차이가 없다.

```
public class LifecycleApplication extends Application {

    private static final long SLEEP_TIME = 10000L;

    @Override
    public void onCreate() {
        super.onCreate();
        Log.d(TAG, "Appliction Create");
        Thread thread = new Thread(new Runnable() {

            @Override
            public void run() {
                Log.d(TAG, "Thread start");
                SystemClock.sleep(SLEEP_TIME);
                Log.d(TAG, "10 seconds after");
                SystemClock.sleep(SLEEP_TIME);
                Log.d(TAG, "20 seconds after");
                SystemClock.sleep(SLEEP_TIME);
                Log.d(TAG, "30 seconds after");
            }

        });
```

```
        thread.start();
        Log.d(TAG, "Appliction Created");
    }

}
```

앱이 시작되면 선행 작업이 필요한 경우가 있다. 예를 들어, 캘린더 앱이라면 네트워크에서 휴일 정보를 가져오거나 일정을 꾸며주는 스티커를 다운로드하는 작업이 필요하다. 이런 선행 작업은 Application에서 할 수 있는 작업들이라 Application에서 스레드를 시작하는 코드를 가끔 봤을 것이다. 실행 시간이 30초나 걸리기 때문에 UI를 블로킹하지 않기 위해 백그라운드 스레드로 작업을 진행한다. 그런데 이렇게 하면 생각지 못한 문제가 하나 생긴다.

이 앱이 스레드 실행을 마치기 전에 백 키로 앱을 빠져나오거나 홈 키로 나가서 다른 앱을 오랫동안 사용하면, 프로세스가 종료될 수도 있다는 것이다. 메모리가 부족할 경우에 LMK(low memory killer)는 우선순위가 높지 않은 프로세스를 종료하는데, LMK가 스레드 실행 도중에 앱 프로세스를 종료할 수 있기 때문에 30초나 걸리는 작업의 안정성을 보장할 수 없다.

Application뿐만 아니라 액티비티에서도 마찬가지로 시간이 오래 걸리는 작업을 스레드에서 실행하고 있다면 안정성에 문제가 생긴다.

 사용자가 직접 최근 앱 목록에서 앱을 제거해버릴 수도 있다. 이때도 프로세스가 종료되면서 스레드가 종료된다. 앱이 내부적으로 무엇인가 열심히 하고 있다는 걸 사용자가 알 리가 없다.

프로세스 우선순위

프로세스가 LMK에 의해 강제 종료될 가능성을 알아보기 위해서, *http://developer.android.com/guide/components/processes—and—threads.html* 가이드 문서를 보면서 프로세스의 우선순위를 살펴보자.

1. 포그라운드 프로세스: 안드로이드 컴포넌트가 포그라운드에서 실행되는 프로세스이다. 사용자와 상호 작용하는 액티비티를 가지고 있거나, 그런 액티비티에 바운드된 서비스를 가지고 있거나, startForeground()를 호출한 포그라운드 서비스를 가지고 있거나, 생명주기 메서드(onCreate, onStart, onStartCommand, onDestroy)를 실행 중인 서비스를 가지고 있거나, onReceive()를 실행하는 브로드캐스트 리시버를 가지고 있는 경우이

다. 메모리가 부족할 때에도 가장 마지막까지 남을 수 있는 프로세스이다.

2. 가시(visible) 프로세스: 포그라운드 컴포넌트를 가지고 있지는 않지만 사용자가 보는 화면에 아직 영향이 있는 프로세스이다. 액티비티로 보면 onPause()까지 실행되었지만 가시 상태인 것이다(다른 프로세스의 다이얼로그 테마나 투명한 액티비티가 가렸을 때). 가시 액티비티에 바운드된 서비스를 실행 중인 프로세스도 가시 프로세스에 해당한다.

3. 서비스 프로세스: startService()로 실행했지만 위의 카테고리에는 들어가지 않는 서비스가 실행 중인 프로세스이다. 이런 것들은 사용자가 지금 보고 있는 것과 직접적인 연관은 없다.

4. 백그라운드 프로세스: 액티비티가 종료된 것은 아니지만 사용자에게 더 이상 보이지 않고(예를 들어 홈 키를 누르면 onStop()까지 불리고 태스크가 백그라운드로 이동) 활성화된 컴포넌트가 없는 프로세스이다. 보통 백그라운드 프로세스가 여러 개 존재한다.

5. 빈(empty) 프로세스: 사용자가 백 키로 액티비티를 모두 종료하고 활성화된 컴포넌트가 없다면 빈 프로세스가 된다. 이런 프로세스를 메모리에 한동안 유지하는 이유는 다음에 컴포넌트를 다시 띄울 때 빠르게 띄울 수 있도록 캐시로 사용하기 위해서다. 우선순위가 낮아서 리소스가 부족하면 가장 먼저 강제 종료 대상이 된다.

이 우선순위를 보고서 앞에서 제기한 작업의 안정성 문제를 보완해 보자. 우선순위상 위 단계로 올라갈 수 있다면 작업의 안정성을 보장할 수 있다. 앞의 예와 같이 스레드에서 30초간 작업한다면 백 키로 모든 화면을 종료했을 때 앱 프로세스는 빈(empty) 프로세스가 되어서 LMK에 의해 언제든 종료될 수 있는 상태가 된다. 위 코드는 서비스를 사용해서 아래와 같이 변경할 수 있다. 먼저 Application에서는 작업을 서비스로 위임한다.

코드 6-1 Application에서 서비스 실행

```
public class LifecycleApplication extends Application {

    @Override
    public void onCreate() {
        super.onCreate();
        Log.d(TAG, "Application Create");
        startService(new Intent(this, SleepService.class));
        Log.d(TAG, "Application Created");
    }

}
```

서비스에서 백그라운드 스레드를 시작한다.

코드 6-2 서비스에서 백그라운드 스레드 실행

```java
public class SleepService extends Service {

    private static final long SLEEP_TIME = 10000;

    @Override
    public void onCreate() {
        Log.d(TAG, "Service onCreate");
        Thread thread = new Thread(new Runnable() {

            @Override
            public void run() {
                Log.d(TAG, "Thread start");
                SystemClock.sleep(SLEEP_TIME);
                Log.d(TAG, "10 seconds after");
                SystemClock.sleep(SLEEP_TIME);
                Log.d(TAG, "20 seconds after");
                SystemClock.sleep(SLEEP_TIME);
                Log.d(TAG, "30 seconds after");
            }

        });
        thread.start();
    }

    @Override
    public IBinder onBind(Intent intent) {
        return null;
    }

}
```

이렇게 하면 서비스의 생명주기 메서드가 실행 중일 때는 우선순위가 가장 높은 포그라운드 프로세스에 있다가, onStartCommand() 메서드가 리턴되고 난 이후에 세 번째 우선순위인 서비스 프로세스에 남는다. LMK에 의해 언제든 제거되는 프로세스인 빈 프로세스가 아니므로 스레드에서 하는 작업을 무사히 종료할 수 있는 가능성이 높아진다. 사용자가 최근 앱 목록에서 제거해도 마찬가지다. 프로세스가 강제 종료되면 서비스는 onStartCommand() 리턴 값에 따라 재시작 여부를 결정하는데, 디폴트 리턴 값은 START_STICKY로 서비스를 재시작한다. 리턴 값에 따른 서비스 재시작은 6.1.1절에서 더 자세히 다루겠다.

> ✅ 최근 앱 목록에서 앱을 제거하면 LMK에 의해 종료되는 것과 동일하게 서비스가 재시작된다. 반면에 단말의 환경 설정에서 '앱 프로세스 강제 종료'를 선택하면 프로세스는 완전히 제거되고 서비스는 재시작되지 않는다.

서비스는 UI 스레드에서 실행

서비스를 언급할 때 자주 나오는 얘기가 백그라운드상에서 실행되는 컴포넌트라는 것이다. 서비스는 액티비티처럼 눈에 보이는 가시 컴포넌트가 아니라는 의미로 백그라운드를 이야기하는 것이지, 서비스 자체가 메인 스레드가 아닌 별도 스레드에서 실행하는 것으로 착각하면 안 된다. 다시 말하면 서비스의 생명주기 메서드는 UI 스레드에서 실행되고 이 때문에 다른 UI 이벤트가 지연되는 경우가 생길 수 있다. 따라서 서비스에서 UI를 블로킹하는 작업이 있다면 백그라운드 스레드를 생성해서 작업을 진행해야 한다.

 혹자는 서비스는 스레드를 안정적으로 돌리기 위한 컴포넌트라고 이야기한다. 스레드를 돌리기 위한 컴포넌트라는 것은 실제 개발에 상당히 유용한 얘기이고, 서비스에 대한 이해에도 많은 도움을 준다.

서비스는 단일 인스턴스로 실행

서비스는 앱에서 1개의 인스턴스밖에 생기지 않는다. 따라서 우리는 일부러 싱글톤 객체를 만들고 그 안에서 백그라운드 스레드를 실행할 필요가 없다. 훨씬 안정적으로 동작하는 컴포넌트를 활용하면 된다.

예를 들어보자. 어떤 앱에서는 싱글톤 객체를 서비스와 다른 클래스에서 함께 사용하고 있었다. 그런데 서비스에 모든 작업을 위임하면서 이 싱글톤 객체는 더 이상 싱글톤으로 만들 필요가 없이 서비스의 멤버 변수로만 남게 되었다. 그럼으로써 싱글톤만 제거된 것이 아니라 전체적인 구조가 단순해졌다.

서비스 시작 방법

Context에는 서비스를 시작하는 방법으로 startService()와 bindService() 메서드 2가지가 있다. 다음 그림은 각각 생명주기 메서드를 구분한 것이다.

 안드로이드 개발자 사이트의 그림에서는 Unbound Service와 Bound Service로 구분하였지만, Unbound Service는 혼동될 수 있는 용어이다. 바인딩되었다가 해제된 것으로 오해할 수도 있기 때문에 Unbound Service보다는 Started Service로 부르는 게 더 맞겠다. 따라서 이 책에서도 스타티드 서비스(Started Service)와 바운드 서비스(Bound Service)로 표현하겠다.

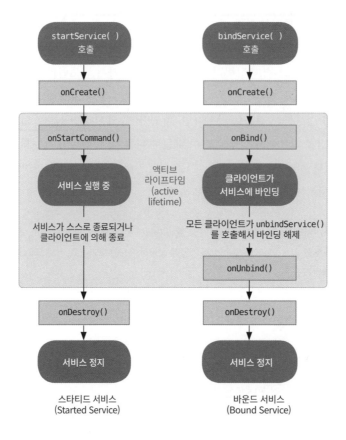

스타티드 서비스
(Started Service)

바운드 서비스
(Bound Service)

스타티드 & 바운드 서비스

서비스는 보통 스타티드 서비스 또는 바운드 서비스로 존재하는데, 스타티드이
면서 바운드일 수도 있다. 스타티드 & 바운드 서비스는 코드도 복잡하고 고려
할 것이 두 배 이상이 되기 때문에 피하는 게 좋지만 어쩔 수 없이 사용해야 하
는 경우도 있다. 예를 들어, 음악 재생 화면이 있을 때 화면을 종료해도 음악을
들을 수 있으려면 스타티드 서비스를 이용해야 한다. 그런데 다시 화면에 진입
할 때 재생 중인 음악 정보를 화면에 보여줘야 한다면 바운드 서비스이기도 해
야 한다. 또 다른 경우를 생각해보자. 화면에서 파일 다운로드 명령을 하고 서비
스에서 실제 다운로드를 진행한다. 이때 SeekBar를 통해 다운로드 진행률을 표
시하는데, 화면을 종료해도 다운로드는 계속되고(❶) 다시 화면에 진입해도 진
행률을 표시해야 한다(❷). ❶ 때문에 스타티드 서비스여야 하고 ❷ 때문에 바운
드 서비스이기도 해야 한다.

6.1 스타티드 서비스

스타티드 서비스는 Context의 startService() 메서드로 시작된다. 이것 역시 startService()를 호출하는 시점에 서비스가 바로 시작되지 않는다. 메인 Looper의 MessageQueue에 Message가 들어가서 메인 스레드를 쓸 수 있는 시점에 서비스가 시작된다. startService() 메서드는 곧바로 ComponentName을 리턴하고 다음 라인을 진행한다. startService()는 Intent Bundle에 파라미터를 전달하고 서비스에 작업하도록 요청하는 역할을 할 뿐이다.

onCreate()와 onStartCommand() 호출

startService() 메서드를 호출하면 Service가 처음 생성되는 경우에는 onCreate()를 거쳐서 onStartCommand() 메서드를 실행한다. 그 이후에 startService()를 호출하면 onCreate() 메서드는 거치지 않고 onStartCommand() 메서드가 실행된다. onCreate() 메서드는 Service에 필요한 리소스 등을 준비하는 작업을 하고, onStartCommand() 메서드는 이름 그대로 명령을 매번 처리하는 역할을 한다. 그래서 Activity와는 다르게 Service의 onCreate() 메서드에는 전달된 Intent를 사용할 수 없다.

onStartCommand()에서 백그라운드 스레드 실행

명령을 던져놓고 서비스에서 그 명령을 알아서 실행하는 작업에 스타티드 서비스를 사용한다고 생각하자. 표준 패턴은 onStartCommand()에서 백그라운드 스레드를 생성하고 스레드에서 작업을 진행하는 것이다. 필자는 경험이 적을 때 이런 패턴을 알지 못해 문제를 겪은 적이 있다. 기능 자체는 단순하다. 사용자가 버튼을 누르면 서비스에서 작업을 하고 작업 중에는 화면에 '작업 중'임을 알리는 애니메이션을 실행한다. 애니메이션은 UI 동작이기 때문에 메인 스레드에서만 정상 동작한다. 그런데 Service의 onStartCommand() 메서드에서 백그라운드 스레드를 사용하지 않고 작업을 진행해서 메인스레드를 점유했기 때문에 '작업 중'인 애니메이션이 동작하지 않았다. 원리를 이해하면 아무것도 아니지만 당시에는 애니메이션이 왜 버벅거리는지 알지 못했다.

브로드캐스트로 컴포넌트 간 통신

서비스에서 작업 진행 상황에 따라 액티비티에 메시지를 보내려면 일반적으로 브로드캐스트를 사용한다. 예를 들어, 서버와 동기화를 하는 SyncService가 있는데, 화면에서 버튼이나 메뉴로 SyncService를 시작한다. 동기화 도중에는

ProgressBar로 '진행 중'을 표시하고, 동기화가 끝나면 ProgressBar를 없애고 종료 메시지를 표시하려고 한다. 이때 액티비티에서는 브로드캐스트 리시버를 등록하고 서비스에서는 sendBroadcast()를 실행한다.

ResultReceiver로 단방향 메시지 전달

또 다른 방식으로는 Service를 시작하는 Intent에 ResultReceiver를 전달하고, 서비스에서 ResultReceiver에 값을 되돌려줄 수도 있다. 단방향 메시지 전달이라면 이 방식이 간편하다.

ResultReceiver를 사용하는 샘플은 아래와 같다. 먼저 Activity의 내용을 보자.

코드 6-3 ResultReceiver를 서비스에 전달

```
private View syncLayout, progressBar;
private TextView syncMessage;

@Override
protected void onCreate(Bundle savedInstanceState) {
    super.onCreate(savedInstanceState);
    setContentView(R.layout.data_sync);
    syncLayout = findViewById(R.id.sync_layout);
    progressBar = findViewById(R.id.progress_bar);
    syncMessage = (TextView) findViewById(R.id.sync_message);
}

public void onClickSync(View view) {
    syncLayout.setVisibility(View.VISIBLE);
    progressBar.setVisibility(View.VISIBLE);
    syncMessage.setText(R.string.sync_progress);

    Intent intent = new Intent(this, SyncService.class);
    intent.putExtra(Constant.EXTRA_RECEIVER, resultReceiver); // ❷
    startService(intent);
}

private Handler handler = new Handler();

private ResultReceiver resultReceiver = new ResultReceiver(handler) { // ❸

    @Override
    protected void onReceiveResult(int resultCode, Bundle resultData) {
        if (resultCode == Constant.SYNC_COMPLETED) { // ❹
            progressBar.setVisibility(View.GONE);
            syncMessage.setText(R.string.sync_ended);
        }
    }

};
```

❶

❶ onClickSync() 메서드가 '동기화' 버튼을 클릭할 때 동작이다. 동기화 관련 레이아웃과 ProgressBar를 View.VISIBLE로 변경하고 텍스트 메시지도 R.string.sync_progress로 보여준다.

❸ ResultReceiver를 생성하고 ResultReceiver에서 onReceiveResult() 메서드를 오버라이드한다. ResultReceiver 생성자에는 Handler 인스턴스를 넣을 수도, null로 할 수도 있다. Service의 백그라운드 스레드에서 ResultReceiver의 send() 메시지를 호출하는데, 결과를 받는 쪽에서 UI를 업데이트하기 때문에 Handler를 거쳐 메인 Looper의 MessageQueue에 Message를 넣은 것이다. 호출하는 쪽과 받는 쪽이 둘 다 백그라운드 스레드에서 동작한다면 null을 사용해도 된다.

❹ SYNC_COMPLETED resultCode를 받으면 ProgressBar를 숨기고, 텍스트 메시지는 R.string.sync_ended로 변경한다.

❷ Intent Extra에 ResultReceiver 인스턴스를 전달한다. ResultReceiver는 Parcelable 인터페이스를 구현해서 다른 프로세스 간에도 데이터를 주고받을 수 있다.

이제 Service에서 ResultReceiver로 값을 전달하는 코드를 보자.

코드 6-4 ResultReceiver로 클라이언트에 값 전달하기

```
@Override
public int onStartCommand(Intent intent, int flags, int startId) {
    new Thread(new Runnable() {

        @Override
        public void run() {
            Log.d(TAG, "SyncService started");
            ...
            final ResultReceiver receiver
                = intent.getParcelableExtra(Constant.EXTRA_RECEIVER); // ❶
            receiver.send(Constant.SYNC_COMPLETED, null); // ❷
            stopSelf();
        }

    }).start();
    return START_NOT_STICKY;
}
```

❶의 Intent에서 ResultReceiver를 꺼내오고, 작업을 마친 후에 ❷에서 send() 메서드로 SYNC_COMPLETED라는 결과를 보낸다. 여기서는 작업 종료 메시지만 보냈지만 작업 진행률이나 실패 메시지와 같은 다양한 결과를 보낼 수도 있다.

6.1.1 서비스 재시작 방식

가용 메모리가 낮거나 포커스를 갖고 있는 액티비티의 시스템 리소스를 복구해야 할 때 안드로이드 시스템은 서비스를 강제 종료시킬 수 있다. 스타티드 서비스는 강제 종료 후 가능한 한 빨리 시스템에서 서비스를 재시작한다.

서비스도 프로세스 우선순위에 따라 언제든지 종료될 수 있는데, 시스템이 알아서 재시작한다고만 알고 넘어가면 안 된다. 서비스가 언제 재시작하는지, 재시작을 안 하는 조건은 무엇인지 알아야 서비스를 안정적으로 다룰 수 있다. 필자의 경우 잘못 만든 서비스 때문에 크래시가 반복해서 발생하는 것을 본 적도 있다.

onStartCommand() 메서드의 리턴 상수

스타티드 서비스에서는 onStartCommand() 메서드에서 리턴하는 int 상수를 가지고서 재시작 방식을 제어한다. onStartCommand() 메서드의 시그너처는 다음과 같다.

```
public int onStartCommand(Intent intent, int flags, int startId)
```

리턴 값으로 사용되는 int 상수를 하나씩 살펴보자.

START_NOT_STICKY

onStartCommand() 메서드가 리턴된 상태에서 강제 종료되면 재시작하지 않는다. 명시적으로 startService()를 실행할 때만 의미 있는 작업에 사용한다. 예를 들어 화면에 보여줄 뉴스를 API로 가져와서 저장할 수 있는데, 메모리 이슈로 서비스가 강제 종료되었다면 startService() 명령을 기다려서 최신 뉴스를 다시 가져오는 것이 나을 것이다.

START_STICKY

onStartCommand() 메서드의 기본 리턴 값이다. 정상적으로 종료되지 않았을 때 재시작한다. 재시작 시에는 다시 onStartCommand()를 호출하는데 이때 Intent 파라미터가 null로 전달된다. startCommand() 메서드에서 전달된 Intent 값을 사용할 때는 재시작하면서 NullPointerException 발생 가능성이 있다. 따라서 START_STICKY는, 전달된 Intent를 사용하지 않고 내부 상태 변수만 사용하는 서비스에 적합하다. 예를 들어, SNS 앱에서 새로운 메시지가 몇 개나 왔는지 정기적으로 API를 호출해서 확인한다면 Intent 파라미터가 전달될 필요가 없다. 이때는 재시작할 때 Intent 파라미터가 null이어도 무관하다.

START_REDELIVER_INTENT

재시작하면서 onStartCommand()에 Intent를 다시 전달하여 실행한다. 어떻게든 해당 파라미터를 가지고 실행해야 하는 서비스가 이에 해당한다. 쇼핑몰 앱에서 API를 통해 특정 상점의 상품 목록을 가져온 후 DB에 저장하는 경우를 예로 들 수 있다.

펜딩 서비스 재시작

서비스가 시작되기 전에 앱의 다른 컴포넌트에서 크래시가 발생하는 상황이라면 어떨까? 131페이지의 코드 6-1의 LifecycleApplication에서 startService()를 실행했는데, 시작 액티비티의 onCreate() 메서드에서 크래시가 발생해 프로세스가 종료되었다고 가정하자. 이 경우에도 LifecycleApplication을 새로 실행하면서 서비스를 시작하는 것을 볼 수 있다.

내용을 좀 더 살펴보자. 액티비티를 시작하기 위해서 앱 아이콘을 클릭한다. 처음 프로세스가 시작될 때 Application의 onCreate() 메서드에서 startService()를 실행해도, MessageQueue의 순서상 액티비티가 먼저 시작되고 서비스는 그 다음에 시작된다. 이때 시작 액티비티의 onCreate() 메서드에서 크래시가 발생하면, 프로세스는 죽지만 com.android.server.am.ActivityManagerService에서 펜딩 서비스(pending service)[1]를 실행하기 위해서 다시 프로세스를 띄운다. 프로세스가 뜰 때 액티비티는 띄우는 대상이 아니므로 Application을 생성한 이후에 바로 서비스만 시작된다.

 서비스에서 크래시가 발생하는 경우는 어떨까? 서비스가 예기치 않게 종료된 것으로 간주하므로 재시작하면 크래시가 반복해서 발생할 수 있다. 따라서 서비스는 다른 컴포넌트보다도 안정성이 높아야만 한다.

불필요하게 재시작되지 않게 함

재시작 제어 방식도 중요하지만 불필요하게 재시작하지 않는 것도 중요하다. 작업이 다 끝났는데 재시작하는 경우가 있다. 이는 서비스를 정상적으로 종료하지 않았기 때문이다. 정상적으로 서비스를 종료하는 첫 번째 방법으로 Context에 stopService() 메서드가 있는데 실제 사용 빈도가 높지 않다. 앱을 사용하는

---

1 펜딩 서비스 목록은 com.android.server.am.ActivityManagerService에서 유지한다. 젤리빈 API 레벨 17 이후에 이 목록은 com.android.server.am.ActiveServices에서 유지한다.

내내 실행되는 서비스라면 모르지만, 그런 케이스가 많지 않고 권장되는 방식도 아니다. 서비스는 필요할 때만 동작하고 바로 종료하는 것이 좋다.

서비스를 정상 종료하는 두 번째 방법으로 Service에 stopSelf() 메서드가 있는데 실제로 많이 사용된다. Service의 stopSelf() 메서드는 context의 stopService() 메서드와 역할이 동일하지만 Service 내에서 호출한다는 것이 다르다. 서비스에서 할 일이 끝났으면 백그라운드 스레드든 아니든 stopSelf()를 실행해서 서비스를 명시적으로 종료한다. 이때 Service는 onDestroy()까지 실행된다.

만일 stopSelf()가 실행되지 않은 상태로 계속 남아 있다면 어떤 일이 벌어질까. 할 일은 다 끝났는데 서비스는 시작된(started) 상태로 남아 불필요하게 메모리를 차지하고 있다. 어느 순간에 메모리 이슈로 서비스가 강제 종료되면 리턴 상수가 START_STICKY나 START_REDELIVER_INTENT인 경우에 의도치 않게 재시작하는 일이 생긴다.

6.1.2 멀티 스레드 이슈

스타티드 서비스에서 주의할 게 더 있다. 바로 멀티 스레드 이슈이다. 여러 곳에서 startService()를 동시에 호출할 수 있다. 어차피 UI 동작은 단일 스레드 모델을 따르기 때문에 onCreate(), onStartCommand() 메서드가 한번에 하나씩만 호출되지만, 스레드는 여러 개가 동시에 실행될 수 있다.

멤버 변수는 최소한으로 사용

onStartCommand()에서 백그라운드 스레드를 시작한다면, 여러 스레드가 동시에 실행될 수 있고 이때 값을 잘못 공유하면 문제가 발생할 여지가 생긴다. 앞에서 예를 든 쇼핑몰 앱을 생각해보자. 각 상점마다 API를 통해 상품 정보를 가져오는데, 전달된 Intent의 상점 id를 Service의 멤버 변수로 쓰면 어떤 일이 벌어질까? 의도치 않게 id 값이 도중에 변경돼서 데이터가 잘못 저장된다.

여러 작업 진행 중에는 stopSelfResult() 메서드 사용

여러 클라이언트에서 startService()를 실행한다면 모든 작업이 끝났을 때 서비스를 종료하려고 한다. 모든 작업이 끝나는 시점을 알 수 있을까? 별 고려 없이 매 작업마다 stopSelf() 메서드를 호출하면 진행 중인 작업에서 문제가 발생한다. 이 경우를 대비해서 stopSelf() 메서드의 변종인 stopSelfResult(int startId) 메서드가 존재한다. startId는 onStartCommand()에 전달된 값으로 이

startId가 가장 최근에 시작된 것이라면 그때에만 서비스를 종료한다. 이 메서드를 사용하면 각각의 작업이 끝날 때마다 stopSelfResult()를 실행해도 더 안전해진다.

6.1.3 외부 프로세스에서 암시적 인텐트로 서비스 시작

서비스는 AndroidManifest.xml에 등록할 때 intent-filter를 추가하면 외부에서 접근할 수 있다.

```
<service android:name=".app.RemoteService" android:process=":remote">
    <intent-filter>
        <action android:name="com.example.android.apis.app.REMOTE_SERVICE" />
    </intent-filter>
</service>
```

서비스를 시작할 때는 action name에 지정된 값을 사용한다.

```
startService(new Intent("com.example.android.apis.app.REMOTE_SERVICE"));
```

action name이 동일한 서비스가 여러 개 있는 경우는 어떨까? 참고로 액티비티의 경우는 action name이 동일하면 액티비티를 선택하라는 화면을 보여주고, 브로드캐스트 리시버는 action name이 동일한 모든 브로드캐스트 리시버를 실행한다. 서비스는 intent-filter의 android:priority 속성 값[2]을 먼저 비교해서 높은 것을 실행하고, android:priority 값이 같은 경우에는 시스템이 랜덤으로 선택해서 실행한다. 결국 암시적 인텐트로 서비스를 실행하면 문제가 생길 수 있다.

```
<service android:name=".app.RemoteService" android:process=":remote">
    <intent-filter android:priority="999">
        <action android:name="com.example.android.apis.app.REMOTE_SERVICE" />
    </intent-filter>
</service>
```

intent-filter를 적용하지 않고 외부에서 서비스를 직접 시작할 수도 있다. 바로 명시적 인텐트를 사용하는 것이다.

---

2   http://developer.android.com/guide/topics/manifest/intent-filter-element.html을 참고하자. priority 값은 -999에서 999까지고, 디폴트 값은 0이다. 실제로 범위를 넘는 값을 넣어도 실행에는 문제가 없다. IntentFilter 소스를 봐도 체크 로직이 없다. 가용한 범위도 충분하므로 굳이 범위를 넘어서 쓰진 말자. 이후 버전에서는 범위가 유효성 체크에 사용될 수도 있다.

```
ComponentName cName = new ComponentName("com.example.android.apis",
    "com.example.android.apis.app.ServiceStartArguments");
startService(new Intent().setComponent(cName));
```

여기에는 AndroidManifest.xml에 android:exported 속성을 true로 해야 한다는 제약사항이 있다. android:exported의 디폴트 속성은 false이고 intent-filter가 있을 때 디폴트는 true이다.

```
<service android:name=".app.ServiceStartArguments" android:exported="true" />
```

롤리팝부터는 서비스를 시작할 때 암시적 인텐트가 문제 발생

롤리팝부터는 암시적 인텐트로 서비스를 시작하면 문제가 발생한다. start Service(), bindService() 둘 다 마찬가지다. AndroidManifest.xml에 target SdkVersion을 21 이상으로 하면 롤리팝 이상 단말에서 'java.lang.Illegal ArgumentException: Service Intent must be explicit' 예외가 발생한다. targetSdkVersion이 그 아래이면 호환 모드로 동작해서 예외가 발생하진 않지 만 아래와 같은 로그가 남는다.

```
'W/ContextImpl: Implicit intents with startService are not safe: Intent {
act=com.naver.android.sample.SYNC_SERVICE (has extras) } android.content.
ContextWrapper.startService:533 ...'
```

암시적 인텐트를 체크하는 로직은 롤리팝 버전에서 ContextImpl의 validate ServiceIntent() 메서드를 보자. 여기서 targetSdkVersion을 체크해서 호환 모 드로 동작할지를 결정한다.

6.1.4 IntentService 클래스

서비스에서 멀티 스레딩이 필요한 경우가 많지는 않다. 동시에 여러 요청을 처 리할 필요가 없다면 IntentService를 활용하자. IntentService는 내부적으로 1 개의 백그라운드 스레드를 가지고 전달된 Intent를 순차적으로 처리한다(내부 적으로 HandlerThread를 사용한다).

IntentService에서는 백그라운드 스레드에서 실행되는 onHandleIntent (Intent) 메서드만 구현하면 된다.

```
public class NewsReaderService extends IntentService {

    public NewsReaderService() {
        super("NewsReader");
    }

    @Override
    protected void onHandleIntent(Intent intent) {
        ...
    }

}
```

✓ IntentService에는 기본 생성자가 없기 때문에 ❶과 같이 생성자도 추가해야 한다. 그렇지 않으면 'no empty constructor exception'이 발생한다. 생성자에 들어가는 name 파라미터는 백그라운드 스레드의 스레드명으로 사용된다.

IntentService에서 내부적으로 구현한 onStartCommand() 메서드의 기본 리턴 값은 START_NOT_STICKY이다. 이 값을 변경하려면 생성자에서 아래 메서드를 호출하면 된다.

```
setIntentRedelivery(true)
```

IntentService의 구조는 단순하다. onCreate()에서 HandlerThread를 생성하고 시작하면서 HandlerThread의 Looper와 연결된 Handler를 만든다. onStartCommand() 메서드는 실행될 때마다 Handler에 메시지를 보내고 Handler의 handleMessage()에서는 IntentService의 onHandleIntent() 메서드를 실행한다. handleMessage() 메서드에서는 onHandleIntent()가 끝나면 바로 stopSelf(int startId)를 호출해서 서비스를 종료한다.

IntentService에서 Toast 띄우는 문제

그런데 IntentService를 사용할 때 내부 구조를 이해하지 못하면 문제가 생길 수 있다. 예를 들어보자.

백그라운드 스레드에서 Toast를 띄우려고 하면, Toast의 내부 클래스인 TN에서 Handler로 기본 생성자를 사용하는 부분이 있기 때문에 Looper가 없다고 에러를 발생시킨다. 에러 메시지에 따라 백그라운드 스레드에서 Looper.prepare()를 먼저 실행하면 Toast를 정상적으로 보여준다.

그러면 백그라운드 스레드에서 동작하는 메서드인 IntentService의 onHandle

Intent()에서 Toast를 띄운다면 어떨까. 내부적으로 사용하는 HandlerThread에서 이미 Looper.prepare()가 실행되어 있기 때문에 크래시가 나지 않고 Toast가 잘 뜨는 것처럼 보인다. 하지만 여기서 오동작이 발생할 수 있다.

Toast.show()를 실행하면 바인더 통신을 통해 system_server 프로세스에서 NotificationManagerService의 enqueToast() 메서드를 호출한다. 이때 파라미터로 바인더 콜백(TN 인스턴스)이 전달되고, 콜백에서는 2가지 작업이 진행된다. 화면에 Toast를 보여주는 작업과 일정 시간(Toast.LENGTH_SHORT, Toast.LENGTH_LONG) 이후에 제거하는 작업이다.

그런데 IntentService에서는 onHandleIntent()를 실행한 이후에 바로 stopSelf()를 호출하고, onDestroy()에서는 HandlerThread에서 생성한 Looper를 종료하는 Looper.quit()을 호출한다. Looper가 종료되면서 생기는 현상은 Looper의 MessageQueue에 전달되는 콜백이 실행되지 않는다는 것이다. 이때 크래시는 나지 않고 로그에 'MessageQueue' 태그로 경고 메시지가 나온다.

```
'... sending message to a Handler on a dead thread'
```

Looper가 종료되면서 Toast를 보여주는 콜백과 Toast를 제거하는 콜백이 모두 실행되지 않을 수도 있고(❶), Toast를 보여주는 콜백은 실행되었지만 제거하는 콜팩은 실행되지 않을 수도 있다(❷). ❶과 같이 Toast가 뜨지도 않는다면 의도한 것은 아니지만 큰 문제는 아니다. 진짜 문제는 ❷처럼 Toast는 떴지만, 실행 시점 때문에 그 사이에 Looper가 종료되어서 Toast를 제거하는 콜백이 불리지 않는 것이다. Toast가 사라지지 않고 계속 남아있는 현상이 발생하는데 심각한 문제다. 시점 문제라서 재현이 잘 되지도 않고, 원리를 모르면 해결할 수 없다.

Toast는 가급적 메인 스레드에서만 띄우는 게 맞다. 백그라운드 스레드에서는 그냥 쓰면 크래시가 나기 때문에 결국 쓰지 않게 되지만, IntentService에서 '써보니 잘 되네' 하고 넘어가면 안 된다. 다음과 같이 Looper.getMainLooper()가 전달된 Handler에서 Toast를 띄우는 것이 더 적절하다.

```java
new Handler(Looper.getMainLooper()).post(new Runnable() {

    @Override
    public void run() {
        Toast.makeText(SomeActivity.this, "Some Notice", Toast.LENGTH_LONG).show();
    }

});
```

6.1.5 서비스 중복 실행 방지

코드 6-2에서는 onStartCommand()가 아닌 onCreate()에서 백그라운드 스레드를 생성하여 작업을 처리했다. 이렇게 한 이유는 여러 곳에서 startService()를 호출하는 경우에도 매번 스레드를 시작하지 않고, 이미 시작되었으면 나머지는 스킵(skip)하기 위해서다.

먼저 스킵이 필요한 경우를 얘기해보자. 메모 앱에서 서버와 지속적으로 데이터를 동기화한다고 해보자. 앱을 시작할 때나, [동기화] 버튼을 누를 때나, 메모를 추가할 때도 동기화를 실행한다. 그런데 동기화 작업은 여러 개를 동시에 실행하면 문제가 발생할 여지가 있다. 앱 사용자는 작업이 하나씩 끝날 때까지 기다리는 것이 아니기 때문에, 하다보면 여러 곳에서 시간이 겹친 채로 동기화를 실행할 수 있다. 이때 한 가지 작업에만 충실하고 나머지는 확실히 스킵해야 하는데, 코드 6-1처럼 onCreate()에서 처리하는 것도 가능하다. onCreate()는 처음 startService()를 호출할 때만 실행되기 때문이다. onCreate()에서 작업이 끝났을 때 확실히 stopSelf()를 호출한다면 문제가 없다. 다만 onStartCommand()에서 stopSelf()를 실행하는 서비스의 일반적인 형태와 차이가 있다.

 IntentService가 스킵 용도에 맞는 게 아닐까 생각할 수도 있는데, IntentService는 백그라운드 스레드에서 Looper의 MessageQueue에 넣고 순차적으로 하나씩 Runnable Message를 실행하는 것이다. 동기화를 여러 번 '순차적으로' 실행하는 셈이 된다.

이제 onCreate()가 아닌 onStartCommand() 메서드에서 이런 스킵 방식을 적용한 샘플을 보자.

코드 6-5 boolean 변수를 비교해서 스킵

```java
public class SleepThreadService extends Service {

    private static final long SLEEP_TIME = 10000;

    private ExecutorService exec = Executors.newSingleThreadExecutor();

    @Override
    public void onCreate() {
        Log.d(TAG, "Service onCreate");
    }

    private boolean isRunning = false;

    @Override
    public int onStartCommand(Intent intent, int flags, int startId) {
```

```
        if (isRunning) {    // ❶
            Log.d(TAG, "skip");
            return START_NOT_STICKY;
        }
        isRunning = true;
        exec.submit(new Runnable() {

            @Override
            public void run() {
                Log.d(TAG, "Thread start");
                SystemClock.sleep(SLEEP_TIME);
                Log.d(TAG, "10 seconds after");
                SystemClock.sleep(SLEEP_TIME);
                Log.d(TAG, "20 seconds after");
                SystemClock.sleep(SLEEP_TIME);
                Log.d(TAG, "30 seconds after");
                stopSelf();
            }

        });
        return START_STICKY;
    }

    @Override
    public void onDestroy() {
        isRunning = false;
    }

    @Override
    public IBinder onBind(Intent intent) {
        return null;
    }

}
```

onStartCommand()는 메인 스레드에서 동작하기 때문에 단순히 ❶과 같이 boolean 값만으로도 체크할 수 있다. 스킵 시에는 START_NOT_STICKY를 리턴하는 것도 기억하자. 스킵된 요청이 시스템에 의해서 재시작되는 것을 방지하기 위한 것이다.

여기서 사용한 Executors.newSingleThreadExecutor()와 같은 정적 메서드는 많이 사용되는 TheadPoolExecutor를 팩토리 메서드로 만든 것이다.

이번에는 ThreadPoolExecutor를 직접 사용해서 스킵을 적용한 샘플을 만들어 보자.

코드 6-6 ThreadPoolExecutor에서 DiscardPolicy를 이용한 스킵

```
public class SleepThreadService extends Service {
```

```
    private ThreadPoolExecutor exec = new ThreadPoolExecutor(1, 1,
        0, TimeUnit.SECONDS, new SynchronousQueue<Runnable>(),
        new ThreadPoolExecutor.DiscardPolicy());   // ❶

    @Override
    public int onStartCommand(Intent intent, int flags, int startId) {
        exec.submit(new Runnable() {

            @Override
            public void run() {
                ...
                stopSelf();
            }

        });
        return START_STICKY;
    }

}
```

❶ ThreadPoolExecutor에 스레드 개수를 1로 고정하면 스레드 풀에 하나의 스레드만 사용하는데, 여기서 중요한 것은 마지막 파라미터에 전달된 DiscardPolicy이다. 요청이 추가로 들어온다면 해당 요청을 버리는 동작을 하는 것이다.

6.2 바운드 서비스

바운드 서비스는 서비스에서 제공하는 메서드를 다른 컴포넌트에서 호출할 수 있게 한 것으로 사용 절차는 간단하다. 먼저 bindService() 메서드를 실행해서 바인딩하고서 이후에 필요한 메서드를 호출한다.

bindService() 메서드

Context에 있는 bindService()의 메서드 시그너처는 아래와 같다.

```
public abstract boolean bindService (Intent service, ServiceConnection conn,
    int flags)
```

- 첫 번째 파라미터인 service는 대상 서비스를 가리킨다.
- 두 번째 파라미터인 conn은 서비스와 연결되거나 연결이 끊길 때의 콜백이다.
- 세 번째 파라미터인 flags에는 0을 넣을 수도 있고, Context의 BIND_XXX 상수를 넣을 수도 있다. 비트 OR(|) 연산으로 상수를 여러 개 넣어도 된다. 가장 많이 쓰이는 상수는 Context.BIND_AUTO_CREATE이고, ICS부터 추가된 상수들은 주로 서비스 프로세스의 우선순위와 관련되어 있다.

BIND_AUTO_CREATE 옵션

BIND_AUTO_CREATE 옵션의 역할에 대해서 더 살펴보자.

- bindService()를 실행하면 서비스에 항상 바인딩될까? 그렇진 않다. 서비스가 생성이 되어야만 바인딩이 가능한데, bindService() 메서드에는 서비스가 생성된 게 없다면 새로 생성하는 옵션이 있다. 바로 BIND_AUTO_CREATE 옵션인데, 이 옵션이 bindService()의 flags 파라미터에 전달되면 된다. 이 옵션이 없다면 bindService()를 실행해도 서비스는 자동으로 생성되지 않고, 어디선가 startService()를 실행해서 서비스를 생성하지 않았다면 bindService()에서 연결 콜백이 불리지 않게 된다. 따라서 스타티드 & 바운드 서비스가 아니라면 BIND_AUTO_CREATE 옵션은 필수적이다.

- 서비스에 바인딩된 클라이언트가 여러 개 남아있을 때 stopService()를 실행하면 어떤 일이 발생할까? BIND_AUTO_CREATE 옵션이 있다면 stopService()를 실행해도 서비스가 종료되지 않는다. 그리고 클라이언트마다 모두 unbindService()를 실행해야 Service의 onDestroy()가 불린다. 반면 옵션이 없는 경우에는 stopService()를 실행하면 연결이 끊기고 바로 Service의 onDestroy()가 불린다.

- 바인딩된 클라이언트가 남아 있는 상태에서도 서비스 프로세스는 메모리 문제 등으로 종료될 수 있다. 이때 BIND_AUTO_CREATE 옵션이 있다면 프로세스가 살아나서 재연결된다.

바운드 서비스의 용도

이제 바운드 서비스의 용도를 생각해보자.

API로 데이터 접근 방법

최신 뉴스나 인기 검색어, 날씨처럼 업데이트가 필수적인 데이터가 있다. XML이나 JSON으로 결과를 리턴하는 API 서버가 있는데 이런 데이터를 앱에서 쓰기 위한 방법에는 어떤 게 있을까?

1. 앱에서 HTTP 호출을 통해 데이터에 직접 접근한다.
2. HTTP 호출을 하고 결과도 객체로 리턴해주는 오픈 API jar를 만들어서, 앱에서는 jar를 이용해서 데이터에 접근한다.
3. 서비스 앱에서 데이터를 제공하는 바운드 서비스를 만들고(이 안에서 HTTP 호출을 하고 객체를 리턴한다), 다른 앱에서는 bindService()를 실

행하여 서비스의 데이터에 접근한다. 이를테면 검색 앱에서는 인기 검색어 목록을 바운드 서비스로 외부에 제공할 수 있다. Google Play In-app Billing도 이 방식을 사용하고 있다.

4. 외부에 공개하는 jar 내부에서 bindService()를 실행하고 결과를 받는다. Google Play Services(*https://developers.google.com/android/guides/overview*)가 이런 형태이다. Google Play Services에서는 connect()와 disconnect() 메서드가 있는데, 내부적으로 각각 bindService()와 unbindService()를 호출한다.

3번과 4번에서 바운드 서비스를 언급하였다. 아래로 갈수록 추상화 레벨이 높다. 추상화 레벨이 높을수록 좋은 게 아니라, 규모에 맞는 적절한 레벨을 선택하는 게 좋다. 오버엔지니어링을 피하자는 얘기다.

콜백을 이용한 상호 작용

API로 데이터를 조회하는 예를 들었지만, 이처럼 한 곳에서 특화된 기능을 내/외부 프로세스의 여러 클라이언트에게 제공할 때도 바운드 서비스를 사용할 수 있다. 단순히 데이터를 제공하는 것은 콘텐트 프로바이더도 가능하지만, 바운드 서비스에서는 콜백을 이용한 상호 작용이 가능하다.

 바운드 서비스는 로컬 바인딩과 리모트 바인딩으로 주로 구분한다. 혹자는 로컬/리모트 구분이 불필요하다고 하기도 한다. 리모트 바인딩 서비스를 만들어도, 로컬에서 호출하면 바인더를 거치지 않고 직접 호출하므로 로컬 바인딩 서비스가 따로 필요하지 않다는 것이다. 리모트 바인딩 서비스만으로 커버할 수 있는데도 "그럼 로컬 바인딩 서비스는?" 하는 사람들의 문의가 많아서 내용이 별로 없는 로컬 바인딩 서비스를 별도로 이야기하게 되었다고 한다. 실제 안드로이드 개발자 사이트에서는 로컬 바인딩이나 리포토 바인딩에 대해서 따로 구분해서 이야기하지 않는다.

6.2.1 리모트 바인딩

리모트 바인딩 서비스는 다른 프로세스에서 접근하는 것을 전제로 만들어진다. 따라서 로컬에서만 사용하는 서비스라면 리모트 바인딩 서비스를 굳이 만들 필요가 없다. 물론 리모트 바인딩 서비스를 만드는 게 어렵지는 않다. 바인딩한 클라이언트에 제공하는 메서드를 aidl 인터페이스로 작성한 다음에 서비스에서 Stub 클래스의 추상 메서드를 구현해주면 된다. 간단한 샘플을 가지고 필요한 내용을 이야기해 보자.

aidl 인터페이스와 생성 클래스

먼저 IRemoteService.aidl을 아래와 같이 작성하였다.

```
interface IRemoteService {

    boolean validCalendar(long calendarId, String calendarType);

}
```

이렇게 하면 안드로이드 스튜디오에서는 build/generated/source/aidl 디렉터리에, 이클립스에서는 gen 디렉터리에 IRemoteService.java가 생성된다. 아래 코드는 포매팅을 한 것이고 실제로는 탭이 없어 빽빽하게 붙어있다. 이 소스를 들여다 볼 일이 많지는 않지만 리모트 바인딩의 구조를 이해하기 위해서는 한번쯤은 봐두는 게 좋다.

코드 6-7 aidl에서 생성된 코드

```
public interface IRemoteService extends android.os.IInterface {
    public static abstract class Stub extends android.os.Binder
            implements com.suribada.calendar.IRemoteService { // ❶
        private static final java.lang.String DESCRIPTOR
            = "com.suribada.calendar.IRemoteService";

        public Stub() {
            this.attachInterface(this, DESCRIPTOR); // ❷
        }

        public static com.suribada.calendar.IRemoteService asInterface(
                android.os.IBinder obj) {
            if ((obj == null)) {
                return null;
            }
            android.os.IInterface iin = obj.queryLocalInterface(DESCRIPTOR); // ❹
            if (((iin != null)
                    && (iin instanceof com.suribada.calendar.IRemoteService))) {
                return ((com.suribada.calendar.IRemoteService) iin);
            }
            return new com.suribada.calendar.IRemoteService.Stub.Proxy(obj);
        }

        @Override
        public android.os.IBinder asBinder() {
            return this;
        }

        @Override
        public boolean onTransact(int code, android.os.Parcel data,
                android.os.Parcel reply, int flags)
                throws android.os.RemoteException {
```

```
        switch (code) {
            case INTERFACE_TRANSACTION: {
                reply.writeString(DESCRIPTOR);
                return true;
            }
            case TRANSACTION_validCalendar: {
                data.enforceInterface(DESCRIPTOR); // ❻
                long _arg0;
                _arg0 = data.readLong();
                java.lang.String _arg1;
                _arg1 = data.readString();
                boolean _result = this.validCalendar(_arg0, _arg1);
                reply.writeNoException();
                reply.writeInt((((_result) ? (1) : (0))));
                return true;
            }
        }
        return super.onTransact(code, data, reply, flags);
    }

    private static class Proxy implements
            com.suribada.calendar.IRemoteService { // ❼
        private android.os.IBinder mRemote;

        Proxy(android.os.IBinder remote) {
            mRemote = remote;
        }

        @Override
        public android.os.IBinder asBinder() {
            return mRemote;
        }

        public java.lang.String getInterfaceDescriptor() {
            return DESCRIPTOR;
        }

        @Override
        public boolean validCalendar(long calendarId, java.lang.String
                calendarType) throws android.os.RemoteException {
            android.os.Parcel _data = android.os.Parcel.obtain();
            android.os.Parcel _reply = android.os.Parcel.obtain();
            boolean _result;
            try {
                _data.writeInterfaceToken(DESCRIPTOR); // ❽
                _data.writeLong(calendarId);
                _data.writeString(calendarType);
                mRemote.transact(Stub.TRANSACTION_validCalendar, _data,
                    _reply, 0);
                _reply.readException();
                _result = (0 != _reply.readInt());
            } finally {
                _reply.recycle();
                _data.recycle();
```

❺

❾

```
        }
            return _result;
        }
    }

    static final int TRANSACTION_validCalendar ─────────────┐
        = (android.os.IBinder.FIRST_CALL_TRANSACTION + 0); ──┘──❿
    }

    public boolean validCalendar(long calendarId, java.lang.String calendarType)
        throws android.os.RemoteException;
    }
```

❼의 Proxy와 ❶의 Stub으로 구분되는 클라이언트와 서버는 Parcel을 가지고 데이터를 주고받는다. Stub은 추상 클래스이고 validCalendar() 메서드가 구현되어야 한다. 반면에 Proxy는 구체 클래스이다.

❾에서 mRemote의 transact() 메서드를 호출하면 Stub에서는 ❺의 onTransact() 메서드가 호출된다.

❽에서 Parcel에 쓰기 시작하고 ❻에서 읽기 시작한다.

❸에서 asInterface() 메서드의 내용을 보자. ❷에서 attachInterface()에 등록한 Stub을 ❹에서 queryLocalInterface() 메서드로 조회한다. 동일한 프로세스에 있다면 Stub 인스턴스가 조회되고 이를 사용한다. 내부적으로 로컬일 수도 있고 리모트일 수도 있는 바인딩이 asInterface() 메서드에서 결정된다.

❿ aidl에 선언한 메서드명을 이용해 TRANSACTION_validCalendar와 같이 상수로 만든 것을 볼 수 있다. 이 상수는 transact()와 onTransact() 메서드 사이에 전달되는 구분자로 사용된다. 구분자에 메서드명을 사용하는 규칙 때문에 메서드명이 동일한 게 있다면 구분이 되지 않는다. 그래서 aidl 인터페이스에는 메서드 오버로딩이 허용되지 않는다. 만일 메서드를 오버로딩하면 빌드가 되지 않고 'previous defined here'라는 메시지가 나온다.

Service에 Stub 구현

Service에서는 추상 클래스인 Stub 구현체를 만든다.

코드 6-8 리모트 바인딩 서비스

```
public class RemoteService extends Service {

    @Override
    public IBinder onBind(Intent intent) {
        return binder;
    }
```

```
        private final IRemoteService.Stub binder = new IRemoteService.Stub() {

            @Override
            public boolean validCalendar(long calendarId, String calendarType) {
                CalendarType type = CalendarType.valueOf(calendarType);
                ...
            }

        };

    }
```

❶ aidl에 있는 메서드인 validCalendar() 메서드가 Stub 익명 클래스에서 구현된다.

클라이언트에서 서비스 바인딩

다른 컴포넌트에서 서비스를 바인딩해서 사용하는 것도 복잡하지는 않다. bindService()는 바인딩 결과를 비동기로 받기 때문에, 콜백으로 사용할 ServiceConnection 인스턴스를 bindService() 메서드에 파라미터로 전달한다.

코드 6-9 리모트 서비스 바인딩

```
private IRemoteService mIRemoteService;

private ServiceConnection mConnection = new ServiceConnection() { // ❶

    @Override
    public void onServiceConnected(ComponentName className, IBinder service) {
        mIRemoteService = IRemoteService.Stub.asInterface(service); // ❷
    }

    @Override
    public void onServiceDisconnected(ComponentName className) {
        mIRemoteService = null; // ❸
    }

};

@Override
public void onStart() {
    super.start();
    bindService(new Intent(IRemoteService.class.getName()), mConnection,
        Context.BIND_AUTO_CREATE); // ❹
}

private void checkValid() {
    if (mIRemoteService != null) { // ❺
        boolean valid = mIRemoteService.isValidCalendar(10L,
            CalendarType.NORMAL.name());
        ...
    }
}
```

❶ 커넥션 콜백인 ServiceConnection을 생성한다.

❷ Stub.asInterface() 메서드를 통해서 로컬인 경우는 Stub 인스턴스, 리모트인 경우는 Proxy 인스턴스가 mIRemoteService에 대입된다. 어떤 문서에서는 ServiceConnection의 onServiceDisconnected() 메서드가 모든 클라이언트에서 unbindService()를 호출해서 Service에서 onUnbind()된 이후에 호출된다고 잘못 나오기도 하는데, onServiceDisconnected()는 서비스에 문제가 생겼을 때(주로 크래시되거나 강제 종료되었을 때) 호출되는 것이다. 서비스 바인딩은 여전히 유효한 상태이고, 다음에 서비스가 실행 상태가 되면 onServiceConnected()가 알아서 다시 호출된다. 물론 bindService() 메서드에 Context.BIND_AUTO_CREATE 옵션을 사용할 때에 한해서다.

❸ 연결이 끊길 때는 mIRemoteService를 null로 만든다.

❹ bindService()에 ServiceConnection을 전달한다.

❺ mIRemoteService의 메서드를 호출할 때는 먼저 null인지 체크한다. ServiceConnection의 onServiceConnected()가 불리기 전일 수도 있고, 서비스 문제로 바인딩이 안 되었을 수도 있기 때문이다.

 서비스의 메서드를 로컬에서 호출할 때는 호출하는 스레드에서 서비스의 메서드가 실행된다. 반면 리모트에서 호출하는 경우에는 서비스가 속한 프로세스의 바인더 스레드 풀에서 실행되기 때문에 리모트 바인딩 서비스는 스레드 안전(thread safe)하게 만들어져야만 한다.

aidl에서 지원하는 데이터 타입

리모트 바인딩으로 커버 가능하지만 굳이 로컬 바인딩을 이야기하는 이유는 따로 있다. 프로세스 간에 데이터를 주고 받을 때는 마샬링(marshaling)/언마샬링(unmarshaling)이 필요하기 때문에 aidl 인터페이스에 쓸 수 있는 데이터 타입이 제한된다.

aidl에서 기본적으로 지원하는 타입은 다음과 같다.[3]

1. primitive type(int, long, char, boolean 등)
2. String
3. List: 구현체인 ArrayList 같은 타입은 쓸 수 없다. 제네릭 타입은 일부만 쓸 수 있다. List<String>, List<List> 같은 타입은 쓸 수 있지만, List<?>,

---

3 *http://developer.android.com/guide/components/aidl.html*을 참고하자.

List<List<Sting>> 같은 타입은 쓸 수 없다.

4. Map: 역시 구현체인 HashMap 같은 타입은 쓸 수 없다. 제네릭은 지원하지 않는다.

Serializable 인터페이스 구현체나 enum은 가능할 것 같은데 역시 안 된다. 우리가 만드는 클래스를 aidl에서 쓸 수 있으려면 Parcelable 인터페이스를 구현하면 된다. Parcelable로 만들지 않으면 aidl 소스에서 import 구문에 쓸 수도 없다(aidl 파일과 동일한 패키지에 있는 클래스도 import해야 한다).

여기에서 고민이 생긴다. 전달하는 객체가 복잡하거나 객체의 수가 많다면 이것을 Parcelable로 만드는 것이 만만치 않다. 하지만 로컬 바인딩은 이 문제에서 자유롭다. 다른 프로세스에서도 객체를 쓰려면 규칙대로 Parcelable을 구현해야 하지만, 로컬 프로세스에서만 쓰겠다면 규칙대로 할 필요가 없는 것이다.

6.2.2 로컬 바인딩

로컬 바인딩 서비스는 로컬 프로세스에서만 접근 가능한 서비스이다. 로컬 바인딩 서비스는 리모트 바인딩 서비스보다 간단하게 만들 수 있다. 리모트 바인딩 서비스에서는 validCalendar() 메서드에 파라미터로 enum 타입을 쓸 수 없었는데 로컬 바인딩 서비스에서는 쓸 수 있다. 일반적인 로컬 바인딩 서비스의 샘플을 보자. ApiDemos에도 비슷한 형태로 되어 있다.

로컬 바인딩 서비스

Service에서는 Stub을 구현할 필요가 없다.

코드 6-10 로컬 바인딩 서비스

```
public class LocalService extends Service {
    private final IBinder mBinder = new LocalBinder();

    public class LocalBinder extends Binder {
        public LocalService getService() { // ❶
            return LocalService.this;
        }
    }

    @Override
    public IBinder onBind(Intent intent) {
        return mBinder; // ❷
    }

    public boolean validCalendar(long calendarId, CalendarType calendarType) {
```

```
            ...
        }

    }
```

❶에서 Binder의 원래 메서드가 아닌 getService() 메서드를 추가로 만들고, ❷
에서 LocalBinder 인스턴스를 리턴한다.

클라이언트에서 로컬 바인딩 접근

로컬 바인딩을 사용하는 방법은 리모트 바인딩과 거의 동일하다.

코드 6-11 로컬 바인딩 서비스 클라이언트

```java
public class BindingActivity extends Activity implements OnClickListener {
    private LocalService mService;

    @Override
    protected void onCreate(Bundle savedInstanceState) {
        super.onCreate(savedInstanceState);
        ...
    }

    @Override
    protected void onStart() {
        super.onStart();
        Intent intent = new Intent(this, LocalService.class);
        bindService(intent, mConnection, Context.BIND_AUTO_CREATE);
    }

    @Override
    protected void onStop() {
        if (mService != null) {
            unbindService(mConnection);
        }
        super.onStop();
    }

    @Override
    public void onClick(View view) {
        int id = view.getId();
        if (id == R.id.check) {
            if (mService != null) {
                boolean valid = mService.validCalendar(10L, CalendarType.NORMAL);
                ...
            }
        }
        ...
    }

    private ServiceConnection mConnection = new ServiceConnection() {
        @Override
```

```
    public void onServiceConnected(ComponentName className, IBinder service) {
        LocalBinder binder = (LocalBinder) service;
        mService = binder.getService(); // ❶
    }

    @Override
    public void onServiceDisconnected(ComponentName name) {
        mService = null;
    }

};

}
```

❶ 리모트 바인딩과 달리 onServiceConnected() 메서드에서 얻어내는 것은 결국 LocalService 인스턴스이다. 안드로이드에서 컴포넌트 간에 직접적으로 인스턴스 접근이 불가능한데, Binder 객체를 통해서 직접 접근할 수 있게 한 것이다. 인스턴스를 얻었으니 그 이후에는 Service의 메서드를 직접 호출하는 방식으로 사용한다. 리모트 바인딩도 사용이 어려운 건 아닌데 로컬 바인딩은 더 간단하다.

인터페이스를 사용한 로컬 바인딩

그런데 여기서 만든 로컬 바인딩 샘플을 보면 억지로 끼워 맞춘 느낌이 있다. Service의 메서드를 직접 호출할 수 없으니 바인딩을 통해서 Service 레퍼런스를 가져오고 그 다음은 Service의 메서드를 직접 호출하는 것에 불과하다. 리모트 바인딩과 기본 형태도 차이가 있다. 비슷한 형태로 하려면 아래처럼 변경해 볼 수 있다. 먼저 앞에서 IRemoteService.aidl 파일은 그대로 IRemoteService 인터페이스로 만들고, Stub 구현과 유사하게 LocalBinder에서 IRemoteService를 구현한다.

코드 6-12 인터페이스를 사용한 로컬 바인딩 서비스

```
public class LocalService extends Service {
    private final IBinder mBinder = new LocalBinder();

    @Override
    public IBinder onBind(Intent intent) {
        return mBinder;
    }

    private class LocalBinder extends Binder implements IRemoteService {

        @Override
        public boolean validCalendar(long calendarId, CalendarType
            calendarType) {
            ...
```

```
        }

      }

    }
```

클라이언트 코드는 아래와 같다. 결국 인터페이스로 캐스팅해서 사용한다.

코드 6-13 인터페이스로 연결된 로컬 바인딩 서비스 클라이언트

```java
public class BindingActivity extends Activity implements OnClickListener {
    private IRemoteService mService;

    private ServiceConnection mConnection = new ServiceConnection() {

        @Override
        public void onServiceConnected(ComponentName className, IBinder
                service) {
            mService = (IRemoteService) service;
        }

        @Override
        public void onServiceDisconnected(ComponentName name) {
            mService = null;
        }

    };

}
```

6.2.3 바인딩의 특성

리모트/로컬 바인딩 사용 방법을 얘기했으니, 이제 바인딩의 특성을 더 얘기해 보자. 앞에서 얘기한 BIND_AUTO_CREATE 옵션에 대해서 다시 한번 언급하는 것이다. bindService()를 호출하면 서비스와 엮이는 클라이언트가 하나씩 늘어난다. 이렇게 엮인 클라이언트가 남아 있다면 어느 클라이언트에서 stopService()를 실행해도 서비스는 종료되지 않는다. 모든 클라이언트가 unbindService() 메서드를 호출해서 서비스와의 관계가 전부 정리되어야만 한다.

다음 그림에서 ❶ 분기점은 스타티드 & 바운드 서비스의 경우를 고려한 것이다.

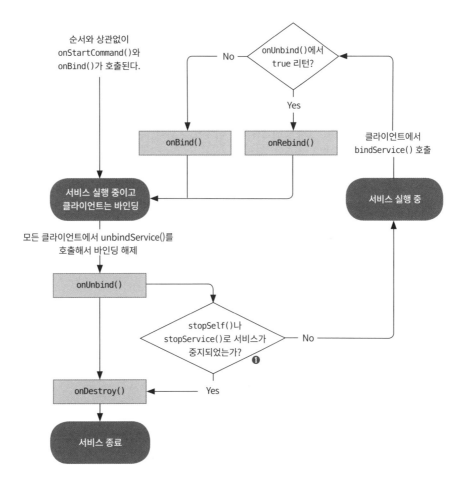

Activity는 onStart/onStop 메서드에서 bindService/unbindService 실행 권장

바운드 서비스에서 bindService()를 실행한 클라이언트가 모두 unbindService()를 호출한다면, Service에서는 onUnbind()부터 onDestroy()까지 호출된다. 액티비티에서 바운드 서비스를 사용할 때는 onStart()와 onStop()에서 각각 bindService()와 unbindService()를 각각 호출하는 것을 권장한다. unbindService()가 실행될 때 연결되어 있는 클라이언트 개수가 0이 되면 서비스는 종료될 수 있다. onResume/onPause에서 bind/unbind하는 경우 onResume/onPause는 보다 빈번하게 트랜지션이 일어나는데(투명/다이얼로그 테마 액티비티가 위에 뜨는 경우 등) onPause()를 통해 unbindService()가 실행되고 서비스가 종료될 수도 있다. 그리고 나면 onResume()에서 다시 서비스가 시작되어야만 한다. 종료된 서비스를 다시 생성하려면 비용이 드는데 빈번한 트랜지션에서 생성과 종료를 계속 반복하는 것은 적합하지 않다.

데이터를 조회하는 바인딩은 콘텐트 프로바이더로 대체 가능

bindService()를 통해 바인딩되었으면 이제는 호출하는 쪽과 호출되는 쪽은 클라이언트-서버 관계로 파악하면 된다. 클라이언트에서 메서드를 호출하면 서버에서 결과를 리턴하는 방식이다. 조회해서 결과를 리턴한다면 떠올려지는 게 바로 콘텐트 프로바이더이다. 로컬 바인딩은 타입을 자유롭게 쓸 수 있으므로 크게 고민하지 않아도 되겠지만, 리모트 바인딩의 경우 단순 데이터 조회라면 콘텐트 프로바이더를 대신 쓸 수도 있다. 다만 콘텐트 프로바이더에서는 Cursor 타입으로 리턴해야 한다.

애기가 나온 김에 ContentProvider를 써서 동일한 기능을 만들어보자.

코드 6-14 ContentProvider로 단순 조회 바인딩 대체

```
@Override
public Cursor query(Uri uri, String[] projection, String selection, String[]
        selectionArgs, String sortOrder) {
    ...
    switch (URI_MATCHER.match(uri)) {
        ...
        case VALID_CALENDAR:
            return validCalendar(Long.parseLong(selectionArgs[0]),
                CalendarType.valueOf(selectionArgs[1]));
    }
    throw new IllegalArgumentException("Unknown URI " + uri.toString());
}

private Cursor validCalendar(long calendarId, CalendarType calendarType) {
    Calendar calendar = null;
    if (calendarType == CalendarType.NORMAL) {
        ...
    } else {
        ...
    }
    MatrixCursor cursor = new MatrixCursor(new String[] {"calendar"}); // ❶
    if (calendar != null) {
        cursor.newRow().add("valid");
    }
    return cursor;
}
```

❶ DB Cursor가 아니고 직접 Cursor에 값을 채우는 방법으로 MatrixCursor를 사용하였다.

클라이언트에서는 다음과 같이 사용한다.

```
public boolean isValidCalendar(long calendarId, CalendarType type) {
    Cursor cursor = contentResolver.query(Uri.withAppendedPath(CONTENT_URI,
        "valid_calendar"), null, null,
        new String[] {String.valueOf(calendarId), type.name()}, null);
    return (cursor.getCount() > 0);
}
```

바운드 서비스에서 백그라운드 작업 시 결과를 돌려주는 방법

바운드 서비스에서도 작업이 오래 걸린다면 백그라운드 스레드에서 작업을 실행하는 것을 고려할 수 있다. 이때도 결과를 전달받으려면 4가지 방법을 고려할 수 있다.

- 스레드 작업이 끝났을 때 sendBroadcast()를 통해서 데이터를 전달하거나, 다시 클라이언트가 폴링해서 데이터를 가져올 수도 있다.
- 바인더 콜백을 메서드에 파라미터로 전달해서 결과를 받는다.[4] 이 방법은 안드로이드 프레임워크에서 많이 쓰이며 144페이지에서 얘기했듯이 Toast. show() 메서드에서도 쓰인다. 안드로이드 컴포넌트의 생명주기도 system_server 프로세스의 ActivityManagerService에 전달된 바인더 콜백을 통해서 호출된다.[5]
- bindService() 메서드의 Intent 파라미터에 ResultReceiver를 전달하면, Service의 onBind()에서 ResultReceiver를 가져올 수 있다. 작업을 실행하고 ResultReceiver의 send() 메서드로 클라이언트에 결과를 다시 전달한다. 6.1 절의 코드 6-3, 코드 6-4를 다시 한번 살펴보자.
- Messenger를 사용해서 양방향 통신을 할 수 있다. Messenger도 내부적으로 바인더 콜백을 사용한다. Messenger에 대해서는 별도의 절에서 살펴보자.

6.2.4 Messenger 클래스

Messenger는 바인더 콜백을 내부적으로 래핑해서 바운드 서비스와 클라이언트 간에 Handler로 메시지를 보내고 처리하는 방식을 제공한다. 필자는 수년간 앱을 개발하면서 Messenger를 사용한 케이스를 거의 보지 못했다. 앞에서 살펴보았듯이 서비스와 다른 컴포넌트 간 통신은 다른 옵션으로도 가능하기 때문이다. 그렇지만 Messenger를 알아두면 다른 옵션을 복잡하게 사용하지 않아도 된다. 알아두고 필요할 때 활용하도록 하자.

---

4 ApiDemos에서 RemoteService를 참고하자.
5 ActivityThread의 내부 클래스인 ApplicationThread가 바로 바인더 콜백이다.

Messenger 클래스의 기본 내용

먼저 Messenger의 기본적인 내용을 알아보자.

- Messenger는 Parcelable 인터페이스를 구현해서 프로세스 간에 전달할 수 있는 객체이다.
- Messenger에는 2개의 생성자가 있다. Messenger(Handler target)은 Handler를 감싼 것으로 클라이언트와 바운드 서비스 양쪽에 있다. Messenger(IBinder target)은 Binder Proxy를 생성하는 것으로 클라이언트에 있다.
- aidl을 내부적으로 사용하는데 IMessenger 인터페이스로 되어 있다. 이름으로만 보면 Messenger가 IMessenger.Stub을 구현할 것 같은데 그렇지 않고, Handler의 내부 클래스인 MessengerImpl에서 IMessenger.Stub을 구현한다. Stub에서는 Handler의 sendMessage() 메서드를 호출하기만 한다.
- 2.3절의 Message 소스를 보면 replyTo라는 공개 변수가 있다. Handler에 Message를 보낼 때 replyTo에 값을 되돌려 줄 Messenger를 지정할 수 있다.
- Messenger의 send() 메서드는 결과적으로 바인더 통신을 통해 Stub의 메서드를 호출한다. 리모트 통신이기 때문에 send() 메서드는 RemoteException을 던질 수 있다.

날씨 정보 업데이트 기능을 Messenger로 구현

이제 날씨 정보를 업데이트하는 기능을 Messenger로 만들어보자. 요구사항은 다음과 같다.

- 처음 Activity에서 bindService()를 실행하면, 바운드 서비스에서 날씨 정보를 가져오고 내부에서 주기적으로(예제에서는 1분마다) 날씨 정보를 가져온다.
- 클라이언트가 추가로 바인딩되면 최신 날씨 정보를 클라이언트에 전달한다.
- 날씨 정보를 가져올 때마다 바인딩된 모든 액티비티에 정보를 전달해서 화면에 보여준다.
- 화면에는 [Refresh] 버튼이 있어서 이 버튼을 클릭하면, 날씨 정보를 새로 가져오고 바인딩된 모든 클라이언트에 날씨 정보를 새로 전달한다.

Messenger를 사용하는 Service의 코드를 먼저 살펴보자.

코드 6-15 Messenger 서버

```java
public class MessengerService extends Service {

    /* 보내는 메시지 */
    public static final int MSG_REGISTER_CLIENT = 1;
    public static final int MSG_UNREGISTER_CLIENT = 2;  ──❶
    public static final int MSG_REFRESH = 3;

    /* 받는 메시지 */
    public static final int MSG_WEATHER = 11; // ❷

    public static final String WEATHER_TEXT = "weatherText";
    public static final String TEMPERATURE = "temperature";

    private final ScheduledExecutorService scheduler
        = Executors.newScheduledThreadPool(1); // ❸

    private ArrayList<Messenger> clients = new ArrayList<>(); // ❹

    private Bundle lastData;

    private class IncomingHandler extends Handler { // ❺

        @Override
        public void handleMessage(Message msg) {
            switch (msg.what) {
                case MSG_REGISTER_CLIENT:
                    clients.add(msg.replyTo); // ❻
                    if (lastData != null) { // ❼
                        Message message = Message.obtain(null, MSG_WEATHER);
                        message.setData(lastData);
                        try {
                            msg.replyTo.send(message);
                        } catch (RemoteException e) {
                        }
                    }
                    break;
                case MSG_UNREGISTER_CLIENT:
                    clients.remove(msg.replyTo);  ──❽
                    break;
                case MSG_REFRESH:
                    scheduledFuture.cancel(true);
                    fetchWeather();  ──❾
                    break;
                default:
                    super.handleMessage(msg);
            }
        }

    }

    private Messenger messenger = new Messenger(new IncomingHandler()); // ❿
    private ScheduledFuture scheduledFuture;
```

```
    @Override
    public void onCreate() {
        super.onCreate();
        fetchWeather(); // ⓫
    }

    private void fetchWeather() {
        scheduledFuture = scheduler.scheduleAtFixedRate(new Runnable() {

            @Override
            public void run() {
                Weather weather = callWeatherAPI(); // HTTP Call
                Message message = Message.obtain(null, MSG_WEATHER);
                Bundle bundle = message.getData();
                bundle.putString(WEATHER_TEXT, weather.weatherText);
                bundle.putInt(TEMPERATURE, weather.temparature);

                lastData = new Bundle(bundle); // ⓭
                for (int i = clients.size() - 1; i >= 0; i--) {      ⓬
                    try {
                        clients.get(i).send(message);
                    } catch (RemoteException e) {
                        clients.remove(i); // ⓮
                    }
                }
            }

        }, 0, 1, TimeUnit.MINUTES); // ⓯
    }

    @Override
    public IBinder onBind(Intent intent) {
        return messenger.getBinder();        ⓰
    }

}
```

❶ 클라이언트에서 들어오는 Message의 what에 해당하는 값이다.

❷ 클라이언트에 보내는 Message의 what에 해당하는 값이다.

⓫ 날씨 정보를 가져온다. 첫 번째 클라이언트가 bindService()를 호출하면 이 때 onCreate()가 실행되고 곧바로 날씨 정보를 가져오겠다는 의미이다.

❸ 스레드 개수가 1인 ScheduledThreadPoolExecutor를 생성한다. ⓯에서 파라미터를 보면 즉시 태스크를 실행하고 그 이후에는 1분마다 실행한다. ❹ 클라이언트 Messenger 목록을 clients 변수에 유지한다.

❺ Handler는 클라이언트에서 들어오는 Message를 처리하는 용도이다.

⓾에서 Handler를 감싼 Messenger를 생성하고, ⓰에서 messenger.getBinder()로 클라이언트에 전달된다 .

❻ MSG_REGISTER_CLIENT 값이 들어오면 replyTo에 전달되는 Messenger를 클라이언트 목록에 추가한다.

❷ Runnable 태스크에서는 날씨 정보를 가져와서 Bundle에 담고서 클라이언트 목록에 send() 메서드로 전달한다. 클라이언트 프로세스가 종료된(dead) 상태라면 Message가 전달되지 않고 RemoteException이 발생한다. 종료된 클라이언트에 더 이상 Message를 보낼 필요가 없기 때문에 ❹에서는 종료된 클라이언트를 제거한다. for 문에서 인덱스가 0부터 시작하지 않고 높은 숫자부터 시작한 것에도 주목하자. ArrayList에서 remove() 메서드를 실행할 때는 인덱스가 높은 순으로 제거해야만 인덱스 순서가 도중에 변경되지 않는다.

❸에서 lastData에 최신 값을 저장하고, ❼에서 이 값이 있다면 새로 등록한 클라이언트에 전달한다. 아직 갱신 주기가 되지 않은 경우, 최대 1분 동안 새로 바인딩된 클라이언트에서는 날씨 정보를 전달받을 수 없기 때문에 최신 데이터를 갖고 있다가 바로 전달하려는 것이다.

❽ MSG_UNREGISTER_CLIENT 값이 들어오면 클라이언트 목록에서 제거한다.

❾ MSG_REFRESH 값이 들어오면 기존 ScheduledFuture를 취소하고 날씨 정보를 새로 가져온다.

이제 클라이언트 코드를 보자.

코드 6-16 Messenger 클라이언트

```
public class MessengerActivity extends Activity {

    private class IncomingHandler extends Handler { // ❶

        @Override
        public void handleMessage(Message msg) {
            switch (msg.what) {
                case MessengerService.MSG_WEATHER:
                    Bundle bundle = msg.getData();
                    weather.setText(bundle.getString(
                    MessengerService.WEATHER_TEXT) + ", Temparature: "
                    bundle.getInt(MessengerService.TEMPERATURE));
                    break;
                default:
                    super.handleMessage(msg);
            }
        }

    }

    private Messenger outMessenger;

    private ServiceConnection serviceConnection = new ServiceConnection() {
```

```java
    @Override
    public void onServiceConnected(ComponentName className,
            IBinder service) {
        outMessenger = new Messenger(service); // ❷
        try {
            Message msg = Message.obtain(null,
                MessengerService.MSG_REGISTER_CLIENT);
            msg.replyTo = inMessenger;                    ──❸
            outMessenger.send(msg);
        } catch (RemoteException e) {
        }
        Toast.makeText(MessengerActivity.this, "Connected.",
            Toast.LENGTH_SHORT).show();
    }

    @Override
    public void onServiceDisconnected(ComponentName className) {
        outMessenger = null;
        Toast.makeText(MessengerActivity.this, "Disconnected.",
            Toast.LENGTH_SHORT).show();
    }

};

private Messenger inMessenger = new Messenger(new IncomingHandler()); // ❹

private TextView weather;

@Override
protected void onCreate(Bundle savedInstanceState) {
    super.onCreate(savedInstanceState);
    setContentView(R.layout.two_buttons);
    weather = (TextView) findViewById(R.id.title);
}

@Override
protected void onStart() {
    super.onStart();
    bindService(new Intent(this, MessengerService.class), serviceConnection,
        Context.BIND_AUTO_CREATE);
}

@Override
protected void onStop() {
    super.onStop();
    if (outMessenger != null) {
        try {
            Message msg = Message.obtain(null,
                MessengerService.MSG_UNREGISTER_CLIENT);
            msg.replyTo = inMessenger;
            outMessenger.send(msg);
        } catch (RemoteException e) {
        }
    }
}
```

```
        unbindService(serviceConnection);
    }

    public void onClickRefresh(View view) {
        Toast.makeText(MessengerActivity.this, "Refresh.",
            Toast.LENGTH_SHORT).show();
        if (outMessenger != null) {
            try {
                Message msg = Message.obtain(null,
                    MessengerService.MSG_REFRESH);                    ❺
                msg.replyTo = inMessenger;
                outMessenger.send(msg);
            } catch (RemoteException e) {
            }
        }
    }
}
```

6.2.3절에서 얘기한 가이드대로 onStart()와 onStop() 메서드에서 bindService()
와 unbindService() 메서드를 호출한다.

❶ Handler는 클라이언트에 전달되는 Message를 처리하는 용도이다.

❹ Messenger 생성자에 Handler가 전달된다.

❷ 서비스가 연결되면 IBinder를 감싼 Messenger를 생성한다.

❸ replyTo에는 inMessenger를 대입한 후에 서비스에 등록하라는 Message를
보낸다.

❺ [Refresh] 버튼을 클릭할 때 동작이다. 서비스에 날씨 정보를 갱신하라는
Message를 보낸다.

이 샘플을 통해 바운드 서비스를 사용할 때의 장점을 한 가지 알 수 있다. 각
클라이언트에서 네트워크를 통한 API 호출을 매번 할 필요가 없이, 서비스 한곳
에서만 네트워크 통신을 하고 모든 클라이언트에 결과를 반영할 수 있다. 바인
더 콜백으로도 가능하지만 샘플과 같이 Messenger를 이용하면 더 단순해진다.

7장

콘텐트 프로바이더

콘텐트 프로바이더는 외부 프로세스에 데이터를 제공하는 표준 인터페이스이다. 7장에서는 콘텐트 프로바이더에서 주로 데이터 소스로 사용하는 SQLite를 먼저 살펴보고 DB 락(lock) 이슈, SQLite 관련 클래스의 세부 내용, 콘텐트 프로바이더의 여러 이슈까지 살펴보기로 한다.

7.1 SQLite

SQLite는 로컬 DB이지만 속도가 그렇게 빠르지는 않다. 딱 혼자서 쓸 수 있는 정도라고 생각하면 된다. SQLite는 네이티브 라이브러리에 포함되어 있고 프레임워크를 거쳐서 접근하고 사용한다.[1]

db 내용 확인

SQLite db 파일은 /data/data/패키지/databases에 저장된다. 단말에서는 일반적으로 db 파일에 직접 접근하거나 쿼리를 실행할 수 없다(루팅한 것이 아니라면).[2]

개발 시에 에뮬레이터에서 db를 확인하는 방법은 2가지가 있다.

---

1 안드로이드 프레임워크에서 사용하는 네이티브 메서드는 jni를 이용해서 /frameworks/base/core/jni/android_database_SQLiteConnection.cpp 소스에 연결된다. 안드로이드와 SQLite를 연결해주는 것은 /external/sqlite/android/sqlite3_android.cpp이고, 안드로이드에 들어가는 SQLite 소스는 /external/sqlite/dist/ 디렉터리에 있다. 여기에서 주로 sqlite3.c를 보면 된다.

2 *http://stackoverflow.com/questions/9997976/android-pulling-sqlite-database-android-device*를 참고해서 단말에서 db 파일을 가져오는 방법도 알아보자.

- sqlite shell에서 쿼리를 실행한다.
- adb pull을 통해 db 파일을 가져와서, SQLite Database Browser 같은 툴로 데이터를 확인하고 쿼리를 실행한다.

db 파일 목록 조회

adb shell에서 모든 db 파일 목록을 아래 명령으로 확인할 수 있다. *을 넣어서 모든 패키지를 대상으로 조회해보자.

```
ls -R /data/data/*/databases

/data/data/com.android.browser/databases:
autofill.db
autofill.db-journal
browser2.db
browser2.db-shm
browser2.db-wal
webview.db
webview.db-journal
webviewCookiesChromium.db
webviewCookiesChromiumPrivate.db

/data/data/com.android.deskclock/databases:
alarms.db
alarms.db-journal

/data/data/com.android.email/databases:
EmailProvider.db
EmailProvider.db-journal
EmailProviderBackup.db
EmailProviderBackup.db-journal
EmailProviderBody.db
webview.db
webview.db-journal
webviewCookiesChromium.db
webviewCookiesChromiumPrivate.db

/data/data/com.android.inputmethod.latin/databases:
userbigram_dict.db
userbigram_dict.db-journal

/data/data/com.android.keychain/databases:
grants.db
grants.db-journal

/data/data/com.android.launcher/databases:
launcher.db
launcher.db-journal

/data/data/com.android.providers.calendar/databases:
calendar.db
```

```
calendar.db-journal

/data/data/com.android.providers.contacts/databases:
contacts2.db
contacts2.db-journal
profile.db
profile.db-journal

/data/data/com.android.providers.downloads/databases:
downloads.db
downloads.db-journal

/data/data/com.android.providers.media/databases:
external.db
external.db-shm
external.db-wal
internal.db
internal.db-shm
internal.db-wal

/data/data/com.android.providers.settings/databases:
settings.db
settings.db-shm
settings.db-wal

/data/data/com.android.providers.telephony/databases:
mmssms.db
mmssms.db-journal
telephony.db
telephony.db-journal

/data/data/com.android.providers.userdictionary/databases:
user_dict.db
user_dict.db-journal
```

별거 아닌 명령어지만 단말에 어떤 db 파일들이 있는지 알아보기 위해 한번쯤 실행해 볼 필요는 있다. **/data/data** 아래에서 프로세스명 위치에 providers가 들어가는 것들을 보면 콘텐트 프로바이더에서 어떤 db를 사용하는지 볼 수 있다. 단말에 깔린 기본 앱(캘린더, 주소록 등)이나 미디어 데이터, 시스템 설정 등도 콘텐트 프로바이더를 제공한다.[3]

위에서 db 파일 목록을 보면 db 확장자 외에도 db에 -journal, -wal, -shm 등이 붙은 확장자 파일을 볼 수 있다. 이것은 SQLite에서 트랜잭션(atomic commit and rollback)을 구현한 방식에 따른 것이다. 디폴트는 rollback-journal (- journal 파일 사용)이고 다른 옵션으로 Write-Ahead Logging(보통 WAL이라

---

3 안드로이드에서 제공하는 콘텐트 프로바이더는 android.provider 패키지(*http://developer.android.com/ reference/android/provider/package-summary.html*)에서 확인할 수 있다.

쓰고, -wal과 -shm 파일 사용)이 있다. WAL 방식은 SQLite 3.7 버전부터 시작되었고 젤리빈부터 사용 가능하다.

7.1.1 sqlite shell

시스템 설정의 경우 테이블이 어떻게 구성되었는지 확인하기 위해 sqlite shell에 접근해보자.

```
sqlite3 /data/data/com.android.providers.settings/databases/settings.db
```

닷 커맨드

sqlite shell에는 SQLite 닷 커맨드라고 불리는 명령어 모음이 있다. 말 그대로 닷(.)으로 시작하고 다른 명령어처럼 세미콜론(;)을 쓰지 않는다. 이 모음에는 약 30여 개 명령어가 있는데, 주로 사용하는 명령어는 몇 개 되지 않는다. .help로 명령어 목록을 보고 필요할 때 기능을 활용해보자. sqlite shell을 끝내는 명령어는 .quit와 .exit 둘 다 사용한다.

테이블 목록 보기

```
sqlite> .tables
android_metadata    bookmarks      system
bluetooth_devices   secure
```

스키마 확인

```
sqlite> .schema system
CREATE TABLE system (_id INTEGER PRIMARY KEY AUTOINCREMENT,
name TEXT UNIQUE ON CONFLICT REPLACE,value TEXT);
CREATE INDEX systemIndex1 ON system (name);
```

조회할 때 칼럼명 헤더를 보는 옵션

on/off 옵션을 쓸 수 있고 디폴트는 off이다.

```
sqlite> .headers on
```

데이터베이스 명령어 실행

sqlite shell에서 다양한 데이터베이스 명령어를 실행할 수 있다. 계속해서 system 테이블을 조회해보자.

```
sqlite> select * from system;
_id|name|value
1|volume_music|11
2|volume_ring|5
3|volume_system|7
4|volume_voice|4
5|volume_alarm|6
6|volume_notification|5
7|volume_bluetooth_sco|7
8|mode_ringer|2
9|mode_ringer_streams_affected|166
10|mute_streams_affected|46
11|vibrate_when_ringing|0
12|dim_screen|1
13|stay_on_while_plugged_in|1
14|screen_off_timeout|60000
15|emergency_tone|0
16|call_auto_retry|0
17|dtmf_tone_type|0
18|hearing_aid|0
19|tty_mode|0
20|airplane_mode_on|0
...
```

이 내용은 시스템의 환경 설정 값들이다. 조회 결과를 보면 Settings.System 클래스(*http://developer.android.com/reference/android/provider/Settings.System.html*)의 문자열 상수가 이 테이블의 name 칼럼에 있는 값과 동일하다는 것을 알 수 있다.

 system 테이블에서 value 칼럼의 값을 바꿔줄 수 있을까? Settings.System을 통하면 가능하다. 먼저 아래와 같이 AndroidManifest.xml에 퍼미션을 추가한다(마시멜로에서는 특별한 퍼미션이 바뀌어서 퍼미션을 추가하는 것만으로는 동작하지 않는다).

```
<uses-permission android:name="android.permission.WRITE_SETTINGS" />
```

코드에서는 아래와 같이 값을 변경할 수 있다.

```
Settings.System.putInt(getContentResolver(), Settings.System.
    AIRPLANE_MODE_ON, 1);
```

그런데 이 코드가 단말에서는 보안상의 이유로 막혀서 동작하지 않는다. 엉뚱한 앱에서 단말을 자꾸 비행기 모드로 변경한다면 도저히 사용할 수 없을 것이다. 이 내용이 에뮬레이터에서는 잘 동작한다. 단말에서는 AIRPLANE_MODE_ON 같은 특정 키에 대해서 업데이트를 막아놓은 것으로 해석하면 된다.

Settings.System에서 내부적으로 DB를 사용하고 있는 것을 알면 여러 앱에서 사용할 수 있도록 공개적인 값을 추가로 넣을 수 있지 않을까? 가능하다. 예를 들어, 가장 최근 검색어를 여러 앱에서 공유할 수도 있다. 다음의 코드는 에뮬레이터뿐만 아니라 단말에서도 잘 동작한다.

```
Settings.System.putString(context.getContentResolver(), "most_
    recent_keyword", "Hawaii");
Settings.System.getString(context.getContentResolver(), "most_
    recent_keyword");
```

sqlite shell에서 쓸 수 있는 명령어 모음은 아래 사이트를 참고하자. 두 번째 사이트가 정리가 잘 되어 있다.

- *http://www.sqlite.org/lang.html*
- *http://www.tutorialspoint.com/sqlite/*

PRAGMA 명령어

많이 쓰이지는 않지만 알면 유용한 게 바로 PRAGMA 명령어이다. PRAGMA는 DB의 환경 변수나 상태 플래그를 가져오거나 변경할 때 사용한다.

SQLiteDatabase에는 getVersion() 메서드가 있는데 아래 명령어의 결과를 가져 온다.

```
PRAGMA user_version;
```

SQLite에서 지원하는 언어 중에서 C API 등을 보면 다양한 함수가 있는데, 안드로이드의 SQLiteDatabase 클래스에서는 메서드 개수가 많지 않다. 그나마 여기에 도움을 주는 것이 PRAGMA 명령어라고 보면 된다. PRAGMA 명령어를 써서 앱의 환경에 맞는 튜닝도 가능하다. *http://www.tutorialspoint.com/sqlite/sqlite_pragma.htm*을 참고하자.

7.1.2 DB 락 문제

앱에서 SQLite를 사용할 때 가장 문제가 되는 것은 DB 락이다. 간단한 키-밸류(key-value) 스키마라면 메인 스레드에서 쿼리를 해도 별 문제가 없지만, 일반적으로 DB 명령은 백그라운드 스레드에서 실행하는 것이 권장된다. DB 락 문제는 스레드 간(또는 프로세스 간) 명령을 실행할 때 락을 잡는 시점이 겹치면서 발생한다.

DB 락 문제는 아래와 같은 크래시를 만든다.

```
10-24 11:22:41.318 12787-13355/co.touchlab E/AndroidRuntime: FATAL EXCEPTION:
Thread-1809 Process: co.touchlab, PID: 12787
android.database.sqlite.SQLiteDatabaseLockedException: database is locked
(code 5)
```

```
        at android.database.sqlite.SQLiteConnection.nativeExecuteForLastInsertedRo
wId(Native Method)
        at android.database.sqlite.SQLiteConnection.executeForLastInsertedRowId(SQ
LiteConnection.java:780)
        at android.database.sqlite.SQLiteSession.executeForLastInsertedRowId(SQLit
eSession.java:788)
        at android.database.sqlite.SQLiteStatement.executeInsert(SQLiteStatement.
java:86)
        at android.database.sqlite.SQLiteDatabase.insertWithOnConflict(SQLiteDatab
ase.java:1471)
        at android.database.sqlite.SQLiteDatabase.insertOrThrow(SQLiteDatabase.
java:1367)
        at co.touchlab.dblocking.DatabaseHelper.createSession(DatabaseHelper.
java:71)
        at co.touchlab.dblocking.MyActivity$DbInsertThread.run(MyActivity.
java:348)
```

5가지 락 상태

락의 기본 원칙은, DB에 쓸 때는 배타 락(exclusive lock)을 잡고, 읽을 때는 공유 락(shared lock)을 잡는다는 것이다. 배타 락은 말 그대로 다른 락을 허용하지 않고, 공유 락은 다른 공유 락과 함께 공존할 수 있다.

락 상태에는 아래의 5가지가 있다. 아래 설명에서는 여러 프로세스에서 락이 발생하는 경우를 얘기했는데 프로세스를 스레드로 바꾸어도 내용은 동일하다.

UNLOCKED

기본 상태이다. 읽기와 쓰기가 안 된다.

SHARED

읽기만 되고 쓰기는 안 된다. 여러 프로세스가 동시에 공유 락을 가질 수 있다. 하나 이상의 공유 락이 활성화되어 있다면, 다른 프로세스에서 쓰기를 할 수 없다. 쓰기를 위해서는 공유 락이 모두 해제될 때까지 대기한다.

RESERVED

프로세스가 미래 어느 시점에 쓰기를 한다는 일종의 플래그 락이다. 예약 락은 하나만 있을 수 있으며, 여러 공유 락과 공존할 수 있다. 예약 락 상태에서는 새로운 공유 락을 더 잡을 수도 있다.

PENDING

락을 잡고 있는 프로세스가 가능한 한 빨리 쓰기를 하려고 한다. 현재의 모든 공유 락이 해제될 때까지 기다려서 배타 락을 가지려고 한다. 펜딩 락 상태에서는 새로운 공유 락을 잡을 수 없다.

EXCLUSIVE

파일에 쓰기 위해서 필요하며, 오직 하나의 배타 락만 허용된다. 다른 락과 공존할 수 없다. SQLite에서는 동시성을 높이기 위해서 배타 락을 잡는 시간을 최소화하고 있는데, 우리가 만드는 코드 내에서도 배타 락 구간을 줄이도록 노력해야 한다. 이것은 스레드 프로그래밍에서 동기화(synchronized) 블록을 넓게 잡지 않도록 권장하는 것과 비슷하다.

DB 락의 발생 원인

결국 DB 락이 발생하는 원인은 CRUD(create, read, update, delete) 가운데 CUD에서 쓰기를 하면서 배타 락을 잡는 것 때문이다. 그렇지만 쿼리 문장이 단순한 CUD에서는 짧은 시간만 락이 잡히기 때문에 문제가 빈번하게 발생하지는 않는다. 가장 배타 락을 오래 잡을 수 있는 케이스는 쓰기를 한꺼번에 하는 트랜잭션이다.

트랜잭션 동작 방식

SQLite에서 트랜잭션은 지연(deferred), 즉시(immediate), 배타(exclusive)의 3가지 동작 방식(behavior)를 사용한다. 트랜잭션 방식의 디폴트는 지연(deferred)이다.[4]

이제 트랜잭션의 각 동작 방식에 대해서 먼저 알아보자.

deferred

말 그대로 락을 가능한 한 뒤로 미룬다. 트랜잭션을 시작할 때는 락을 잡지 않는다. 첫 읽기 작업이 있을 때 공유 락을 잡고 첫 쓰기 작업이 있을 때 예약 락을 잡는다. 락이 최대한 뒤로 미뤄지기 때문에 다른 프로세스나 스레드에서 DB 작업을 할 수 있다.

immediate

트랜잭션을 시작할 때 예약 락이 잡힌다. 예약 락은 2개 이상 잡힐 수 없으므로, 다른 즉시 방식 트랜잭션을 시작할 수는 없다. 그래도 다른 프로세스나 스레드에서 읽기를 할 수는 있다.

exclusive

트랜잭션을 시작할 때부터 배타 락이 잡힌다. 따라서 트랜잭션의 시작부터 끝까

---

4 http://sqlite.org/lang_transaction.html을 참고하자.

지 다른 프로세스나 스레드에서 DB 작업을 전혀 할 수 없다.

이 설명대로라면 가능하면 배타보다 즉시 방식을, 즉시보다는 지연 방식을 쓰고 싶을 것이다. 하지만 안드로이드에서 지원하는 것은 배타와 즉시 방식 2가지뿐이다. 게다가 즉시 방식은 허니콤부터 지원하기 시작했다. SQLite 사이트에서 설명을 보면 지연 방식이 디폴트이고 이 기준으로 쓰여 있는 문서들이 있어서 혼동되는 경우가 있다. 주의해서 보도록 하자.

코드에서 트랜잭션 사용 방법

SQLiteDatabase에서 트랜잭션을 쓰는 패턴은 아래와 같다. 기본적으로 트랜잭션을 배타 방식으로 시작한다.

```
db.beginTransaction();
try {
    ...
    db.setTransactionSuccessful();
} catch (Exception e) {
    ...
} finally {
    db.endTransaction();
}
```

허니콤부터 beginTransaction() 외에 beginTransactionNonExclusive() 메서드도 사용 가능하며, 즉시 방식으로 트랜잭션을 시작한다. 결과적으로 트랜잭션에서 DB 락 문제를 조금이라도 회피하기 위해서 쓸 수 있는 방법은 아래와 같이 단말 버전에 따라 다른 메서드를 호출하는 것이다.

```
if (Build.VERSION.SDK_INT >= Build.VERSION_CODES.HONEYCOMB) {
    db.beginTransactionNonExclusive();
} else {
    db.beginTransaction();
}
try {
    ...
    db.setTransactionSuccessful();
} catch (Exception e) {
    ...
} finally {
    db.endTransaction();
}
```

DB 락 문제 테스트의 어려움

사용자 단말에서 DB 락 문제가 발생할 경우 DB 락을 재현하는 것이 쉽지 않다. 여러 단말을 가지고 다양하게 테스트해 봐도 재현이 잘 되지 않는다. 이 때문에 해결하기 어려운 것으로 생각하기 쉽다. 파일 IO 성능이 좋지 않던 초기 안드로이드 단말에서는 DB 락 문제가 쉽게 드러났지만, 최신 단말에서는 눈에 금방 띄지 않을 수도 있다.[5] 당장 보이지 않는다고 해서 사용자 단말에서도 문제가 없다고 생각하지 말자. QA 테스트에서는 나타나지 않던 DB 락 문제가 배포 후에 사용자 단말에서 다량으로 나타난 경우도 있었다.

뒤에도 나오지만 결론을 먼저 얘기하자. DB 락 문제는 테스트를 통해 케이스별로 해결할 수 있는 것이 아니다. DB 락 문제가 발생하지 않으려면 원인을 알고 원칙으로 접근해야만 한다.

락/트랜잭션 샘플 테스트로 DB 락 문제 확인

락/트랜잭션 관련해서 테스트 샘플 코드는 GitHub(*https://github.com/touchlab/Android-Database-Locking-Collisions-Example*)에서 찾을 수 있다.

이 샘플에서는 catch 문에서 예외를 잡기 때문에 DB 락으로 인한 크래시가 발생하지 않는다. 테스트에서 입력된 데이터 개수가 정해진 숫자보다 적으면 그만큼 DB 락 문제가 생긴 것이다. 샘플을 테스트한 결과를 얘기해보자.

1. 여러 스레드에서 1개의 SQLiteDatabase 인스턴스만 가지고 쓰기를 한다. 이때는 DB 락이 발생하지 않는다.

2. 여러 스레드에서 각각 SQLiteDatabase 인스턴스를 가지고 쓰기를 한다. 이때는 DB 락이 발생한다. 여러 번 해봐도 문제가 잘 발생하지 않는다면 소스를 변경해서 스레드 개수를 늘려보자. 스레드를 늘리다 보면 반드시 DB 락이 발생한다. 위 1번에서 스레드 개수를 늘려보면 어떨까? 계속 늘려가도 DB 락은 발생하지 않고 결국 메모리 한계까지 스레드를 생성하게 돼 메모리 문제로 크래시가 발생한다.

3. 1개의 스레드에서 1개의 SQLiteDatabase 인스턴스를 가지고 계속 쓰기를 하고, 여러 스레드에서 각각 SQLiteDatabase 인스턴스를 가지고서 읽기만 한다면 DB 락이 발생한다.

4. 여러 스레드에서 각각 SQLiteDatabase 인스턴스를 가지고서 읽기만 하면 DB 락이 발생하지 않는다.

5. 1개의 SQLiteDatabase 인스턴스를 가지고 쓰기 트랜잭션과 읽기를 동시에 실행하면 DB 락이 발생하지 않는다.

---

[5] 버전이 높다고 상황이 항상 나은 것은 아니다. 4.0.4 버전의 특정 단말에서 DB 락 때문에 크래시가 많이 발생한 적도 있다.

6. SQLiteDatabase에 많은 데이터를 쓸 때 트랜잭션으로 감싼 경우와 그렇지 않은 경우를 비교한다. 트랜잭션을 쓰는 경우에 시간이 크게 줄어드는 것을 볼 수 있다.

1~5번의 테스트에서 중요한 것은 SQLiteDatabase 인스턴스를 1개만 가지고 여러 스레드에서 DB 명령을 실행해도 DB 락이 발생하지 않는다는 점이다. 이것은 SQLite의 기본 스레딩 모드(default threading mode)[6]가 직렬(serialized)이기 때문이다. 즉 명령어들은 순차적으로 실행되는 것이다.

결국 DB 락 문제 해결은 단순해진다. 케이스별로 확인하는 것이 아니라 SQLiteDatabase 1개의 인스턴스를 유지하기만 하면 된다.

읽기 전용 DB 고려

여러 스레드에서 DB 명령을 실행할 때 SQLiteDatabase 인스턴스를 1개만 사용하는 방식은 인스턴스를 여러 개 사용하는 것에 비해 속도 면에서 좋지 않다. DB 락 문제 때문에 인스턴스를 반드시 1개만 유지해야 할까?

여러 스레드에서 읽기만 한다면 여러 인스턴스를 사용해도 된다는 것을 앞에서 보았다. 이를 응용해보자. 예를 들어 캘린더 앱에서 공휴일 데이터 같은 것은 한번 일괄적으로 쓰고서 다시 변경할 일이 없다. 이때 공휴일 데이터는 읽기와 쓰기가 필요한 다른 데이터와 동일한 DB에 두지 말고, 별도의 읽기 전용 DB에 두는 것이 좋다. 여러 스레드에서 읽기 전용 DB에 접근할 때 각각 별도의 SQLiteDatabase 인스턴스를 가지고 읽기 명령을 실행해도 DB 락 문제없이 동시 실행이 가능하다.

7.1.3 SQLiteOpenHelper 클래스

SQLiteDatabase는 SQLite에 접근하는 클래스로, SQL 명령어를 실행하고 DB를 관리하는 메서드를 가지고 있다. SQLite를 사용하기 위해서는 꼭 거쳐야 하는 클래스이지만 실제 앱에서 SQLiteDatabase를 직접 생성하고 접근해서 사용하는 경우는 드물다.[7] 바로 헬퍼 클래스인 SQLiteOpenHelper를 상속해서 사용하는데, SQLite에 접근할 때 SQLiteOpenHelper에서 DB 생성이나 DB 버전 관리를 알아서 해준다.

---

6 스레딩 모드와 관련한 내용은 *http://www.sqlite.org/threadsafe.html*을 참고하자.
7 /data/data/[패키지명]/databases가 아닌 다른 위치에 DB를 생성하거나 다른 앱(물론 앱의 공간이 아닌 퍼블릭 공간)의 DB를 읽고자 할 때는 SQLiteDatabase를 직접 사용해야 한다.

일반적으로 앱은 업데이트됨에 따라, DB에 테이블이 추가되거나 칼럼이 변경되고 앱에 필요한 기본 데이터가 추가되기도 한다. 그래서 버전 관리는 필수적인데, SQLiteDatabase를 직접 사용하지 말고 반드시 SQLiteOpenHelper를 사용하도록 하자. SQLiteOpenHelper는 추상 클래스이면서 일종의 템플릿 메서드(template method) 패턴을 만들어 놓은 것으로, 이 클래스를 상속해서 onCreate()와 onUpgrade() 메서드를 구현하면 된다.[8] 아래는 ApiDemos에 있는 DatabaseHelper 샘플이다.

코드 7-1 SQLiteOpenHelper를 상속한 DB 헬퍼

```
public class DatabaseHelper extends SQLiteOpenHelper {

    private static final String DATABASE_NAME = "loader_throttle.db";
    private static final int DATABASE_VERSION = 2;

    DatabaseHelper(Context context) {
        super(context, DATABASE_NAME, null, DATABASE_VERSION); // ❶
    }

    @Override
    public void onCreate(SQLiteDatabase db) {
        db.execSQL("CREATE TABLE " + MainTable.TABLE_NAME + " ("
            + MainTable._ID + " INTEGER PRIMARY KEY,"
            + MainTable.COLUMN_NAME_DATA + " TEXT" + ");");
        ...
    }

    @Override
    public void onUpgrade(SQLiteDatabase db, int oldVersion, int newVersion) {
        for (int i = oldVersion + 1; i <= newVersion; i++) { // ❷
            processUpgrade(db, i);
        }
    }

}
```

여기서 살펴볼 게 몇 가지 있다.

DB마다 별도의 DB 헬퍼가 필요

❶ 생성자에 전달된 DATABASE_NAME 값이 DB 파일명이다. DB를 여러 개 쓴다면 DB 헬퍼도 여러 개 필요할까? 그렇다. 하나의 앱이라도 DB가 여러 개 필요할 수 있는데, 기본적으로 DB 하나당 DB 헬퍼가 1개 필요하다. 가능하면 DB를 하나로 사용하는 것이 좋지만, 상황에 따라 어쩔 수 없는 경우가 있다. DB 락 문제

---

8   허니콤에서 onDowngrade() 메서드도 포함되었지만 이것은 추상 메서드가 아니므로 구현하지 않아도 된다.

를 효과적으로 대응하기 위해서 DB를 분리하기도 한다(읽기 전용 데이터를 위한 DB, 읽기+쓰기용 DB).

테이블과 데이터 구조가 동일한 여러 DB가 있다면 그때도 별도 DB 헬퍼가 필요할까? 예를 들어 로그인 기반의 앱이라면, 공통으로 사용하는 데이터를 위한 공통 DB가 있고 각 사용자별 DB가 있을 수 있다. 각 사용자별 DB는 당연히 테이블 구조가 동일하다. 이때는 DB 파일명을 상수로 만들지 않고 동적으로 전달하면 된다.

```
DatabaseHelper(Context context) {
    super(context, getAuth().getLoginId() + ".db", null, DATABASE_VERSION);
}
```

Cursor 구현체는 주로 SQLiteCursor 사용

코드 7-1의 ❶에서 세 번째 파라미터에는 쿼리 결과로 Cursor 구현체인 SQLiteCursor를 쓴다면 null을 넣으면 된다. 대부분 SQLiteCursor를 쓰므로 보통 null이 들어간다. Cursor 구현을 생성하는 팩토리인 SQLiteDatabase.CursorFactory를 새로 만들어서 파라미터에 전달할 수 있지만 필요한 경우는 사실상 없다.

DB 생성 시점

DB는 어느 시점에 생성될까? SQLiteOpenHelper 생성자에서 한다고 생각할 수 있지만 그렇지 않다. 실제로 DB 열기/생성(openOrCreate) 시점은 SQLiteOpenHelper의 getReadableDatabase()나 getWritableDatabase() 메서드를 호출할 때다. 더 정확하게 이야기하자면 이렇다. SQLiteOpenHelper에는 SQLiteDatabase 인스턴스를 1개 가지고 있는데 이 인스턴스가 앞에 이미 생성되었으면 그것을 사용한다. 인스턴스가 생성된 게 없을 경우에는 인스턴스를 새로 생성하고서 onCreate()나 onUpgrade() 메서드를 실행한다.

DB 버전 업그레이드

DB 테이블 변경 시에는 DatabaseHelper 생성자에 새로운 버전을 전달하고, SQLiteOpenHelper의 onUpgrade() 메서드에 변경 내용을 적용하면 된다. 이때 표준 패턴은 코드 7-1의 ❷와 같이 for 문을 사용해서 oldVersion과 newVersion 범위 사이에 DB 버전에 했던 작업들을 처리하는 것이다.

onCreate()와 onUpgrade() 메서드는 둘 중의 하나만 실행

onCreate() 메서드에서는 최신 DB 스키마와 데이터를 반영해야 한다. onCreate()

메서드는 앱이 처음 DB를 생성할 때 호출된다. DB 버전이 1에서 4까지 하나씩 올라가면서 스키마와 데이터가 변경되었다고 하자. DB 버전이 1일 때 앱이 DB를 생성한다면 onCreate() 메서드가 호출되고, 중간에 앱을 업데이트하지 않다가 최신 버전으로 업데이트했다면 onUpgrade() 메서드가 호출된다. 그럼 버전이 4일 때 처음 앱을 설치한다면 어떨까? 그러면 onCreate() 메서드만 호출되고 onUpgrade() 메서드는 호출되지 않는다. 개발하다 보면 onCreate()와 onUpgrade()가 순차적으로 호출된다고 착각하곤 해서 언급하였다. onCreate()와 onUpgrade()는 둘 중에 하나만 호출된다. 따라서 최신 DB 스키마와 데이터를 반영할 수 있도록 버전이 올라갈 때마다 onCreate() 메서드를 수정해야 한다.

DB 스키마 변경 시 반드시 DB 버전 업그레이드

DB 스키마가 변경될 때는 반드시 DB 버전 업그레이드가 필요하다. 가끔 이 원칙이 지켜지지 않을 때가 있다. 예를 들어, 테이블 설계에 오류가 있는 DB 버전이 배포되었다고 하자. 마음 같아서는 테이블 변경 명령을 다시 작성해서 DB 버전을 동일하게 하면 코드가 깔끔해질 것 같다. 그런데 이렇게 하면 기존에 오류가 있는 DB 버전을 사용하고 있던 단말에서는 문제가 발생한다. 버전 값이 변경된 것은 없기 때문에 onUpgrade()는 실행되지 않고 업데이트된 테이블을 사용할 수 없다. 따라서 정상적인 방법으로 DB 버전을 올리고서 onUpgrade()에서 테이블 구조를 변경해야 한다.

onCreate()와 onUpgrade() 메서드는 트랜잭션으로 이미 감싸져 있음

onCreate()와 onUpgrade() 메서드에서는 테이블을 생성/수정하는 것뿐만 아니라 많은 양의 기본 데이터를 추가하거나 업데이트하는 작업도 필요하다. 이때 데이터 추가는 건당으로는 시간이 얼마 안 걸리지만 데이터 개수가 천 건, 만 건이 된다면 속도가 크게 떨어질 것이다. 그래서 속도를 높이기 위해 트랜잭션을 써야 할 것 같다. 그런데 SQLiteOpenHelper에는 이미 onCreate()와 onUpgrade() 메서드를 1개의 트랜잭션으로 감쌌기 때문에 또다시 트랜잭션을 고려할 필요가 없다. SQLiteOpenHelper에서 템플릿 메서드 패턴을 적용한 게 의미 있는 부분이다.

메모리 DB

❶에서 DATABASE_NAME 값 대신 null을 넣으면 파일 DB가 아닌 메모리 DB가 만들어진다. 파일 DB도 속도가 느리진 않지만 메모리 DB는 훨씬 빠르다. 메모리 DB는 프로세스가 종료되거나 DB가 닫히면 사라져버리는 휘발성 DB이므로 일

종의 캐시 용도로 사용하는 것이 좋다. 코드상에서 캐시 자료구조를 만들어도 되는데, 굳이 메모리 DB를 쓰는 이유는 무엇일까? 바로 그 안에서 쿼리를 실행할 수 있기 때문이다. 예를 들어, 여러 칼럼이 있고 각 칼럼별로 정렬을 바꾸어 주는 기능이 있다면, 정렬할 때마다 파일 IO를 하는 것보다는 메모리 DB에 담아놓고서 쿼리로 정렬하는 게 훨씬 빠르다. 파일 DB에서 원시(raw) 데이터를 가져오고 조합해서 생성한 결과 목록을 메모리 DB에 저장해서 사용하는 방법도 고려해 볼 수 있다.

당연한 얘기지만 메모리 DB에서는 DB 버전 업그레이드가 의미가 없으므로 version은 신경 쓸 필요가 없다. 1로 놓고 다시는 변경하지 말자.

DB 헬퍼는 싱글톤으로 유지

DB 헬퍼는 앱 전체에 걸쳐 단일 인스턴스를 가지고 있어야 DB 락 문제에서 자유롭다. 그래서 일반적으로 아래와 같이 싱글톤 패턴을 만들어서 사용한다. 싱글톤 패턴에 대해서는 11장에서 다시 설명하기로 한다.

코드 7-2 싱글톤으로 접근하는 DB 헬퍼

```
public class DatabaseHelper extends SQLiteOpenHelper  {
    private static DatabaseHelper instance;

    public static synchronized DatabaseHelper getInstance(Context context) {
        if (instance == null) {
            instance = new DatabaseHelper(context.getApplicationContext()); // ❶
        }
        return instance;
    }

    private DatabaseHelper(Context context) {
        ...
    }
}
```

여러 곳에서 동시에 DatabaseHelper.getInstance()를 호출하는 상황이 빈번하지는 않을 듯하여 여기서 굳이 DCL(double-checked locking)을 적용하지는 않았다. ❶에서 context가 아닌 context.getApplicationContext()를 전달한 것을 주목하자. 사용하는 쪽에서는 getInstance()로 가져와서 사용한다.

```
DatabaseHelper dbHelper = DatabaseHelper.getInstance(context);
```

close() 메서드는 거의 사용하지 않음

close() 메서드는 호출할 필요가 거의 없다. SQLiteOpenHelper의 close() 메서

드는 SQLiteDatabase 인스턴스의 close()를 호출하고, SQLiteDatabase 인스턴스를 null로 만든다. SQLiteDatabase를 닫지 않고 인스턴스를 계속 사용해도 문제가 없다.

close() 메서드를 사용하지 않는 또 다른 이유는 close() 실행 시점 때문에 문제가 발생할 수 있기 때문이다. A 스레드에서 getWritableDatabase() 이후에 쿼리를 실행한다고 하자. B 스레드에서는 뭔가 작업을 하고 close()를 실행한다. 시점에 따라서 A 스레드에서 getWritableDatabase() 이후에 B 스레드에서 close()가 실행되고, 이것을 가지고 A 스레드에서 쿼리를 실행한다면 NullPointerException이 발생한다.

onConfigure()와 onOpen() 메서드로 DB 기능 변경

DB 기능을 변경할 수 있는 메서드에는 onConfigure(SQLiteDatabase db) 메서드와 onOpen(SQLiteDatabase db) 메서드가 있다. onConfigure() 메서드는 SQLiteDatabase 생성/열기 이후, onCreate()와 onUpgrade() 메서드 전에 실행되는 것으로 WAL(write-ahead logging)이나 외래 키(foreign key) 지원 같은 기능을 활성화할 수 있다. onOpen() 메서드는 onCreate()와 onUpgrade() 이후에 DB 연결 설정을 변경할 때 사용한다.

7.2 콘텐트 프로바이더

콘텐트 프로바이더는 여러 앱 간에 데이터를 공유할 필요가 있을 때 사용한다. 데이터 소스가 굳이 DB일 필요는 없다. 파일이든 네트워크를 통해서 가져오는 값이든 상관없이 모두 콘텐트 프로바이더의 데이터 소스가 될 수 있다. 다만 API가 DB를 데이터 소스로 사용하는 것에 더 맞게 디자인되어 있다.

ContentProvider에 접근하는 것은 ContentResolver를 통해서만 가능하다. 그리고 ContentResolver는 Context의 getContentResolver() 메서드로 구할 수 있다. ContentResolver는 일종의 프락시인데, 해당하는 Uri의 ContentProvider를 찾는 역할을 한다. ContentResolver는 추상 클래스이고 실제 구현체는 ContextImpl의 내부 클래스인 ApplicationContentResolver이다. 이 절에서는 콘텐트 프로바이더를 적용할 때 생기는 이슈 위주로 살펴보자.

7.2.1 로컬 프로세스에서 콘텐트 프로바이더 적용 기준

개발자 가이드에서는 로컬 프로세스에서만 데이터가 쓰인다면 콘텐트 프로바이더를 사용하지 말 것을 권장한다. 이를 기본 원칙으로 삼으면 되는데, 그럼에도 실제로 쓸 때는 고민이 되는 경우가 많다. 로컬 프로세스에서 콘텐트 프로바이더를 썼을 때 장단점을 살펴보고서 결론을 알아보자.

로컬 프로세스에서 콘텐트 프로바이더를 사용하는 장점

장점을 나열해보면 아래와 같다. 이 때문에 어떤 문서에서는 가능하면 DB 관련 코드는 콘텐트 프로바이더를 쓰라고 하기도 한다.

- ContentProvider의 메서드 시그너처를 따라야 하므로 여러 DB를 사용하더라도 API의 일관성을 유지할 수 있다. 이런 일관성은 다른 프로젝트에 적응할 때도 장점이 될 수 있다.
- CursorLoader, AsyncQueryHandler와 같은 클래스들이 콘텐트 프로바이더의 Uri가 전달되어야만 동작한다.
- 1개의 앱에서도 프로세스가 분리될 수 있다. 예를 들어, 서비스에서 메모리 사용이 많아서 서비스를 프로세스로 분리하고 각 프로세스에서 DB 헬퍼를 사용한다고 하자. 각 프로세스에서 DB 헬퍼를 싱글톤으로 만들어도 프로세스마다 1개씩 있기 때문에 DB 락 문제가 언제든 발생할 수 있다. 이때 앱 프로세스에 콘텐트 프로바이더를 두고, 서비스 프로세스에서 ContentResolver를 통해서 콘텐트 프로바이더에 접근하면 유일한 DB 헬퍼를 유지할 수 있다.

로컬 프로세스에서 콘텐트 프로바이더를 사용하는 단점

단점을 나열해보면 아래와 같다.

- DB에 직접 접근하는 것에 비해서 코드가 복잡하다.
- 프락시인 ContentResolver를 거쳐야 하기 때문에 직접 DB를 접근하는 것에 비해서 속도가 느리다.
- groupBy, having, limit 같은 파라미터를 ContentResolver의 메서드에 전달할 수 없다. 필요한 경우 Uri나 쿼리 파라미터에 억지로 끼워넣어서 전달해야 한다.
- ContentResolver를 통하므로 별도의 공개 메서드를 만들어도 접근할 수 없다.

결론

로컬 프로세스에서 콘텐트 프로바이더는 꼭 필요할 때만 쓰기로 하자. DB에 직접 접근하는 코드에서도 메서드 시그너처를 ContentProvider와 유사하게 만들면, 이후에 수월하게 변경할 수 있다. 프로세스가 분리되거나 다른 앱에서 DB에 접근해야 한다면, 필요한 부분만 콘텐트 프로바이더를 제공해서 'DB 접근(내부용) + 콘텐트 프로바이더(외부용)'로 구성하는 것도 가능한 방법이다.

7.2.2 콘텐트 프로바이더 예제

아래 코드는 안드로이드 샘플 프로젝트인 NotePad에서 콘텐트 프로바이더를 만든 것이다. 콘텐트 프로바이더는 다른 컴포넌트와는 달리 만드는 방법이 정형화되어 있다. ContentResolver를 통해서만 접근하기 때문에 별도의 공개 메서드는 의미가 없다.

코드 7-3 콘텐트 프로바이더 예

```java
public class NotePadProvider extends ContentProvider {
    private static final String TAG = "NotePadProvider";

    private static final String DATABASE_NAME = "note_pad.db";
    private static final int DATABASE_VERSION = 2;

    private static final UriMatcher sUriMatcher;

    private DatabaseHelper mOpenHelper;

    static {
        sUriMatcher = new UriMatcher(UriMatcher.NO_MATCH);
        sUriMatcher.addURI(NotePad.AUTHORITY, "notes", NOTES);
        sUriMatcher.addURI(NotePad.AUTHORITY, "notes/#", NOTE_ID);
        ...
    }

    static class DatabaseHelper extends SQLiteOpenHelper {

        DatabaseHelper(Context context) {
            super(context, DATABASE_NAME, null, DATABASE_VERSION);
        }

        @Override
        public void onCreate(SQLiteDatabase db) {
            db.execSQL("CREATE TABLE " + NotePad.Notes.TABLE_NAME + " ("
                + NotePad.Notes._ID + " INTEGER PRIMARY KEY,"
                + NotePad.Notes.COLUMN_NAME_TITLE + " TEXT,"
                + NotePad.Notes.COLUMN_NAME_NOTE + " TEXT,"
                + NotePad.Notes.COLUMN_NAME_CREATE_DATE + " INTEGER,"
                + NotePad.Notes.COLUMN_NAME_MODIFICATION_DATE + " INTEGER"
```

```
            + ");");
    }

    @Override
    public void onUpgrade(SQLiteDatabase db, int oldVersion, int newVersion) {
        ...
    }

}

@Override
public boolean onCreate() {
    mOpenHelper = new DatabaseHelper(getContext()); // ❶
    return true;
}

@Override
public Cursor query(Uri uri, String[] projection, String selection,
        String[] selectionArgs, String sortOrder) {
    ...
    SQLiteDatabase db = mOpenHelper.getReadableDatabase();
    Cursor c = qb.query(db,
        projection,
        selection,
        selectionArgs,
        null,
        null,
        orderBy
    );

    c.setNotificationUri(getContext().getContentResolver(), uri);
    return c;
}

@Override
public String getType(Uri uri) {
    switch (sUriMatcher.match(uri)) {
        case NOTES:
            return NotePad.Notes.CONTENT_TYPE;
        case NOTE_ID:
            return NotePad.Notes.CONTENT_ITEM_TYPE;
        default:
            throw new IllegalArgumentException("Unknown URI " + uri);
    }
}

@Override
public Uri insert(Uri uri, ContentValues initialValues) {
    ...
    SQLiteDatabase db = mOpenHelper.getWritableDatabase();
    long rowId = db.insert(NotePad.Notes.TABLE_NAME,
        NotePad.Notes.COLUMN_NAME_NOTE,
        values);

    if (rowId > 0) {
```

```
                    Uri noteUri = ContentUris.withAppendedId(
                        NotePad.Notes.CONTENT_ID_URI_BASE, rowId);
                    getContext().getContentResolver().notifyChange(noteUri, null); // ❷
                    return noteUri;
                }
                throw new SQLException("Failed to insert row into " + uri);
        }

        @Override
        public int delete(Uri uri, String where, String[] whereArgs) {
            SQLiteDatabase db = mOpenHelper.getWritableDatabase();
            ...
            count = db.delete(NotePad.Notes.TABLE_NAME,
                finalWhere,
                whereArgs
                );

            ...
            getContext().getContentResolver().notifyChange(uri, null); // ❸
            return count;
        }

        @Override
        public int update(Uri uri, ContentValues values, String where,
                String[] whereArgs) {
            SQLiteDatabase db = mOpenHelper.getWritableDatabase();
            ...
            count = db.update(NotePad.Notes.TABLE_NAME,
                values,
                where,
                whereArgs);
            ...
            getContext().getContentResolver().notifyChange(uri, null); // ❹
            return count;
        }

    }
```

콘텐트 프로바이더에서 DB 락 문제를 방지하는가?

콘텐트 프로바이더를 사용하면 멀티 스레드 환경에서 DB 락 문제가 생기지 않고 잘 동작하기 때문에, 콘텐트 프로바이더에서 DB 락을 제어한다고 오해하는 경우가 있다. DB 락이 발생하지 않는 이유는 콘텐트 프로바이더를 썼기 때문이 아니라 콘텐트 프로바이더를 만드는 일반적인 패턴 때문이다. ❶에서 보면 onCreate() 메서드에서 DatabaseHelper를 하나 생성해놓고 이것을 사용하고 있다. onCreate()는 처음 ContentProvider를 사용할 때 단 한 번만 실행된다. ContentProvider는 단말에서 오직 하나만 존재하기 때문에 DatabaseHelper도 하나뿐이다. 따라서 내부적으로 명령어가 직렬화(serialized)되면서 DB 락 문제가 없는 것이다.

ContentProvider의 onCreate() 실행 시점

ContentProvider의 onCreate() 메서드는 Application의 onCreate() 메서드 이전에 실행된다.[9] 따라서 Application의 onCreate() 메서드가 먼저 실행된다고 가정하면 안 된다. 복잡한 앱에서는 Application의 onCreate() 메서드에서 앱 전체적으로 사용하는 인스턴스를 미리 생성하는 역할을 하기도 한다. Application에서 생성한 인스턴스를 ContentProvider의 onCreate()에서도 쓰고 싶겠지만 순서가 맞지 않다.

스레드 안전 필요

ContentProvider의 onCreate()는 메인 스레드에서 실행하고 다른 메서드는 일반적으로 별도 스레드에서 실행하므로(로컬에서도 ContentProvider는 백그라운드 스레드에서 호출하도록 권장되고, 외부 프로세스에서의 접근은 바인더 스레드를 거쳐 실행), ContentProvider의 메서드 간에는 스레드 안정성에 주의해야 한다. 멤버 변수를 함부로 쓰면 안 된다는 얘기이다.

notifyChange() 메서드

❷, ❸, ❹에서 DB 명령 실행 후에 getContext().getContentResolver().notifyChange(uri, null)을 호출한다. ContentResolver에는 registerContentObserver() 메서드가 있어서 데이터가 변경되면 알 수 있게 ContentObserver를 등록할 수 있다. notifyChange() 메서드는 등록된 ContentObserver에 알리는 것이다. ContentObserver에는 변경된 데이터가 어떤 데이터인지는 알리지 않고 변경되었다는 것만 알린다. ContentObserver에서는 데이터 변경 콜백을 받으면 다시 조회하는 로직을 주로 사용한다. 다시 조회할 때는 또다시 쿼리 명령을 전달할 필요가 없다. query() 메서드의 리턴 결과인 Cursor에는 requery() 메서드가 있어서 새로 조회할 수 있다. 특히 CursorAdapter에서는 내부에 ContentObserver가 등록되어 있어서 notifyChange()가 불리면 requery()가 실행된다.

7.2.3 배치 실행

ContentProvider는 여러 명령어를 한꺼번에 실행할 수 있는 applyBatch() 메서드를 제공한다. applyBatch() 메서드를 보면 속도 향상을 위해서 트랜잭션을 쓰

---

9   ActivityThread의 handleBindApplication() 메서드를 분석해 보자.

는 것으로 혼동할 수도 있지만, 실제로 하는 일은 ContentProviderOperation 목록을 한꺼번에 전송해놓고 순차 실행하는 것에 지나지 않는다.

코드 7-4 applyBatch() 메서드로 배치 실행

```
ArrayList<ContentProviderOperation> operations
    = new ArrayList<ContentProviderOperation>();
operations.add(ContentProviderOperation.newInsert(NotePad.CONTENT_URI) // ❶
    .withValue(NotePad.Notes.COLUMN_NAME_TITLE, "Lunch")
    .withValue(NotePad.Notes.COLUMN_NAME_NOTE, "Kimchi")
    .withValue(NotePad.COLUMN_NAME_CREATE_DATE,
        Long.valueOf(System.currentTimeMillis()))
    .build());
operations.add(ContentProviderOperation.newUpdate(NotePad.CONTENT_URI) // ❷
    .withSelection(NotePad.Notes._ID + "=?", new String[] {3})
    .withValue(NotePad.Notes.COLUMN_NAME_TITLE, "Lunch2")
    .withValue(NotePad.Notes.COLUMN_NAME_NOTE, "Kimchi2")
    .withValue(NotePad.Notes.COLUMN_NAME_MODIFICATION_DATE,
        Long.valueOf(System.currentTimeMillis()))
    .build());
operations.add(ContentProviderOperation.newDelete(Memos.CONTENT_URI) // ❸
    .withSelection(NotePad.Notes._ID + "=?", new String[] {5})
    .build());

mContext.getContentResolver().applyBatch(NotePad.AUTHORITY, operations); // ❹
```

❶, ❷, ❸에서 ContentProviderOperation(Insert/Update/Delete용)을 ArrayList에 추가한다. newInsert/newUpdate/newDelete 같은 메서드는 빌더(builder) 패턴을 사용해서 ContentProviderOperation 인스턴스를 만들어 낸다.

❹ applyBatch() 메서드를 통해 ArrayList에 쌓아둔 작업들을 한꺼번에 보낸다.

콘텐트 프로바이더가 다른 프로세스에서 실행된다면 바인더를 거쳐야 하기 때문에 하나씩 명령어를 주고받는 것보다 applyBatch() 메서드를 써서 한꺼번에 보내는 게 실행 속도 면에서 훨씬 낫다. 하지만 트랜잭션을 쓰는 것처럼 속도 향상이 큰 것은 아니다. 트랜잭션을 써서 속도를 향상시키고 싶다면, ContentProvider에서 applyBatch() 메서드를 오버라이드하는 방법을 쓸 수 있다.

```
@Override
public ContentProviderResult[] applyBatch(
        ArrayList<ContentProviderOperation> operations) {
    SQLiteDatabase db = mOpenHelper.getWritableDatabase();
    db.beginTransaction();
    try {
        ContentProviderResult[] result = super.applyBatch(operations);
```

```
            db.setTransactionSuccessful();
            return result;
        } finally {                                            ❶
            db.endTransaction();
        }
    }
```

❶ 트랜잭션으로 감싸는 코드를 applyBatch() 메서드에 적용하였다.

7.3 SQLite/ContentProvider 관련 팁

7.3.1 쿼리 실행 확인

일반적으로 쿼리 속도를 체크하기 위해서 코드상에 쿼리 실행 전후 시간 차이를 로그로 남겨서 확인한다. 이 방식도 개발 중에 쿼리 속도를 확인할 때는 유용하지만, 개발이 완료되면 불필요한 로깅 코드로 남게 된다. 여기서는 로깅을 통하지 않고 단순하게 실행 속도를 체크하는 방법을 보자.

dumpsys dbinfo를 이용해서 속도 확인

adb shell에서 dumpsys dbinfo를 하면 DB별로 최근 쿼리 실행 속도와 바인드된 파라미터(bindArgs)를 확인할 수 있다(단말에서는 보안상 bindArgs가 잘 나오지 않는다). 가장 최근 것부터 나오므로 밑에서부터 시간순으로 보면 된다. 쿼리를 'prepare'하고 'execute'하는 것을 확인할 수 있다. 'took 5ms'와 같이 쿼리 실행 시간도 볼 수 있다.

```
** Database info for pid 1008 [system] **

Connection pool for /data/data/com.android.providers.settings/databases/
settings.db:
  Open: true
  Max connections: 4
  Available primary connection:
    Connection #0:
      isPrimaryConnection: true
      onlyAllowReadOnlyOperations: false
      Most recently executed operations:
        0: [2014-09-30 10:40:04.548] executeForLastInsertedRowId took 5ms
        - succeeded, sql="INSERT INTO system(value,name) VALUES (?,?)",
        bindArgs=["1", "volume_ring_last_audible_speaker"]
          1: [2014-09-30 10:40:04.548] prepare took 0ms - succeeded,
          sql="INSERT INTO system(value,name) VALUES (?,?)"
    ...
  Available non-primary connections:
    Connection #1:
      isPrimaryConnection: false
```

```
        onlyAllowReadOnlyOperations: true
        Most recently executed operations:
          0: [2014-09-30 11:32:32.135] executeForCursorWindow took 0ms
          - succeeded, sql="SELECT _id, name, value FROM secure"
          1: [2014-09-30 11:32:32.135] prepare took 0ms - succeeded,
          sql="SELECT _id, name, value FROM secure"
      ...
    Acquired connections:
      <none>
    Connection waiters:
      <none>
```

dumpsys dbinfo 명령어도 모든 앱의 DB 히스토리를 전부 출력하기 때문에 내용이 많다. dbinfo에 쓸 수 있는 옵션에는 pid가 있다. 만일 com.suribada.myhome 패키지의 DB 쿼리 내용을 알고 싶다면 ps | grep com.suribada.myhome으로 pid를 알아낸 다음에 dumpsys dbinfo 1004와 같이 실행한다.

실행 순서 확인

dumpsys dbinfo 명령어는 쿼리 실행 속도를 확인하는 것뿐 아니라 쿼리가 원하는 시점에 실행되는지 확인하는 데에도 쓰일 수 있다. DB 락 문제를 해결하기 위해서 SQLiteDatabase를 단일 인스턴스로 사용한다면, 여러 스레드에서 쿼리가 실행되더라도 결국 하나씩만 실행된다. 여러 스레드 간에서는 어느 스레드가 먼저 실행될지 알 수 없기 때문에, 각각 쿼리를 실행하면 쿼리 실행 순서는 예측할 수 없다. 요구사항에 의해 먼저 실행되어야 하는 쿼리가 있는데 가끔 늦어지는 경우가 생긴다면 dumpsys dbinfo로 실행 순서를 확인할 필요가 있다.

예를 들어보자. 화면이 처음 보여질 때에 데이터를 조회하고 백그라운드에서 서버와 데이터 동기화를 실행한다. 동기화 중에는 트랜잭션 구간이 있는데 동기화할 데이터가 많고 이런 트랜잭션이 먼저 실행된다면, 조회 쿼리는 그 이후로 미뤄지고 만다. 만일 캘린더 앱에서 일정 동기화를 한다고 기존 일정을 재빨리 보여주지 못한다면 사용자 입장에서는 앱의 문제로 볼 수도 있다. 동기화할 데이터가 많은 상태까지 테스트하지 못해서, 이런 케이스는 개발 중에는 잘 모를 수도 있다. 관련해서 샘플을 만들어보자.

코드 7-5 실행 순서 문제 케이스

```java
private DictionaryOpenHelper dbHelper;

@Override
protected void onCreate(Bundle savedInstanceState) {
    super.onCreate(savedInstanceState);
```

```
    ...
    dbHelper = DictionaryOpenHelper.getInstance(this); // ❶
}

public void onClickButton1(View view) {
    new Thread(new Runnable() {

        @Override
        public void run() {
            Log.d(TAG, "Thread1 start");
            SQLiteDatabase db = dbHelper.getReadableDatabase();
            Cursor cursor = db.query(WordTable.TABLE_NAME,            ❷
                null, null, null, null, null, WordTable.COLUMN_KEYWORD); // ❸
            Log.d(TAG, "cursor.count=" + cursor.getCount());
            cursor.close();
        }

    }).start();

    new Thread(new Runnable() {

        @Override
        public void run() {
            Log.d(TAG, "Thread2 start");
            SQLiteDatabase db = dbHelper.getWritableDatabase();
            Random random = new Random();
            db.beginTransaction(); // ❺
            try {
                for (int i = 0; i < 10; i++) {
                    int num = random.nextInt(1024);

                    ContentValues values = new ContentValues();
                    values.put(WordTable.COLUMN_KEYWORD, "apple" + num);
                    values.put(WordTable.COLUMN_DEFINITION,            ❹
                        "a round fruit " + num);
                    values.put(WordTable.COLUMN_PRONUNCIATION, "aepl " + num);
                    values.put(WordTable.COLUMN_LAST_UPDATE_TIME,
                        System.currentTimeMillis());
                    db.insert(WordTable.TABLE_NAME, null, values);
                    SystemClock.sleep(1000); // ❻
                }
                db.setTransactionSuccessful();
            } finally {
                db.endTransaction();  // ❼
            }
        }

    }).start();
}
```

❶ 여러 스레드에서 사용하는 dbHelper 변수를 생성하였다. DB 락 문제가 발생하지 않으려면 1개의 dbHelper만을 사용해야 한다.

❷, ❹에서 각각 스레드를 시작한다. ❷는 단순 조회 스레드이고, ❹는 데이터를 10개 입력하는 스레드이다. ❻에서 1초간 슬립(sleep)하기 때문에(시간이 걸리는 것을 시뮬레이션) 최소 실행 시간은 10초이다. ❺에서 트랜잭션을 시작하고 ❼에서 트랜잭션을 종료한다.

스케줄링에 의해서 첫 번째 스레드가 운 좋게 먼저 실행된다면 다행이지만, 두 번째 스레드의 beginTransaction() 메서드(❺)가, 첫 번째 스레드의 query() 메서드(❸)보다 먼저 실행된다면 어떤 일이 발생할까? 명령어는 직렬화(serialized)되기 때문에 두 번째 스레드의 ❼이 끝날 때까지 첫 번째 스레드의 ❸은 대기한다. 사용자 입장에서는 단순 조회일 뿐인데 시간이 10초 이상 걸리는 것이다.

이 상황은 앞서 얘기한 동기화를 하느라고 조회 쿼리가 늦어지는 것과 동일한 케이스이다. 일반적으로 서버와 데이터를 동기화하는 앱에서 많이 쓰이는 패턴이다. 이 패턴을 한번 얘기해보자. 무엇보다 호출 순서에 유의하자.

1. startService()를 실행하여 서비스의 백그라운드 스레드에서 서버 데이터를 가져와 DB에 반영한다. 이때 속도 향상을 위해서 트랜잭션을 사용한다. 사용자 데이터는 천차만별이기 때문에, 시간이 얼마나 걸리는지 알 수 없다.
2. 화면에서는 AsyncTask를 이용해서 기존 DB의 데이터를 먼저 조회해서 UI에 반영한다.
3. 동기화가 완료되면 DB에 다 반영되었으므로 Service에서 sendBroadcast()를 실행하고, 화면에서는 브로드캐스트 리시버에서 이벤트를 받으면 AsyncTask를 실행해서 변경된 결과를 다시 조회한다.

1번 때문에 2번이 늦어지는 상황이 이해될 것이다. 원리를 모른다면 해결할 수 없는 문제가 된다. 필자의 경우에도 이 문제를 처음 겪었을 때 원인을 미처 파악하지 못했던 기억이 있다. 그럼 이 문제는 어떻게 해결해야 할까? 2번 작업을 최초 한 번은 실행하고 난 다음에 startService()를 실행하면 된다. 단지 1번과 2번의 순서를 바꾸기만 하면 되는 것이다.

원하는 시점에 쿼리가 실행되지 않는 원인으로, 사용하는 라이브러리의 쿼리 문제 가능성도 생각할 수 있다. 문제 상황이 발생했을 때 dumpsys dbinfo를 통해 확인해보고, 라이브러리의 메서드 실행 시점을 조정하거나 라이브러리를 재검토해보자.

7.3.2 콘텐트 프로바이더 예외 확인

외부 프로세스에서 콘텐트 프로바이더에 접근할 때 콘텐트 프로바이더를 제공하는 쪽에서 문제가 발생하면, 예외 스택이 그대로 외부 프로세스에 전달되지 않는다. 아래처럼 NullPointerException이 발생하는데, 에러 발생 위치가 자세히 나오지 않는 것을 볼 수 있다.

```
Caused by: java.lang.NullPointerException
    at android.os.Parcel.readException(Parcel.java:1471)
    at android.database.DatabaseUtils.readExceptionFromParcel(DatabaseUtils.
java:185)
    at android.database.DatabaseUtils.readExceptionFromParcel(DatabaseUtils.
java:137)
    at android.content.ContentProviderProxy.query(ContentProviderNative.
java:413)
    at android.content.ContentResolver.query(ContentResolver.java:464)
    at android.content.ContentResolver.query(ContentResolver.java:407)
    ...
```

DB가 데이터 소스인 경우는 원인을 금방 확인할 수 있다. 하지만 네트워크나 파일, 또는 로직을 통해 생성한 결과 등을 데이터 소스로 사용한다면 이런 예외 케이스의 원인을 알기 위해서 에러가 나는 위치를 정확히 알 필요가 있다.

　그렇다고 콘텐트 프로바이더를 제공하는 쪽에서 크래시가 발생하는가 하면 그렇지 않다. 예외를 잡아서 바인더로 전달하는 값에 숫자 상수를 전달하고, DatabaseUtils 태그로 ERROR 레벨에 로그를 남길 뿐이다.[10] 콘텐트 프로바이더를 제공하는 앱에서는 DatabaseUtils 태그로 로그를 확인하자.

10　프레임워크 소스에서는 android.database.DatabaseUtils를 확인하자.

브로드캐스트 리시버

브로드캐스트 리시버는 옵저버(observer) 패턴을 안드로이드에서 구현한 방식이다. 어디선가 특별한 이벤트가 발생할 때 이벤트를 기다리던 쪽에서 해야 할 작업이 있다. 이를 온라인 서점에 책을 등록하는 것에 비유해보자. ❶ 안드로이드 책이 한 권 출판되어서 ❷ 출간 사실을 온라인 서점에 연락해서 알리면 ❸ 각 온라인 서점은 책에 관한 데이터를 입력한다. BroadcastReceiver 입장에서 보면 ❶은 Intent 내용, ❷는 Context에서 sendBroadcast() 메서드 호출, ❸은 BroadcastReceiver의 onReceive() 메서드에 대응된다.

옵저버 패턴에서는 일대다 관계에서 직접 호출하지 않고, 인터페이스를 통한 느슨한 결합을 통해 옵저버를 register/unregister하는 방법을 제공한다. 이 방식은 BroadcastReceiver에서도 마찬가지이다. BroadcastReceiver는 바로 옵저버이고, 이벤트는 sendBroadcast()에 전달되는 Intent이다.

 브로드캐스트는 말 그대로 방송용 이벤트이다. 방송을 청취하는 리시버가 등록되어 있다면 리시버에서 받아서 처리한다. 리시버가 없다면 브로드캐스트는 그저 공허한 방송이 된다.

Context에는 registerReceiver()와 unregisterReceiver() 메서드가 있는데, 여러 컴포넌트(액티비티, 서비스, Application)에서 사용될 수 있다. 각 컴포넌트는 실행 중인 상태에서 브로드캐스트를 받으려고 할 때 브로드캐스트 리시버를 등록한다.

8.1 브로드캐스트 리시버 구현

BroadcastReceiver에는 추상 메서드가 onReceive() 하나뿐이고 이 메서드를 구현하면 된다.

```
abstract void onReceive(Context context, Intent intent)
```

 onReceive() 이외에는 대부분이 final 메서드이고 오버라이드가 허용되지 않는다. final 메서드들은 onReceive()에서 호출하는 메서드라고 보면 된다.

BroadcastReceiver는 ContentProvider와 마찬가지로 ContextWrapper 하위 클래스가 아니다. 그렇지만 Context는 전달되므로 이것으로 startService(), startActivity() 외에 sendBroadcast()를 다시 호출할 수도 있다. 이벤트가 발생하면 이벤트에 대응해서 화면을 보여주거나 백그라운드 작업이 필요한 경우가 많기 때문에, 실제로 주로 실행하는 것은 startService()나 startActivity()이다.

브로드캐스트 발생 시 브로드캐스트 리시버를 거쳐서 서비스나 액티비티 시작

특정 이벤트가 발생할 때(예를 들어, 부팅이 완료되거나 언어 설정이 변경되는 경우) startActivity()나 startService()를 직접 실행하는 방법은 없다. sendBroadcast()를 통해서 브로드캐스트가 전달되고, 이때 화면을 띄우려면 BroadcastReceiver의 onReceive() 메서드에서 startActivity()를 실행한다. UI가 없는 내부 작업이 필요하다면 startService()를 실행한다.

  카카오톡이나 라인(Line) 같은 메신저 앱의 경우를 보자. 누군가 내게 메시지를 보내면 푸시 메시지를 BroadcastReceiver에서 받는다. 그 순간에 '띵동' 소리가 나고 화면이 켜지면서 팝업에 대화 내용이 뜨는데, 이 팝업이 바로 onReceive() 메서드에서 startActivity()를 실행한 결과이다.

  onReceive()에서 startService()와 startActivity()를 둘 다 실행하는 경우도 있다. 특정 이벤트가 발생할 때 배경 음악(화면이 닫혀도 배경 음악이 유지되어야 한다고 가정)이 깔리면서 화면이 떠야 한다면, 배경 음악이 깔리는 것은 startService()를 실행해야 하고 화면이 뜨는 것은 startActivity()를 실행해야 한다.

onReceive() 메서드는 메인 스레드에서 실행

onReceive() 메서드는 메인 스레드에서 실행되므로 시간 제한이 있다. 10초(포그라운드)/1분(백그라운드: 기본) 내에 onReceive() 메서드는 실행을 마쳐야 한다. 10초/1분이 넘으면 ANR이 발생한다. 메인 스레드에서 실행되므로 ANR 타임아웃인 1분/10초/5초도 아닌 훨씬 짧은 시간 내에 처리가 완료되어야 한다. 그렇지 않으면 UI에서 이벤트 처리가 늦어지는 원인이 될 수 있다.

단일 이벤트에 대해서 하나의 앱에 여러 브로드캐스트 리시버가 등록된 경우도 주의해야 한다. 단일 이벤트에 대해 여러 앱에 브로드캐스트 리시버가 있다면 동시에 실행되는 데 그나마 문제가 없긴 하다. 하지만 하나의 앱에서 단일 이벤트에 여러 브로드캐스트 리시버가 등록되어 있다면 여러 브로드캐스트 리시버의 onReceive() 메서드가 순차적으로 하나씩 실행된다. 이 때문에 브로드캐스트 리시버를 실행하느라 UI 동작에 문제가 생길 수 있다.

onReceive()에서 Toast 띄우기는 문제가 있음

브로드캐스트 리시버에서 Toast를 띄우면 잘 동작할까? 이런 질문을 받게 된다면 곰곰이 생각해봐야 한다. 앞에서 Toast는 비동기 동작이라고 얘기했다. 앱이 포그라운드 프로세스라면 Toast는 정상적으로 잘 동작한다. 하지만 백그라운드 프로세스이거나 앱에서 실행 중인 컴포넌트가 브로드캐스트 리시버밖에 없다면, onReceive() 메서드가 끝나자마자 프로세스 우선순위에 밀려서 프로세스가 종료될 수도 있다. 이때는 Toast가 뜨지 못한다. 따라서 질문에 대한 답은 YES 나 NO가 아닌 '동작할 수도 있고 아닐 수도 있다'이다.

onReceive()에서 registerReceiver()나 bindService() 메서드 호출이 안 됨

onReceive() 메서드에 Context가 전달되지만, Context의 메서드인 registerReceiver()나 bindService()를 호출하면 런타임 예외를 발생시킨다. 단순하게 생각하면 비동기로 동작하는 이런 메서드는, 동작하면 다행이고 아니어도 그만인 수준이면 될 것 같다. 앞에서 언급한 Toast처럼 말이다. 그런데 registerReceiver()나 bindService() 호출은 런타임 예외를 발생시켜, 메서드 호출을 엄격하게 제한하고 있다.

onReceive()에 전달된 Context는 구체적으로 ContextWrapper인 Application을 다시 감싼 ReceiverRestrictedContext 인스턴스이다. ReceiverRestrictedContext 는 ContextImpl의 내부 클래스이면서 ContextWrapper를 상속하고 registerReceiver()와 bindService()를 오버라이드해서 예외를 발생하게 한 것이다.

서비스가 이미 실행 중이라면 브로드캐스트 리시버에서 bindService()가 아닌 peekService() 메서드를 호출한다. 그리고 서비스에 접근해서 서비스의 메서드를 실행할 수 있다.

8.2 브로드캐스트 리시버 등록

브로드캐스트 리시버를 등록하는 방식은 정적인 등록(statically publish)과 동적인 등록(dynamically register) 2가지가 있다. '등록'이라는 같은 말로 번역되지만 영문에서는 publish와 register로 구분하고 있다. 좀 더 정확하게 번역하면 정적인 등록은 정적인 '공표'가 더 맞을 것 같지만 '정적'과 '동적'과 같이 꾸미는 말로도 구분이 되기 때문에 오히려 용어상의 대칭을 맞춰주는 게 나을 듯하다. 정적인 등록은 공개의 의미가 있다고 이해하자. 정적으로 등록된 브로드캐스트 리시버는 앱을 설치하자마자 사용이 가능하다.

8.2.1 브로드캐스트 리시버 정적 등록

정적인 등록은 AndroidManifest.xml에 브로드캐스트 리시버를 추가하는 것이다. 정적으로 등록된 리시버는 브로드캐스트가 발생하면 항상 반응한다. 주로 시스템 이벤트를 받을 때 많이 사용하는 것으로 앱이 실행 중이지 않더라도 프로세스가 뜨고서 이벤트를 처리한다.

아래는 ApiDemos에서 브로드캐스트 리시버를 등록한 샘플이다.

```
<receiver android:name=".os.SmsMessageReceiver">
    <intent-filter>
        <action android:name="android.provider.Telephony.SMS_RECEIVED" />
    </intent-filter>
</receiver>
```

 외부 프로세스의 이벤트를 받는 브로드캐스트 리시버를 만들 때가 많기 때문에 샘플처럼 intent-filter를 추가해서 암시적 인텐트를 전달받는다. 하지만 로컬 프로세스에서만 사용하는 경우에는 intent-filter를 넣지 않고 명시적 인텐트를 전달 받을 수도 있다.

Intent 클래스에 정의된 브로드캐스트 액션

Intent API 문서에 보면 시스템의 브로드캐스트 액션이 상수로 다수 정의돼 있다.[1] API 문서에서 'Broadcast Action:'을 검색해보자.

```
ACTION_TIME_TICK
ACTION_TIME_CHANGED
ACTION_TIMEZONE_CHANGED
ACTION_DATE_CHANGED
ACTION_BOOT_COMPLETED
ACTION_PACKAGE_ADDED
ACTION_PACKAGE_CHANGED
ACTION_PACKAGE_REMOVED
ACTION_PACKAGE_RESTARTED
ACTION_PACKAGE_DATA_CLEARED
ACTION_UID_REMOVED
ACTION_BATTERY_CHANGED
ACTION_BATTERY_LOW
ACTION_BATTERY_OKAY
ACTION_POWER_CONNECTED
ACTION_POWER_DISCONNECTED
ACTION_SHUTDOWN
ACTION_AIRPLANE_MODE_CHANGED
ACTION_CAMERA_BUTTON
ACTION_CONFIGURATION_CHANGED
ACTION_HEADSET_PLUG
ACTION_LOCALE_CHANGED
ACTION_MEDIA_SCANNER_FINISHED
ACTION_MEDIA_SCANNER_SCAN_FILE
ACTION_MEDIA_SCANNER_STARTED
ACTION_MY_PACKAGE_REPLACED
ACTION_SCREEN_OFF
ACTION_SCREEN_ON
```

시스템 이벤트는 앱에서 발생시킬 수 없음

문서를 보면 'This is a protected intent that can only be sent by the system.'라는 메시지가 많이 나온다. 즉 해당 인텐트는 시스템에서만 발생시킬 수 있고 앱에서 발생시킬 수 없다. 이런 시스템 인텐트를 브로드캐스트하면 Security Exception을 만나게 된다. 아래는 sendBroadcast(new Intent(Intent.ACTION_ BOOT_COMPLETED))를 실행한 결과 예외 스택이다.

```
07-29 21:53:20.312: E/AndroidRuntime(15102): Caused by: java.lang.
SecurityException:
    Permission Denial: not allowed to send broadcast
    android.intent.action.BOOT_COMPLETED from pid=15102, uid=10301
```

---

1 ACTION_DATE_CHANGED 액션은 버그가 있다. 이벤트가 자정에만 오면 되는데 정오에도 전달된다.

```
07-29 21:53:20.312: E/AndroidRuntime(15102): at android.os.Parcel.
readException(Parcel.java:1465)
...
07-29 21:53:20.312: E/AndroidRuntime(15102): at android.app.ContextImpl.
sendBroadcast(ContextImpl.java:1241)
07-29 21:53:20.312: E/AndroidRuntime(15102): at android.content.
ContextWrapper.sendBroadcast(ContextWrapper.java:365)
```

자주 쓰이는 시스템 이벤트

캘린더 앱의 경우 처리해야 하는 이벤트로는 ACTION_TIMEZONE_CHANGED, ACTION_
LOCALE_CHANGED 액션이 있다.

많은 앱에서 처리하는 이벤트로는 ACTION_BOOT_COMPLETED 액션이 있다. 앱에
서 특정 시간에 처리하는 작업은 AlarmManager에 등록한다. PendingIntent가 특
정 시간에 동작하도록 AlarmManager에 setXxx() 메서드로 등록하는데, 이 알람
들은 단말이 꺼지면 모두 사라져 버리므로 다시 부팅할 경우 사라진 알람들을
재등록해야 한다. 이때 ACTION_BOOT_COMPLETED 액션을 받는 브로드캐스트 리시
버를 사용하고 여기서 알람 재등록을 진행한다.

시스템 이벤트가 아닌 것도 정의되어 있음

Intent 클래스에 정의된 브로드캐스트 액션이 모두 시스템 이벤트인 것은 아니
다. ACTION_MEDIA_SCANNER_SCAN_FILE 액션 같은 것은 앱에서 발생시키라고 있
는 것이다. 이미지를 SD 카드에 저장했는데 미디어 스캐닝이 안 돼서 곧바로 화
면에 가져올 수 없는 경우가 있다. 이때 앱에서 사용하는 방식이 ACTION_MEDIA_
SCANNER_SCAN_FILE 액션을 브로드캐스트해서 미디어 스캐너가 동작하게 하는
것이다.

8.2.2 브로드캐스트 리시버 동적 등록

Context의 registerReceiver() 메서드로 브로드캐스트 리시버를 동적으
로 등록한다. 이는 앱 프로세스가 떠 있고 브로드캐스트 리시버를 등록한 활
성화된 컴포넌트가 있을 때만 동작하는 것이다. 브로드캐스트 리시버는
unregisterReceiver() 메서드에서 해제한다. 일반적으로 Activity에서는 포그라
운드 라이프타임인 onResume()/onPause()에서 registerReceiver()/unregister
Receiver()를 호출한다. 액티비티가 가시(visible) 라이프타임이나 전체(entire)
라이프타임에서 이벤트를 받아야 하는 경우도 물론 있다. 등록할 때는 먼저
IntentFilter를 생성해서 액션을 추가하고 이벤트를 받을 BroadcastReceiver를

만든다. 그리고 IntentFilter와 BroadcastReceiver를 registerReceiver()에 파라미터로 전달한다.

코드 8-1 볼륨 변경 시 브로드캐스트 처리

```java
private static final String VOLUME_CHANGED_ACTION
    = "android.media.VOLUME_CHANGED_ACTION";
private BroadcastReceiver receiver = new BroadcastReceiver() {

    @Override
    public void onReceive(Context context, Intent intent) {
        if (intent.getAction().equals(VOLUME_CHANGED_ACTION)) {
            int value = intent.getIntExtra(
                "android.media.EXTRA_VOLUME_STREAM_VALUE", -1);
            if (value > -1) {
                mVolumeSeekBar.setProgress(value);
            }
        }
    }

};

@Override
protected void onResume() {
    super.onResume();
    IntentFilter filter = new IntentFilter();
    filter.addAction(VOLUME_CHANGED_ACTION);
    registerReceiver(receiver, filter);
}

@Override
protected void onPause() {
    unregisterReceiver(receiver);
    super.onPause();
}
```

이 코드는 볼륨 키를 통해서 소리 크기가 바뀌면, 화면의 SeekBar도 그에 맞게 바뀌는 내용이다. 그런데 VOLUME_CHANGED_ACTION 액션은 안드로이드 API 문서에 없는 내용이다. 코드상으로는 AudioManager 클래스에 상수로 있는데 @hide 애너테이션으로 숨겨져 있다. 이 샘플과 같이 액션명을 알 수 있다면 처리할 수 있는 케이스가 많다.

바탕화면에서 숏컷 설치

바탕화면에 숏컷(shortcut)을 설치하는 것도 브로드캐스트를 사용한다. com.android.launcher.action.INSTALL_SHORTCUT도 API 문서에 없는 액션이다.

코드 8-2 숏컷 설치 브로드캐스트

```
Intent shortcutIntent = new Intent("android.intent.action.MAIN", null);

PackageManager pm = context.getPackageManager();
Intent launchIntent = pm.getLaunchIntentForPackage(context.getPackageName());
String className = launchIntent.getComponent().getClassName();
shortcutIntent.setClassName(context, className);
shortcutIntent.addFlags(Intent.FLAG_ACTIVITY_NEW_TASK
    | Intent.FLAG_ACTIVITY_RESET_TASK_IF_NEEDED);
shortcutIntent.addCategory(Intent.CATEGORY_LAUNCHER);

Intent intent = new Intent();
intent.putExtra(Intent.EXTRA_SHORTCUT_INTENT, shortcutIntent);
intent.putExtra(Intent.EXTRA_SHORTCUT_NAME,
    context.getString(R.string.app_name));
intent.putExtra(Intent.EXTRA_SHORTCUT_ICON_RESOURCE,
    Intent.ShortcutIconResource.fromContext(context, R.drawable.icon));
intent.setAction("com.android.launcher.action.INSTALL_SHORTCUT");
intent.putExtra("duplicate", false);
context.sendBroadcast(intent);
```

여기에 필요한 퍼미션은 안드로이드 개발자 문서[2]에 나와 있다.

```
<uses-permission android:name=
    "com.android.launcher.permission.INSTALL_SHORTCUT" />
```

안드로이드 소스를 받아보면 Launcher2라는 론처에서 해당 퍼미션을 정의하고, INSTALL_SHORTCUT 액션에 대한 브로드캐스트 리시버가 있다. Launcher2도 우리가 만드는 앱과 동등한 레벨인 홈 애플리케이션일 뿐이지만, 단말에 반드시 있는 앱(홈/캘린더/주소록)에 대해서는 Manifest.permission.html 문서에 퍼미션을 정의한 것을 볼 수 있다.

FLAG_RECEIVER_REGISTERED_ONLY 상수

Intent에는 동적으로 등록된 브로드캐스트 리시버만 이벤트를 받게 하는 옵션도 있다. Intent의 setFlags() 메서드에 파라미터로 Intent.FLAG_RECEIVER_REGISTERED_ONLY를 전달하면 정적으로 등록된 브로드캐스트 리시버는 이벤트를 받지 못한다.

---

2   *http://developer.android.com/reference/android/Manifest.permission.html*을 참고하자.

8.3 오더드 브로드캐스트

sendOrderedBroadcast(Intent intent, String receiverPermission) 메서드[3]
는 등록된 브로드캐스트 리시버 가운데 priority 값이 높은 순으로 전달한다.
priority는 AndroidManifest.xml에서 intent-filter에 android:priority를 쓸 수
도 있고, IntentFilter에 setPriority(int priority) 메서드로 정할 수도 있 다.
priority가 동일하면 실행 순서는 랜덤이다.

오더드(ordered) 브로드캐스트는 여러 브로드캐스트 리시버를 순서대로 진행
하면서 브로드캐스트 리시버 간에 결과를 넘겨줄 수도 있고, 브로드캐스트를 도
중에 중지시킬 수도 있다. 오더드 브로드캐스트가 발생하면 여러 브로드캐스트
리시버가 협력할 수 있다는 것에 주의하자.

브로드캐스트 리시버는 프로세스 간 통신이 필요하므로 가벼운 작업은 아니
다. 오더드 브로드캐스트는 여러 브로드캐스트 리시버 간에 결과를 넘겨가면서
계속 진행하는 용도보다는, 결과를 넘기다가 적정 시점이 되면 나머지 브로드
캐스트 리시버를 스킵하는 용도에 적합하다.

단일 앱에서는 여러 브로드캐스트 리시버의 협력보다는 하나의 브로드캐스트
리시버에서 조건문을 조금 복잡하게 사용하면 되기 때문에 사용성이 크지는 않
을 것이다. 여러 앱 간의 협력을 예로 들어 보자. 한 그룹의 앱, 이를테면 모바일
오피스 군이 있다. 어떤 파일이 추가되었다는 이벤트가 발생하면 이를 그 가운
데 하나의 앱에서 액티비티로 보여주려고 한다. 먼저 문서 앱이 파일 읽기를 시
도한다. 문서 앱에서 읽을 수 있는 파일이 아니면 스프레드시트 앱에서 읽기를
시도하고, 여기서도 안 되면 마지막으로 프리젠테이션 앱으로 읽기를 시도한다.
이때 사용 가능한 방식이 오더드 브로드캐스트를 발생시키는 것이다. 각각의 앱
에서 우선순위가 다른 브로드캐스트 리시버가 있으면 된다. 우선순위가 높은 브
로드캐스트 리시버에서 정상적으로 처리될 때 abortBroadcast()를 호출하면 된
다. 이때 다음 브로드캐스트 리시버에는 브로드캐스트가 전달되지 않는다.

협력의 관점에서 보면 우선순위가 높은 브로드캐스트 리시버에서 setResult
Xxx() 시리즈의 메서드로, 다음 브로드캐스트 리시버에 변경된 값이나 추가된
값을 전달할 수도 있다. 예를 들어 http 스킴이 없는 uri에 'http://'를 붙이는 것
을 생각할 수 있다. 전달 받는 곳에서는 getResultXxx() 시리즈의 메서드로 값을

---

[3] 파라미터에 Intent만 전달되는 메서드는 없으며, 권한이 불필요하면 receiverPermission에는 null로 전달한
다. sendOrderedBroadcast()에는 파라미터 개수가 다른 두 개의 메서드가 더 있다.

가져올 수 있다.

8.4 스티키 브로드캐스트

sendStickyBroadcast()는 Intent를 시스템에 등록해놓고, 해당 Intent를 받을 수 있는 브로드캐스트 리시버가 새로 등록되면 이 시점에 BroadcastReceiver의 onReceive()가 호출된다. 즉, 이벤트를 먼저 발생시키더라도 이벤트 상태를 알고자 하는 브로드캐스트 리시버가 등록되면 이벤트를 받는다.

시스템에서 보내는 스티키 브로드캐스트

시스템에서 보내는 스티키(sticky) 브로드캐스트는 Intent API 문서에서 'sticky broadcast'로 검색하면 확인할 수 있다. ACTION_BATTERY_CHANGED, ACTION_DEVICE_STORAGE_LOW, ACTION_DOCK_EVENT 액션에 대해서 브로드캐스트 리시버를 등록하면 배터리 상태나 저장소 부족 여부, 그리고 도킹 상태를 알 수 있다.

아래 샘플은 ACTION_BATTERY_CHANGED 액션에 대한 브로드캐스트 리시버를 등록한 것이다.

코드 8-3 배터리 레벨 변경 스티키 브로드캐스트 처리

```
@Override
protected void onResume() {
    super.onResume();
    IntentFilter filter = new IntentFilter();
    filter.addAction(Intent.ACTION_BATTERY_CHANGED);
    registerReceiver(receiver, filter);
}

private BroadcastReceiver receiver = new BroadcastReceiver() {

    @Override
    public void onReceive(Context context, Intent intent) {
        String action = intent.getAction();
        if (action.equals(Intent.ACTION_BATTERY_CHANGED)) {
            Bundle bunlde = intent.getExtras();
            int level = bundle.getInt(BatteryManager.EXTRA_LEVEL);
            ...
        }
    }

};

@Override
protected void onPause() {
    unregisterReceiver(receiver);
    super.onPause();
}
```

onReceive() 메서드에 전달된 Intent Bundle의 키 값은 BatteryManager 클래스에서 EXTRA_로 시작하는 상수이다. registerReciever()가 호출되면 배터리 최신 정보가 바로 전달되고, BroadcastReciever의 onReceive() 메서드는 onResume() 메서드 이후에 실행되는 것을 볼 수 있다.

앱에서는 스티키 브로드캐스트를 권장하지 않음

앱에서는 sendStickyBroadcast() 메서드 호출이 권장되지 않는다. 롤리팝에서는 이 메서드의 지원을 중단하기도 했다(deprecated). 따라서 앱에서 이벤트를 보내는 용도로 스티키 브로드캐스트를 쓰지 말고, 브로드캐스트 리시버에서 스티키 브로드캐스트를 받아서 처리하는 데만 사용하자.

스티키 브로드캐스트의 보안 문제

스티키 브로드캐스트는 시스템 메모리에 정보가 계속 남아 있다. 그래서 어디선가 정보를 알고 싶을 때 언제든지 빼낼 수가 있기 때문에 보안 문제를 초래할 수 있다. 예를 들어 여러 앱 간에 SSO(single sign-on) 기능을 구현한다고 하자. 한 앱에서 로그인하면 같은 아이디로 다른 앱에서도 자동 로그인되고, 명시적으로 로그아웃하면 다른 앱에서도 자동 로그아웃되는 게 SSO의 기본 기능이다. SSO를 구현하기 위해 Intent에 로그인 여부와 로그인 아이디 등을 스티키 브로드캐스트로 전달하면 어떨까? onResume()에서 registerReceiver()를 실행한다면, 앱이 포그라운드로 올 때마다 최신 정보를 알 수 있고 그에 맞게 처리할 수 있다. 그런데 이 정보는 다른 앱에서도 읽을 수 있고, Intent 정보를 다른 것으로 바꿔치기 하고서 다시 sendStickyBroadcast()를 할 수도 있다. 쓰기에 따라서 유용할 것 같지만 이런 보안 문제 때문에 앱에서는 sendStickyBroadcast()를 쓰지 않는 게 좋다.

8.5 LocalBroadcastManager 클래스

Context의 sendBroadcast() 메서드는 Binder IPC를 통해 ActivityManager Service를 거쳐야 하므로 속도에서 이점이 크지 않다. 또한 Intent 액션을 안다면 원치 않는 곳에서도 이벤트를 받아서 예기치 않는 일을 할 가능성도 있다. sendBroadcast()에서는 파라미터로 전달되는 Intent에 setPackage() 메서드를 사용해서 원하는 패키지에만 브로드캐스트를 전달할 수 있다. 다만 이 방식은 ICS부터 동작한다.

프로세스 간에 브로드캐스트를 보낼 필요가 없다면 support-v4에 포함된 LocalBroadcastManager의 사용을 고려하자. LocalBroadcastManager는 로컬 프로세스에서만 이벤트를 주고받을 수가 있다. 시스템 브로드캐스트와는 구조가 완전히 다른데, ActivityManagerService를 거치지 않고 싱글톤인 Local BroadcastManager에서 registerReceiver()와 sendBroadcast()를 실행한다.

```
LocalBroadcastManager.getInstance(this)
    .sendBroadcast(CalendarIntent.CHANGE_TIME);
...
LocalBroadcastManager.getInstance(this).registerReceiver(..)
```

LocalBroadcastManager의 장점은 다음과 같다.

- 브로드캐스트하는 데이터가 다른 앱에서 캐치되지 않아서 안전하다.
- 글로벌 브로드캐스트보다 속도가 빠르다.

LocalBroadcastManager 내부에서 Handler 사용

LocalBroadcastManager에 등록된 BroadcastReceiver의 sendBroadcast() 메서드는 BroadcastReceiver를 바로 실행하지 않는다. Handler에 Message를 보내서 메인 스레드에서 가능한 시점에 처리한다. 따라서 메인 Looper의 MessageQueue에 쌓여 있는 게 많다면 처리가 늦어질 수도 있다.

sendBroadcastSync() 메서드

그런데 인증 에러 같은 것을 MessageQueue에서 처리하면 문제가 될 수 있다. BroadcastReceiver에서 바로 처리해야 하는데, 그렇지 않고 다른 작업을 먼저 한다면 타이밍상 엉뚱한 결과를 만들어 내는 경우가 생긴다. 이때 쓰는 것이 sendBroadcastSync() 메서드이다. 등록된 BroadcastReceiver는 모두 그 순간에 처리하는데, 이때 sendBroadcastSync()와 onReceive()는 동일한 스레드에서 실행된다.

앱 위젯에는 로컬 브로드캐스트가 전달되지 않음

LocalBroadcastManager에서 sendBroadcast()를 호출할 때 브로드캐스트 리시버의 한 종류인 앱 위젯에는 이벤트가 전달되지 않는다. 앱 위젯은 홈 스크린에 설치되어 별도 프로세스에 있으므로, 글로벌 브로드캐스트를 사용해서 이벤트를 전달해야만 한다. 다만 앱 위젯의 onReceive() 실행 위치는 다시 앱의 프로세스이다.

8.6 앱 위젯

앱 위젯(app widget)은 다른 애플리케이션에 내장되어서(embeded), 주기적으로 업데이트하는 작은 애플리케이션(miniature application views)이다. 데스크톱 바탕 화면이나 웹브라우저에서 일부 영역을 차지하고 있는 동그란 시계 위젯 같은 것을 안드로이드에서도 제공한다고 보면 된다.

보통 론처의 홈 스크린에서 `AppWidgetHost`를 구현하여 앱 위젯을 내장하고, 젤리빈 API 레벨 17부터 락 스크린에서도 앱 위젯을 내장할 수 있다. 홈 스크린이나 락 스크린이 아닌 일반 앱 화면에서도 `AppWidgetHost`를 구현할 수는 있지만 제약(contractual obligation)이 많아서 권장되지 않는다.

8.6.1 앱 위젯의 특성

앱 위젯의 특성을 먼저 알아보자.

설치되는 프로세스와 실행되는 프로세스가 다름

설치되는 위치(론처 프로세스)와 실행되는 위치(앱 프로세스)가 다르다. `App WidgetService`(앱 위젯 목록 유지, 이벤트 발생)가 실행되는 `system_server`까지 포함하면 관련 프로세스는 모두 3개이다.

브로드캐스트를 통해 앱 위젯 변경

시스템(`AppWidgetService`)에서 `sendBroadcast()`를 호출하면 `BroadcastReceiver`의 `onReceive()` 메서드에서 앱 위젯에 작업을 하는 방식을 주로 쓴다. 아래는 ApiDemos에 있는 앱 위젯 선언이다.

```
<receiver android:name=".appwidget.ExampleAppWidgetProvider">
    <meta-data android:name="android.appwidget.provider" // ❶
            android:resource="@xml/appwidget_provider" />
    <intent-filter>
        <action android:name=
            "android.appwidget.action.APPWIDGET_UPDATE" />
    </intent-filter>
</receiver>
```

여기서 중요한 것은 ❶에서 `meta-data`에 `android.appwidget.provider`가 전달되는 것이다. 이를 통해 브로드캐스트 리시버는 앱 위젯 용도로 정해진다.

`meta-data`에서 `android:resource`에 지정된 xml은 아래와 같다. 여기서 `android:updatePeriodMillis` 값에 의하면 1일마다 시스템에서 브로드캐스트를

보내서 앱 위젯을 업데이트한다.

코드 8-4 앱 위젯 기본 설정

```
<appwidget-provider xmlns:android="http://schemas.android.com/apk/res/android"
    android:minWidth="60dp"
    android:minHeight="30dp"
    android:updatePeriodMillis="86400000"
    android:initialLayout="@layout/appwidget_provider"
    android:configure
        ="com.example.android.apis.appwidget.ExampleAppWidgetConfigure"
    android:resizeMode="horizontal" >
</appwidget-provider>
```

8.6.2 AppWidgetProvider 클래스

앱 위젯은 브로드캐스트 리시버로도 만들 수 있지만 대체로 AppWidgetProvider 를 상속해서 만든다. AppWidgetProvider는 내부적으로 onReceive()에서 Intent 액션으로 구분한 후 onUpdate(), onDeleted(), onEnabled(), onDisabled() 메서드 로 Intent extra 값을 전달한다.

AppWidgetProvider의 프레임워크 소스를 보자. 각 메서드가 호출되는 시기, 각 메서드에 전달되는 appWidgetIds 등 파라미터의 의미를 알 필요가 있기 때문 에 한번쯤은 봐두는 게 좋다.

코드 8-5 AppWidgetProvider.java

```
public class AppWidgetProvider extends BroadcastReceiver {

    public void onReceive(Context context, Intent intent) {
        String action = intent.getAction();
        if (AppWidgetManager.ACTION_APPWIDGET_UPDATE.equals(action)) { // ❶
            Bundle extras = intent.getExtras();
            if (extras != null) {
                int[] appWidgetIds = extras.getIntArray(
                    AppWidgetManager.EXTRA_APPWIDGET_IDS);
                if (appWidgetIds != null && appWidgetIds.length > 0) {
                    this.onUpdate(context,
                        AppWidgetManager.getInstance(context), appWidgetIds);
                }
            }
        } else if (AppWidgetManager.ACTION_APPWIDGET_DELETED
                .equals(action)) { // ❷
            Bundle extras = intent.getExtras();
            if (extras != null && extras.containsKey(
                    AppWidgetManager.EXTRA_APPWIDGET_ID)) {
                final int appWidgetId = extras.getInt(
                    AppWidgetManager.EXTRA_APPWIDGET_ID);
                this.onDeleted(context, new int[] { appWidgetId });
            }
```

```
        } else if (AppWidgetManager.ACTION_APPWIDGET_OPTIONS_CHANGED
                .equals(action)) { // ❸
            Bundle extras = intent.getExtras();
            if (extras != null && extras.containsKey(
                    AppWidgetManager.EXTRA_APPWIDGET_ID)
                    && extras.containsKey(
                    AppWidgetManager.EXTRA_APPWIDGET_OPTIONS)) {
                int appWidgetId = extras.getInt(
                        AppWidgetManager.EXTRA_APPWIDGET_ID);
                Bundle widgetExtras = extras.getBundle(
                        AppWidgetManager.EXTRA_APPWIDGET_OPTIONS);
                this.onAppWidgetOptionsChanged(context,
                        AppWidgetManager.getInstance(context), appWidgetId,
                        widgetExtras);
            }
        } else if (AppWidgetManager.ACTION_APPWIDGET_ENABLED
                .equals(action)) { // ❹
            this.onEnabled(context);
        } else if (AppWidgetManager.ACTION_APPWIDGET_DISABLED
                .equals(action)) { // ❺
            this.onDisabled(context);
        }
    }

    public void onUpdate(Context context, AppWidgetManager appWidgetManager,
            int[] appWidgetIds) {
    }

    public void onAppWidgetOptionsChanged(Context context,
            AppWidgetManager appWidgetManager, int appWidgetId,
            Bundle newOptions) {
    }

    public void onDeleted(Context context, int[] appWidgetIds) {
    }

    public void onEnabled(Context context) {
    }

    public void onDisabled(Context context) {
    }

}
```

appWidgetId는 앱 위젯을 홈 스크린에 꺼낼 때마다 새로 받는 인스턴스 id 값이다. 동일한 앱 위젯이 홈 스크린에 여러 개 깔리더라도 인스턴스 id 값은 모두 다르다. 즉, 앱 위젯의 종류별로 있는 값이 아니라 전역적인 값이다. 일반적으로 앱 위젯은 하나씩 제거되므로, ACTION_APPWIDGET_DELETED 액션에는 하나의 appWidgetId만 전달된다.

❶ ACTION_APPWIDGET_UPDATE 액션은 부팅 시, 최초 설치 시, 업데이트 간격

(update interval) 경과 시에 호출된다. 앱 위젯에서 가장 중요한 Intent 액션이다.

❷ ACTION_APPWIDGET_DELETED 액션은 인스턴스가 삭제될 때 호출된다.

❸ ACTION_APPWIDGET_OPTIONS_CHANGED 액션은 앱 위젯이 새로운 사이즈로 레이아웃될 때 호출된다(젤리빈부터).

❹ ACTION_APPWIDGET_ENABLED 액션은 최초 설치 시에 호출된다.

❺ ACTION_APPWIDGET_DISABLED 액션은 마지막 인스턴스가 삭제될 때 호출된다.

ACTION_APPWIDGET_DELETED, ACTION_OPTIONS_CHANGED, ACTION_ENABLED, ACTION_DISABLED 액션은 시스템에서만 보낼 수 있다(protected intent). 앱에서는 ACTION_APPWIDGET_UPDATE 액션만 보낼 수 있다.

AppWidgetProvider를 상속하면 onReceive() 메서드는 구현하지 않아도 되지만, Intent 액션을 별도로 사용한다면 onReceive() 메서드를 오버라이드해야 한다. 앱 위젯에 버튼 클릭 같은 이벤트가 있어서 앱 위젯을 다시 그려야 하는 경우 등에 필요하다.

8.6.3 RemoteViews 클래스

RemoteViews는 다른 프로세스에 있는 뷰 계층을 나타내는 클래스이다. 알림(Notification)이나 앱 위젯에서는 앱에서 만든 레이아웃을 다른 프로세스에 보여줄 때 RemoteViews가 사용된다. RemoteViews는 클래스명 때문에 일종의 ViewGroup으로 생각할 수 있다. 하지만 android.widget 패키지 안에 있을 뿐 View나 ViewGroup을 상속한 것이 아니다. RemoteViews는 Parcelable과 LayoutInflater.Filter 인터페이스를 구현한 클래스일 뿐이다.

 Toast도 내부적으로 Notification과 동일하게 system_server 프로세스의 NotificationManagerService를 사용한다. 그런데 Toast는 왜 커스텀 레이아웃으로 만들 때 RemoteViews를 쓰지 않을까? Toast는 바인더 콜백을 전달하고 바인더 콜백에서 띄우는 것이기 때문에 RemoteViews가 필요하지 않다.

RemoteViews에 쓸 수 있는 뷰 클래스

RemoteViews의 레이아웃에 쓸 수 있는 뷰 클래스는 한정되어 있는데, LayoutInflater.Filter 인터페이스의 onLoadClass() 메서드가 뷰 클래스를 제한한다.

LayoutInflater.Filter 구현체인 RemoteViews에서 booleanonLoadClass(Class clazz) 메서드를 보면 클래스 선언에 @RemoteView 애너테이션이 있는 것만 true 를 리턴한다.

@RemoteView 애너테이션이 있는 뷰 클래스는 아래와 같다. 이들 클래스만 RemoteViews에서 사용할 수 있다.

- FrameLayout, LinearLayout, RelativeLayout, GridLayout
- AnalogClock, Button, Chronometer, ImageButton, ImageView, ProgressBar, TextView, ViewFlipper
- ListView, GridView, StackView, AdapterViewFlipper(허니콤부터 지원)

이런 제한을 단순하게만 이해하고 있다면 시행착오를 겪을 수 있다. 어디까지 되고 어디서부터 안 되는지 알아야 한다. 빈번하게 발생하는 시행착오에는 무엇 이 있는지 알아보자.

- 애너테이션은 상속된 클래스에는 적용되지 않기 때문에 위 목록에 있는 클래 스의 하위 클래스도 RemoteViews에는 쓸 수 없다.
- 커스텀 뷰도 쓸 수 없다. 클래스 선언에 @RemoteView를 추가하면 될 것 같지 만, 설치되는 프로세스인 론처에서 이 커스텀 뷰를 찾을 방법이 없기 때문 이다.
- 최상위 클래스인 android.view.View는 쓸 수 없다. 레이아웃에 내용을 구 분하기 위한 단순 라인 구분자(line separator)를 만들 때는 View에 배경색 (background color)을 넣으면 됐지만, RemoteViews에서는 TextView처럼 지원 되는 뷰 클래스로 대체해야 한다. 이 경우 레이아웃에서 Lint 경고를 볼 수 있 는데 웹 위젯에서는 다른 방법이 없기 때문에 이런 경고는 무시하도록 하자.

RemoteViews는 뷰 계층상에 있는 레이아웃 리소스 아이디를 대상으로 작업 (TextView라면 텍스트 변경, 사이즈 변경, 텍스트 색상 변경 등)을 다른 프로세 스(웹 위젯에서는 론처 프로세스)에 전달한다. 내부적으로는 이런 작업(action) 목록을 전달하고, AppWidgetHost에서 작업 목록을 한꺼번에 실행한다.

뷰 클래스에서 사용 가능한 메서드

RemoteViews에서 지원 가능한 뷰 클래스에서, 뷰를 변경하는 메서드가 제한적일 것 같은데 그렇지는 않다. RemoteViews API 문서를 보면 메서드 가운데서 두 번째 파라미터에 methodName 문자열이 전달되는 것이 있는데, 리플렉션을 통해 세 번째 파라미터 값을 두 번째 파라미터인 methodName 이름의 메서드에 파라미터로 전달하게 된다. 예를 들어 setImageViewBitmap(int viewId, Bitmap bitmap), setTextViewText(int viewId, CharSequence text) 같은 메서드는 내부적으로 리플렉션 용도의 메서드인 setBitmap(int viewId, String methodName, Bitmap value), setCharSequence(int viewId, String methodName, CharSequence value)를 각각 다시 호출한다('setImageBitmap', 'setText' 문자열이 methodName에 들어간다).

8.6.4 앱 위젯 업데이트

RemoteViews를 써서 앱 위젯을 업데이트하는 코드는 간단하다.

```
RemoteViews views = new RemoteViews(context.getPackageName(),
    R.layout.appwidget_provider); // ❶
views.setTextViewText(R.id.appwidget_text, text); // ❷
...
appWidgetManager.updateAppWidget(appWidgetId, views); // ❸
```

❶ 레이아웃 리소스를 전달해서 RemoteViews를 생성한다.

❷ RemoteViews에 뷰 리소스별로 액션(action)을 지정한다.

❸ AppWidgetManager의 updateAppWidget() 메서드를 호출한다.

그렇다면 앱 위젯을 갱신하는 이 루틴이 반드시 브로드캐스트 리시버에서 실행되어야 할까? 그렇지는 않다. AppWidgetManager.getInstance(Context context)를 호출하면 Context가 전달되는 어디서든 AppWidgetManager를 얻을 수 있기 때문에, 액티비티나 서비스에서도 동일하게 루틴을 실행할 수 있다. 게다가 백그라운드 스레드에서 루틴을 실행해도 문제가 없다. 이것이 서비스의 백그라운드 스레드에서 앱 위젯을 업데이트해도 되는 이유이다.

updateAppWidget() 호출 스택

updateAppWidget()을 실행할 때 호출 스택을 따라가보면 아래와 같다.

```
AppWidgetManager.updateAppWidget
    AppWidgetService.updateAppWidgetIds
        AppWidgetServiceImpl.updateAppWidgetIds
            AppWidgetServiceImpl.updateAppWidgetInstanceLocked
                IAppWidgetHost.updateAppWidget[callback in AppWidgetHost]
                    AppWidgetHostView.updateAppWidget[via Handler]
```

Parcelable인 RemoteViews는 계속해서 파라미터에 전달되고, AppWidgetHost View는 Handler에 작업을 전달해서 RemoteViews의 액션 목록을 한꺼번에 처리한다.

8.6.5 유의할 점

앱 위젯을 만들 때 고려할 부분을 살펴보자.

메인 스레드 점유

onReceive() 메서드는 당연히 메인 스레드에서 실행된다. 따라서 여기서도 실행 시간에 주의해야 한다. 포그라운드에서 앱을 사용하는 중에, 앱 위젯을 업데이트하기 위해 onReceive()가 실행된다면 UI 동작이 버벅거리는 원인이 될 수 있다. 그렇다면 onReceive() 메서드 내에서 앱 위젯을 업데이트하기 위해 네트워크 통신이 필요하거나[4] DB에서 가져올 데이터가 많아 처리 시간이 많이 예상되는 경우에는 어떻게 할 것인가? 이런 경우에도 앱 위젯 갱신 작업을 서비스로 넘기고 서비스에서는 백그라운드 스레드에서 처리해야 한다.

onReceive() 메서드에서 AsyncTask를 실행해서 앱 위젯을 업데이트하는 코드를 본 적이 있는데, BroadcastReceiver는 onReceive() 메서드가 리턴되면 프로세스가 제거될 수 있기 때문에 실행을 보장할 수 없다. 이에 대해 좀 더 상세히 얘기해보자. 예를 들어, 앱의 액티비티가 포그라운드에 있다면 프로세스 우선순위가 높아서 거의 문제가 되지 않는다. 그런데 앱 위젯에 설정한 업데이트 간격(update interval)이 되었거나 특정 브로드캐스트에 반응해서, 다른 컴포넌트가 실행 중인 것이 없이 브로드캐스트 리시버가 단독으로 실행된다면 어떨까? onReceive() 메서드가 끝나자마자 빈(empty) 프로세스로 우선순위가 낮아지는데 이 때문에 프로세스가 종료될 가능성이 있다. 따라서 AsyncTask 결과가 나올 때까지 프로세스가 살아 있다는 것을 보장할 수 없다. 이런 문제가 개발 중에는 발생하지 않다가(계속 앱을 사용하면서 테스트하기 때문에), 실사용자가 쓸 때 많이 발생하는데 원리를 알고 있다면 손쉽게 해결할 수 있다.

결론적으로 앱 위젯을 업데이트할 때 금방 실행되는 단순한 코드가 아니라면 서비스에 넘겨서 백그라운드 스레드에서 실행하는 것을 권장한다.

---

4 메인 스레드에서는 NetworkOnMainThreadException 때문에 네트워크 통신을 할 수 없다.

부팅 중에는 initialLayout만 보임

코드 8-4를 보면 앱 위젯 설정에 initialLayout이 있는데, 말 그대로 초기 레이아웃을 말한다. 그런데 이 레이아웃을 잘못 설정하면 부팅 중에 문제가 생긴다. 예를 들어 캘린더 일정 목록을 보여주는 앱 위젯이 있다고 하자. DB에서 데이터를 가져와서 보여주고, 일정이 없다면 '일정 목록이 없습니다.'라는 메시지를 띄운다. 일정 목록을 가져오고 나면 목록이 없다는 메시지가 사라지기 때문에, 이 메시지가 있는 상태로 initialLayout을 설정해도 될 것 같은데 사용상의 문제가 있다.

단말 전원을 새로 켜면 홈 스크린 화면이 보인다. 사용자는 홈 스크린이 보이면 부팅이 완료된 것으로 생각하지만 디바이스에서 부팅이 완료되었다고 판단하는 시점과는 차이가 있다. 홈 스크린을 보여주고 나서 내부적으로 여러 작업을 한참 진행하고서야 부팅이 끝났다고 ACTION_BOOT_COMPLETED 액션을 발생시키고, 그 이후에야 ACTION_APPWIDGET_UPDATE 액션을 발생시킨다.

화면이 처음 보일 때에 앱 위젯은 initialLayout 상태 그대로를 보여준다. 부팅이 끝나고서야 앱 위젯을 업데이트하므로, 일정 목록이 없다는 메시지가 보이다가 시간이 꽤 지나고서야 제대로 된 일정이 나타나게 된다.

업데이트할 내용이 있지만 바로 보여줄 수 없는 문제를 보완하기 위해서 일반적으로 initialLayout을 만들 때, 보기 상태를 View.GONE으로 하고, ProgressBar를 포함한 로딩 메시지만을 기본으로 보이게 한다.

 필자는 initialLayout에 '진행 중' 표시를 하지 않아서 VOC(voice of customer)를 받은 적도 있다. 부팅 직후 비어 있는 일정만 보이기 때문에, 사용자는 왜 자신의 일정이 보이지 않는지 궁금해 하면서 앱을 실행해 본다. 그러다 다시 홈 스크린으로 돌아오면 이때는 일정이 나오기 때문에, 앱을 실행해야만 앱 위젯에 일정이 보이는 것으로 오해한다.

ICS부터 기본 패딩

ICS 이전에는 셀 경계선까지 꽉 채워서 앱 위젯이 배치됐었다. targetSdkVersion을 14(ICS) 이상으로 하면 앱 위젯 간에 구분을 확실히 하기 위해서 셀 경계와 앱 위젯 테두리 사이에 기본 패딩이 생긴다. 패딩 값은 론처마다 다를 수 있다.

 개발자 가이드에서는 패딩과 마진의 용어를 혼용해서 사용하는데 패딩이라고 하는 게 적절하다. 마진이라고 하면 셀 경계가 기준이 되어야 하는데 경계는 그냥 표시일 뿐이다.

따라서 기존에 셀 경계선까지 꽉 차게 앱 위젯을 만들었다면 패딩 때문에 앱 위젯의 화면상의 크기가 줄어들게 되고, 따라서 레이아웃을 조정할 필요가 있다. 앱 위젯의 크기가 줄어들어서 문제가 되는 예를 들어보자. 앱 위젯에 4개 일정을 보여주었던 일정 목록이 있는데 targetSdkVersion을 14 이상으로 올리면 패딩 때문에 3개 반만 보일 수 있다.

고해상도 단말에서 Bitmap 생성 시 메모리 문제

앱 위젯의 일반 용도는 단순한 정보를 보여주는 것이다. 앱 위젯을 클릭하면 액티비티를 띄워 상세 정보를 보여주는 식이다.

그런데 캘린더나 시간표 같은 앱은 사용자 요구에 의해 앱 위젯의 사이즈가 4x4나 5x5가 되는 경우가 있다. 거의 전체 화면 정도에 정보를 보여주는 것이다(❶). 그리고 RemoteViews에서 지원하는 일반적인 뷰 클래스로는 표현이 복잡해서 Bitmap을 사용하기도 한다(❷). Bitmap에 내용을 그리고 ImageView에 setBitmap()을 실행하는 식이다. 게다가 홈 스크린에서는 화면을 크게 차지할 경우 가급적 바탕 화면도 보이도록 투명하게 만든다(❸).

이런 조건들(❶, ❷, ❸)이 충족된다면 아래 샘플처럼 Bitmap.createBitmap()으로 Bitmap을 생성하고 Bitmap에 그린다.

```
Bitmap bitmap = Bitmap.createBitmap(width, height,
    Bitmap.Config.ARGB_8888);                           ❶
canvas = new Canvas(bitmap);
canvas.drawRect(...);
canvas.drawText(...);
canvas.drawBitmap(...);
...
// remoteViews.setImageViewBitmap(R.id.image, bitmap); // ❷
File file = saveImageFile(context, bitmap);
remoteViews.setImageViewUri(R.id.image, Uri.fromFile(file)); // ❸
```

❶ createBitmap()의 세 번째 파라미터는 투명 비트맵을 생성하기 위해서 ARGB_8888을 적용한 것이다. 그런데 이 옵션은 픽셀당 4바이트를 차지한다(투명 알파 값이 없는 RGB_565의 2배). 갤럭시 노트4의 경우 해상도가 2560x1440이므로 화면을 거의 채운다고 할 때, createBitmap()만으로 14M 가량의 메모리를 사용하게 되는 셈이다. 앱 실행 중에 앱 위젯 업데이트가 발생한다면 OutOfMemoryError의 원인이 될 수 있다.

기존에는 문제가 없었는데 최신 단말에서 앱 위젯을 생성할 경우 Bitmap.createBitmap()에서 OutOfMemoryError가 발생한다면, 큰 사이즈의 비트맵을 생성한 것이 원인일 가능성이 높다. 단말 스펙이 높아지면서 해상도 역시 좋아지는데, 앱 프로세스의 가용 메모리가 비례해서 커지지 않기 때문에 발생하는 문제이다. 이때는 앱 위젯을 별도 프로세스로 분리하는 것을 한번 고려해보자. 앱 위젯 개수가 많다면 그 개수만큼 프로세스를 분리하는 것보다, 서비스에 앱 위젯 업데이트 로직을 넘기고 서비스를 별도 프로세스로 분리하는 게 낫다.

❷를 주석 처리하고 ❸을 쓴 이유는, ❷에서는 바인더에 Bitmap을 전달할 때 Bitmap 사이즈가 크면 에러가 발생하기 때문이다(바인더 트랜잭션 버퍼 최대 크기가 1M). 따라서 일부러 파일을 생성해서 RemoteViews에 Uri로 전달하였다. 이런 방법은 액티비티 간에 데이터를 전달할 때도 많이 쓰인다. 사진을 찍은 후 피호출자에 사진을 전달할 때 Intent Bundle에 사진 Bitmap을 담아서 전달하는 게 아니라 사진의 파일 Uri를 전달하는 식이다.

9장

A n d r o i d   P r o g r a m m i n g   N e x t   S t e p

Application

Application도 Activity나 Service와 마찬가지로 ContextWrapper를 상속한다.
Application은 단독으로 시작하지는 않는다. 앱 프로세스가 떠있지 않은 상태에
서 다른 컴포넌트가 실행 요청을 받으면, 앱 프로세스가 생성되고 Application
이 먼저 시작된다. 그 이후에 해당 컴포넌트가 실행된다. 즉 액티비티, 서비스,
브로드캐스트 리시버, 콘텐트 프로바이더 가운데서 어느 것이든지 외부에서(앱
아이콘, 노티피케이션, 알람, 다른 앱) 실행을 요청할 경우, Application이 이미
시작되어 있다면 바로 해당 컴포넌트를 시작한다. 아닐 경우 Application을 먼
저 시작하고 해당 컴포넌트를 시작한다. Appliaction의 onCreate() 메서드가 실
행되는 시점은 주의할 필요가 있다. 7.2.2절에서도 설명했지만 Application의
onCreate()보다 ContentProvider의 onCreate()가 먼저 실행된다. 프레임워크 소
스에서는 ActivityThread의 handleBindApplication() 메서드에서 Application
의 onCreate()를 실행한다.

Application 인스턴스 가져오기

Context만 전달된다면 Context의 getApplicationContext() 메서드로 언제든지
Application 인스턴스를 구할 수 있다. Activity에서는 특히 getApplication()
메서드를 사용해서 가져오기도 한다.

9.1 앱 초기화

Application은 다른 컴포넌트보다 먼저 실행되기 때문에 앱을 위한 초기화 작업

을 Application의 onCreate()에서 주로 실행한다. 그리고 onCreate() 메서드는
가능한 한 빨리 끝나야 한다. 앱 아이콘을 클릭해서 액티비티를 새로 시작할 때
Application의 onCreate()에서 시간이 오래 걸린다면, 검은 화면이 오래 보이거
나 화면이 늦게 뜨는 현상이 발생할 수 있다. 이 때문에 onCreate()에서도 UI 블
로킹을 최소화하기 위해 스레드에서 작업을 실행하기도 한다. 참고로 백 키를
통해서 액티비티를 모두 다 벗어나도 프로세스가 바로 종료되지는 않는다. 이
상태에서 다시 앱 아이콘을 클릭하면 Application의 onCreate()는 실행되지 않
는다.

Application은 프로세스에서 항상 유지되는 인스턴스

Application은 앱 프로세스의 메인 클래스인 ActivityThread에 mInitial
Application이라는 멤버 변수로 있기 때문에, 앱 프로세스가 살아있는 동안 계
속 유지되는 인스턴스이다. 따라서 전역적인 앱 상태(global application state)
를 저장하기에 좋은 조건을 가지고 있다.

Application 기본 샘플

샘플을 통해서 Application의 일반적인 사용 패턴을 확인해보자. 아래는 쇼핑
앱의 Application인데 쇼핑카트에 쇼핑 품목을 담을 수 있다.

코드 9-1 Application 샘플

```java
public class ShoppingApplication extends Application {

    private static ShoppingApplication application;

    private ArrayList<CartProduct> cart = new ArrayList<>(); // ❶

    private ProductRepository productRepository; // ❷

    @Override
    public void onCreate() {
        super.onCreate();
        application = this; // ❸
        /* 프로퍼티 파일을 읽어들인다. */
        AppConfig.initialize(this); // ❹
        productRepository = new ProductRepository(this);
        startService(new Intent(this, CategoryUpdaterService.class)); // ❺
    }

    public ArrayList<CartProduct> getCart() {
        return cart;
    }
```

```
public void addCartProduct(CartProduct product) {
    if (!cart.contains(product)) {
        cart.add(product);
    }
}

public void clearCart() {
    cart.clear();
}

public ProductRepository getProductRepository() {
    return productRepository;
}
public static ShoppingApplication getApplication() {
    return application;                                    ⑥
}

}
```

❶ 쇼핑카트를 DB가 아닌 Application의 멤버 변수로 놓고 여러 곳에서 데이터를 공유하도록 했다. Context의 getApplicationContext() 메서드나 Activity의 getApplication() 메서드의 리턴 결과를 ShoppingApplication으로 캐스팅한다면, getCart(), addCartProduct(), clearCart() 같은 메서드를 호출할 수 있다.

❷ productRepository는 앱에서 단일 인스턴스로 사용하기로 한다. Application을 통해서만 인스턴스를 가져온다는 규칙을 정한다면, 싱글톤 패턴 대신 사용 가능한 방식이다.

❹ 앱에서 필요한 초기화 작업을 한다. 외부 라이브러리를 사용하는 경우에는 Application의 onCreate()에서 라이브러리에 필요한 초기화를 하는 경우가 많다. Context가 전달되어야 하는 초기화 작업들도 있다. 샘플에서는 프로퍼티 파일을 읽어들이는 AppConfig에 Context가 전달되었다. 다른 컴포넌트에 앞서서 Application의 onCreate()가 실행되기 때문에 초기화를 바로 해야 하는지 아니면 나중에 따로 해도 되는지 구분이 필요하다. 예를 들어, 프로세스가 뜨면서 앱 위젯을 하나만 실행하는 데도, 액티비티에서만 필요한 초기화 작업도 한다면 메모리와 시간을 허비하게 된다.

❺ startService()를 실행해서 역시 앱에서 필요한 데이터를 만드는 작업 등을 진행한다. 백그라운드 스레드로 처리하는 작업을 안정적으로 처리하기 위해서 일반적으로 서비스를 이용한다.

❸, ❻은 좋은 방법은 아닌 듯하지만 불가피하게 많이 쓰인다. 메서드 호출 단계가 깊어지면서, 생성자나 메서드 파라미터에 Context를 계속해서 전달해야 한

다면 번거로울 것이다. 이때 ShoppingApplication.getApplication() 메서드를 통해서 Application 또는 Context에 접근할 수 있다. 예를 들어, InputValidator 클래스에서 부적절한 입력을 받을 때 특정 문자열을 리턴하는 메서드는 아래처럼 작성하면 된다.

```
return ShoppingApplication.getApplication().getString(R.string.invalid_input);
```

Application에서 데이터 공유 문제

많은 문서에서 코드 9-1처럼 데이터 공유에 Application을 사용하는데 이것도 문제가 있다. 메모리가 부족하거나 다른 프로세스가 사용자에게 즉각적으로 반응해야 할 때, 프로세스는 종료됐다가 재시작되기도 한다. 또 다른 케이스로 마시멜로에서는 환경 설정에서 앱의 퍼미션을 추가하거나 제거할 수 있는데 이때에도 재시작한다. 재시작하면서 Application의 onCreate()는 다시 호출되지만, addCartProduct() 메서드로 추가해 놓은 쇼핑카트 목록은 사라져 버린다. 이런 케이스도 있다는 것을 염두에 두고 데이터를 공유하는 데 신중해야 한다. 결론적으로 사라져버려도 문제가 없고 남아 있으면 유용한 캐시 같은 것이 Appplication의 데이터 공유에 적용되는 게 좋다.

9.2 Application 콜백

Application에서는 onCreate() 메서드만 오버라이드하는 경우가 많지만, 다른 메서드도 유용한 경우가 있다. Application의 메서드 가운데서 registerXxx/unregisterXxx 메서드를 제외하면 ComponentCallbacks2 인터페이스의 3개 메서드가 있다. Application과 Activity뿐만 아니라 Service와 ContentProvider, Fragment도 ComponentCallbacks2 인터페이스를 구현하고 있다.

 Application의 onTerminated() 메서드는 일부러 만든 조건(emulated process)에서나 동작하고 실제 단말에서는 동작하지 않는다. 따라서 이 메서드는 무시하는 게 좋다.

9.2.1 ComponentCallbacks2 인터페이스

Application에서 3개의 메서드는 ICS 이전에 비어 있는 메서드였다. ICS부터는 기본 동작이 registerComponentCallbacks() 메서드를 통해 등록된 콜백의 메서드를 다시 호출하고 있다. 따라서 오버라이드할 때는 super.onXxx() 메서드도 호출해야 한다. 이제 ComponentCallbacks2 인터페이스의 메서드를 각각 살펴보자.

onConfigurationChanged(Configuration newConfig)

구성이 변경되면 Application, Activity, Service, ContentProvider 순으로 onConfigurationChanged() 메서드가 불린다. Application의 onConfiguration Changed()가 가장 먼저 실행되므로, 구성 변경 시에 반드시 필요한 작업이 있다면 여기서 진행하면 된다. 캘린더 앱을 예로 들어 보자. 환경 설정에서 언어가 변경될 때 휴일 정보를 새로 업데이트해야 한다면 Application의 onConfiguration changed()에서 startService()를 실행하고 서비스에서 API를 통해 휴일 정보를 가져와서 업데이트한다.

onLowMemory()

전체 시스템에 메모리가 부족해서 모든 백그라운드 프로세스가 강제 종료될 가능성이 있을 때 호출된다. 잡고 있는 캐시나 불필요한 리소스를 해제(release)하는 작업을 하면 된다. ICS 이상에서는 onTrimMemory()에서 메모리 해제 작업을 하는 것을 권장한다. GC는 onLowMemory() 리턴 이후에 실행된다.

onTrimMemory(int level)

ICS부터 사용 가능하다. 파라미터에 전달되는 level에 따라 onLowMemory() 메서드보다 세분화해서 처리할 수 있다. level에는 ComponentCallbacks2의 상수 값이 전달된다.

9.2.2 Application에 등록하는 콜백

Application에 등록하는 콜백에는 3가지가 있다. 모두 register/unregister 메서드가 있고, 여러 개의 콜백을 등록할 수 있다.

- Application.ActivityLifecycleCallbacks(ICS)
- ComponentCallbacks(ICS)
- Application.OnProviderAssistDataListener(젤리빈 API 레벨 18)

ComponentCallbacks 인터페이스

ICS 이전에 ComponentCallbacks은 Application에 onConfigurationChanged(), onLow Memory() 메서드로 있었다. ICS 이상에서는 onTrimMemory() 메서드가 추가되고 콜

백을 여러 개 등록할 수 있게 하였다. onTrimMemory()는 ComponentCallbacks이 아닌 이를 상속한 ComponentCallbacks2 인터페이스에 있으므로 onTrimMemory()를 쓸 때는 registerComponentCallbacks()에 ComponentCallbacks2 구현체를 넘기면 된다.

ActivityLifecycleCallbacks 인터페이스

ActivityLifecycleCallbacks에는 액티비티의 생명주기마다 대응하는 메서드가 있고, 액티비티 생명주기가 끝날 때마다 이들 메서드를 호출한다. 모든 액티비티의 생명주기 메서드에 동일한 작업을 적용할 때 사용할 수 있다.

예를 들어보자. 환경 설정에서 옵션을 바꾸면 기존에 떠있는 액티비티에도 적용하려고 한다. 이때는 Activity의 onResume() 메서드에서 환경 설정에서 바꾼 옵션을 적용하는 코드를 넣으면 된다. 모든 액티비티에 매번 동일한 코드를 넣는 방식은 실수할 가능성이 많기 때문에 BaseActivity 같은 상위 클래스에 관련 코드를 넣는 게 좋겠다. 그런데 모든 액티비티가 BaseActivity를 상속하는 게 아니라면 어떨까? 나머지 액티비티도 억지로 BaseActivity를 상속하게 할 필요는 없다. BaseActivity에 코드를 넣지 말고 바로 ActivityLifecycleCallbacks의 onActivityResumed() 메서드에 코드를 넣으면 된다.

또 다른 샘플로 앱에서 메모리 문제가 있을 때, 어떤 액티비티의 어느 생명주기에서 메모리가 증가하는지 확인하기 위해 ActivityLifecycleCallbacks에 로그를 남겨보자.

코드 9-2 ActivityLifecycleCallbacks 등록

```
@Override
public void onCreate() {
    ...
    registerActivityLifecycleCallbacks(activityLifecycleCallbacks); // ❶
}

private ActivityLifecycleCallbacks activityLifecycleCallbacks
        = new ActivityLifecycleCallbacks() { // ❷

    @Override
    public void onActivityCreated(Activity activity, Bundle savedInstanceState) {
        logMemInfo(activity, "create");
    }

    @Override
    public void onActivityStarted(Activity activity) {
        logMemInfo(activity, "start");
    }
```

```
@Override
public void onActivityResumed(Activity activity) {
    logMemInfo(activity, "resume");
}

@Override
public void onActivityPaused(Activity activity) {
    logMemInfo(activity, "pause");
}

@Override
public void onActivityStopped(Activity activity) {
    logMemInfo(activity, "stop");
}

@Override
public void onActivitySaveInstanceState(Activity activity, Bundle outState) {
    logMemInfo(activity, "saveInstanceState");
}

@Override
public void onActivityDestroyed(Activity activity) {
    logMemInfo(activity, "destroy");
}

private void logMemInfo(Activity activity, String method) { ─────┐
    MemoryInfo mi = new MemoryInfo();
    Debug.getMemoryInfo(mi);

    Log.d(TAG, activity.getClass().getSimpleName()  + " " + method  ├─❸
        + " phase MemoryInfo(total) pss=" + mi.getTotalPss()
        + ", sharedDirty=" + mi.getTotalSharedDirty()
        + ", privateDirty=" + mi.getTotalPrivateDirty() + ".");
}  ──────────────────────────────────────────────────────────────┘

};
```

❶ ActivityLifecycleCallbacks을 등록한다.

❷ ActivityLifecycleCallbacks 인터페이스를 구현한 익명 클래스를 만든다.
Activity의 각 생명주기마다 대응하는 메서드가 있다.

❸ logMemInfo() 메서드는 메모리 정보를 로그로 남긴다. 각 생명주기마다
logMemInfo()를 호출하고 있으므로 생명주기 메서드 실행 후의 메모리 정보를
알 수 있다.

ActivityLifecycleCallbacks에서 하면 안 되는 게 있다. 메모리가 누수될
수 있기 때문에, 메서드 파라미터에 전달된 Activity를 레퍼런스에 남기면 안
된다.

9.3 프로세스 분리

앱 프로세스는 사용 가능한 메모리에 제한이 있다. 안드로이드 버전별로 메모리 제한에 차이가 있고, 단말별로도 다르다. 허니콤부터는 android:largeHeap 옵션도 쓸 수 있지만 단말에 따라서 이 옵션이 소용없는 경우도 있고(제조사별로 차이가 있음), 이 옵션으로 인해 GC 시간이 오래 걸리거나 다른 앱의 실행에 악영향을 줄 수도 있다.

프로세스 분리 설정

메모리 제한 때문에 앱의 실행에 문제가 있다면 앱은 프로세스를 분리할 수 있다. 프로세스를 분리하는 것은 각 컴포넌트별로 가능하다. 프로세스를 분리하려면 AndroidManifest.xml에서 android:process 속성에 별도 프로세스명을 지정하면 된다. 일반적으로 속성에는 ":remote"와 같이 콜론(:)을 사용한다. 액티비티, 서비스, 콘텐트 프로바이더, 브로드캐스트 리시버 모두 프로세스를 분리하는 게 가능하다.

하나의 앱에서 생성된 별도의 프로세스는 pid(process id)는 다르지만, 동일한 uid(user id)를 가지기 때문에 권한 문제없이 앱의 파일과 리소스에 접근할 수 있다.

> ✅ **Application의 프로세스 설정**
>
> Application도 AndroidManifest.xml에 android:process 값을 넣을 수는 있는데, 이 값은 앱의 컴포넌트가 실행되는 기본 프로세스를 이야기하는 것으로 프로세스 분리와는 의미가 다르고 쓸 일이 많지 않다.
>
> Application 설정에 android:process에 값을 넣는 것은 시스템 앱에서 가끔 사용된다. 예를 들어, 컨텐트 프로바이더를 제공하는 com.android.providers.media 패키지는 Application 설정에서 android:process에 "android.process.media"로 되어 있고, com.android.providers.telephony 패키지의 Application 설정은 android:process에 "com.android.phone"으로 되어 있다.

9.3.1 프로세스 분리가 필요한 때

이제 프로세스 분리가 필요한 경우를 생각해보자.

- 액티비티 자체가 메모리를 많이 사용하는 경우이다. 예를 들어, 사진공유 앱에서 기본 카메라 앱을 실행시키지 않고 자신의 CameraActivity를 가지고 있

는 경우가 있다. 이때 CameraActivity는 메모리를 많이 사용하기 때문에 별도 프로세스로 분리하는 것이 낫다.

- 액티비티가 메모리를 많이 사용하지 않지만 동시에 서비스에서 백그라운드 스레드로 작업을 진행한다면 OutOfMemoryError가 발생할 수 있다. 테스트할 때는 괜찮다가도 사용자 단말에서 에러가 발생한다면, 서비스나 액티비티의 프로세스를 분리할 것인지 고민해야 한다. 서비스가 독립적인 부분이 많다면 서비스를 분리하는 게 낫다. 만일 서비스에 DB 작업이 많다면 DB 락 문제 때문에 콘텐트 프로바이더를 도입해야 하므로, 작업이 복잡해질 경우 액티비티를 분리하는 게 좋겠다. 정답은 없고 케이스별로 다르다.
- 앱 위젯의 사이즈가 클 때는(4x4, 5x5 등), 앱 위젯도 프로세스 분리를 고려해 보자.

9.3.2 분리된 프로세스에서 Application은 새로 시작

컴포넌트의 프로세스를 분리하면 Application은 각 프로세스마다 새로 시작된다. 프로세스가 달라지면 Zygote에 의해서 포크(fork)된 이후에 ActivityThread를 새로 시작하고 Application을 새로 생성하는 것이다. 설명을 위해서 220페이지의 코드 9-1을 다시 한번 보자. 앱에 ShoppingApplication과 CategoryUpdaterService(디폴트 프로세스)가 있고, ActivityA(메인 액티비티, 디폴트 프로세스)와 ActivityB(:camera 프로세스)가 있다고 하자. ActivityA에서 버튼을 클릭하면 ActivityB가 뜬다고 할 때, 각각 어떤 프로세스에서 실행되는지 확인해 보자.

1. ShoppingApplication - 디폴트 프로세스
2. ActivityA - 디폴트 프로세스
3. CategoryUpdaterService - 디폴트 프로세스(이제 ActivityA에서 ActivityB 를 띄운다.)
4. ShoppingApplication - :camera 프로세스
5. ActivityB - :camera 프로세스
6. CategoryUpdaterService - 디폴트 프로세스

컴포넌트가 프로세스 분리되어 있더라도 Application만은 어느 프로세스에서도 한번은 실행되어야 한다(4). 또 하나 주목할 부분은 분리된 프로세스의 Application에서 띄우는 CategoryUpdaterService는 다시 디폴트 프로세스에서

실행된다는 점이다(6).

프로세스가 분리된 컴포넌트가 뜰 때에도 Application의 onCreate() 메서드가 호출되는데, 가령 Application의 onCreate() 메서드에서 서비스를 시작한다면 이 서비스가 자주 실행될 가능성이 있다. 기본 프로세스에서만 서비스가 동작하게 하려면 아래처럼 작성할 수 있다.

코드 9-3 앱 기본 프로세스인지 확인

```
@Override
public void onCreate() {
    ...
    if (isDefaultProcess()) {
        startService(new Intent(this, CategoryUpdaterService.class));
    }
}

private boolean isDefaultProcess() {
    ActivityManager activityManager = (ActivityManager) getSystemService(
        Context.ACTIVITY_SERVICE);
    List<RunningAppProcessInfo> processInfos
        = activityManager.getRunningAppProcesses();

    for (RunningAppProcessInfo each : processInfos) {
        if (each.processName.equals(getPackageName())) {  // ❶
            return true;
        }
    }
    return false;
}
```

❶ 패키지명과 프로세스명이 동일한지 비교한다.

9.3.3 프로세스 분리 시 주의할 점

프로세스 분리 시 주의할 점을 얘기해보자.

프로세스 간 메모리는 공유되지 않음

당연한 얘기지만 간과해서는 안 되는 게 메모리는 공유되지 않는다는 것이다. 그래서 프로세스에서 캐시 용도를 만든 것이든 싱글톤 인스턴스에서 공유하는 값이든 분리된 별도 프로세스에서는 데이터를 가져올 수 없다. 필자도 앱을 만들다가 프로세스를 분리한 것을 잊고서 왜 값이 안 나오는지 쓸데없이 고민한 적이 있다. 이때는 값을 따로 다시 로딩하거나, 값을 공유하기 위해서 Shared Preferences 또는 DB를 사용해야 한다.

SharedPreferences 사용 시 데이터를 다시 읽어올 때 문제

한편, 분리된 프로세스에서 각각 SharedPreferences를 읽고 쓰는 것을 생각해 보자. SharedPreferences는 어차피 xml 파일에서 읽어오는 것이기 때문에 한 번 읽어오는 것은 문제가 되지 않는다. 그런데 다른 프로세스에서 변경한 값을 다시 가져오는 문제는 단순하지 않다. 허니콤 이후에는 Context의 getShared Preferences(String name, int mode) 메서드를 사용할 때, mode에 Context. MODE_PRIVATE이 전달되면 값을 제대로 가져올 수 없다. 진저브레드까지는 멀티 프로세스에서 사용하는 데 문제가 없었지만, 허니콤 이후에는 Context.MODE_ MULTI_PROCESS를 사용하지 않으면 다른 프로세스에서 변경한 값을 읽어올 수 없다.

이해를 돕기 위해서 샘플로 확인해보자.

프로세스 A: 쓰기

코드 9-4 SharedPreferences에 랜덤 값 저장

```
SharedPreferences sharedPreferences = getSharedPreferences("MyPreference",
    Context.MODE_PRIVATE);
SharedPreferences.Editor editor = sharedPreferences.edit();
int value = new Random().nextInt(1000);
editor.putInt("randomValue", value);
editor.apply();
Toast.makeText(this, "write value=" + value, Toast.LENGTH_LONG).show();
```

프로세스 B: 읽기

코드 9-5 SharedPreferences에 저장된 값 읽기

```
SharedPreferences sharedPreferences = getSharedPreferences("MyPreference",
    Context.MODE_PRIVATE); // ❶
int value = sharedPreferences.getInt("randomValue", 0);
Toast.makeText(this, "read value=" + value, Toast.LENGTH_LONG).show();
```

프로세스 A에서 쓰기를 하고 프로세스 B에서 읽기를 하면 한 번은 제대로 동작한다. 쓰기와 읽기를 반복할 경우는 어떨까? 프로세스 B에서는 첫 번째에 읽었던 값을 여전히 출력한다. 이때 코드 9-5의 ❶에서 Context.MODE_PRIVATE를 Context.MODE_MULTI_PROCESS로 바꾸기만 하면, 매번 갱신(reload)해서 값을 읽어오게 된다. 프레임워크 소스에서 Context.MODE_MULTI_PROCESS 용도는 SharedPreferences 재로딩 외에는 없다. 즉, 쓰기를 하는 쪽에서는 이 옵션을 쓸 필요가 없다.

마시멜로에서 MODE_MULTI_PROCESS 지원 중단

마시멜로에서는 Context.MODE_MULTI_PROCESS 상수의 지원을 다시 중단했다. 결론적으로는 SharedPreferences를 다시 콘텐트 프로바이더로 감싸서 다른 프로세스에서 접근하는 방법이 권장된다. 이때 갱신이 가능하게 하려면 ContentObserver를 등록해서 데이터가 변경될 때 재조회하면 된다.

시스템 서비스

1장에서는 애플리케이션 프레임워크 스택에서 시스템 서비스를 언급하였다. 시스템 서비스는 씬 클라이언트인 앱 프로세스에서 바인더를 통해서 서버 프로세스에 접근해서 명령을 실행할 수 있도록 바인더 프락시를 제공한다. 시스템 서비스는 서비스 컴포넌트처럼 따로 시작할 필요가 없고, 시스템에 이미 존재하고 실행 중인 서비스를 앱에서 이용한다. 시스템 서비스는 대부분 자바로 작성되어 있고, 일부만 C/C++로 작성되어 있다.

ps 실행 결과

아래는 adb shell에서 ps를 실행한 결과이다.

```
shell@EF56S:/ $ ps
USER      PID   PPID  VSIZE  RSS   WCHAN     PC          NAME
root      1     0     788    600   ffffffff  00000000 S  /init
root      2     0     0      0     ffffffff  00000000 S  kthreadd
root      3     2     0      0     ffffffff  00000000 S  ksoftirqd/0
root      6     2     0      0     ffffffff  00000000 D  kworker/u:0
root      7     2     0      0     ffffffff  00000000 D  kworker/u:0H
root      8     2     0      0     ffffffff  00000000 S  migration/0
root      21    2     0      0     ffffffff  00000000 S  khelper
root      22    2     0      0     ffffffff  00000000 S  netns
root      28    2     0      0     ffffffff  00000000 S  modem_notifier
root      29    2     0      0     ffffffff  00000000 S  smd_channel_clo
root      30    2     0      0     ffffffff  00000000 S  smsm_cb_wq
root      32    2     0      0     ffffffff  00000000 S  rpm-smd
root      33    2     0      0     ffffffff  00000000 S  kworker/u:1H
root      34    2     0      0     ffffffff  00000000 S  mpm
root      49    2     0      0     ffffffff  00000000 S  sync_supers
root      50    2     0      0     ffffffff  00000000 S  bdi-default
root      51    2     0      0     ffffffff  00000000 S  kblockd
```

```
root      52   2    0      0     ffffffff 00000000 S system
root      53   2    0      0     ffffffff 00000000 S khubd
...
root      340  1    1484   4     ffffffff 00000000 S /sbin/healthd
system    341  1    1428   588   ffffffff 00000000 S /system/bin/
servicemanager
root      342  1    4892   808   ffffffff 00000000 S /system/bin/vold
system    344  1    2568   724   ffffffff 00000000 S /system/bin/rfs_access
system    347  1    3820   1044  ffffffff 00000000 S /system/bin/qseecomd
root      350  1    10648  1488  ffffffff 00000000 S /system/bin/netd
root      351  1    8020   1052  ffffffff 00000000 S /system/bin/debuggerd
root      352  1    1448   580   ffffffff 00000000 S /system/bin/pam_server
radio     353  1    27984  3052  ffffffff 00000000 S /system/bin/rild
system    354  1    121284 5324  ffffffff 00000000 S /system/bin/
surfaceflinger
root      355  1    861344 19116 ffffffff 00000000 S zygote
drm       356  1    28192  2748  ffffffff 00000000 S /system/bin/drmserver
media     357  1    69708  7484  ffffffff 00000000 S /system/bin/mediaserver
install   358  1    1412   704   ffffffff 00000000 S /system/bin/installd
keystore  360  1    3736   872   ffffffff 00000000 S /system/bin/keystore
...
shell     477  1    5700   244   ffffffff 00000000 S /sbin/adbd
...
system    1192  355  1014224 74416  ffffffff 00000000 S system_server
u0_a12    1385  355  1082344 150852 ffffffff 00000000 S com.android.systemui
radio     1619  355  913032  24116  ffffffff 00000000 S com.android.phone
u0_a134   1661  355  870396  21168  ffffffff 00000000 S com.skt.tbmon
u0_a50    1675  355  870900  20432  ffffffff 00000000 S com.skt.apra
...
u0_a110   1780  355  960648  126336 ffffffff 00000000 S com.pantech.launcher2
u0_a197   1881  355  869196  16148  ffffffff 00000000 S com.android.smspush
u0_a9     1976  355  1068200 37924  ffffffff 00000000 S com.google.android.gms
u0_a9     2011  355  939400  32092  ffffffff 00000000 S com.google.process.
gapps
u0_a9     2063  355  948572  36028  ffffffff 00000000 S com.google.process.
location
u0_a31    2330  355  881220  21224  ffffffff 00000000 S com.skt.skaf.0A00199800
bluetooth 2667  355  915620  21268  ffffffff 00000000 S com.android.bluetooth
system    2688  355  982224  47708  ffffffff 00000000 S com.pantech.powersaver
u0_a57    3025  355  914296  21860  ffffffff 00000000 S com.android.calendar
u0_a63    3304  355  880016  18668  ffffffff 00000000 S com.skt.iwlan:remote
system    3370  355  877760  24112  ffffffff 00000000 S com.skt.tmode
system    3713  355  872376  16280  ffffffff 00000000 S com.qualcomm.atfwd
u0_a65    4640  355  883112  19772  ffffffff 00000000 S com.android.deskclock
u0_a57    4782  355  887760  21420  ffffffff 00000000 S com.android.
calendar:remote
u0_a139   7531  355  873552  21924  ffffffff 00000000 S android.process.acore
u0_a15    12207 355  906192  25548  ffffffff 00000000 S com.android.vending
...
```

시스템 서비스의 중심이 되는 것은 system_server이고 여기에서 자바로 작성
된 여러 시스템 서비스가 제공된다. /system/bin/mediaserver, /system/bin/

surfaceflinger 프로세스는 C/C++로 작성된 시스템 서비스이고, 앱에서 일반적으로 직접 접근해서 사용하지는 않는다. /system/bin/mediaserver는 MediaPlayer, MediaRecorder, Camera 같은 클래스에서 사용하거나, AudioService처럼 자바로 작성된 시스템 서비스에서 접근한다.[1] /system/bin/surfaceflinger는 Window ManagerService에서 접근해서 화면에 반영하고 있다.

10.1 시스템 서비스 기본

시스템 서비스는 자바로 작성된 시스템 서비스가 많은데 이것들은 system_server 프로세스에서 동작한다. Context에는 Object getSystemService(String name) 메서드가 있다. 리턴 결과는 시스템 서비스를 래핑한 객체인데 타입이 Object이므로 사용 시에 반드시 캐스팅해서 사용해야 한다. 마시멜로부터 캐스팅이 불필요하도록 오버라이드한 T getSystemService(Class<T> serviceClass) 메서드가 추가되었다.

```
ActivityManager activityManger
    = (ActivityManager) context.getSystemService(
        Context.ACTIVITY_SERVICE); // 기존
Activity Manager activityManger = context.getSystemService(
        ActivityManager.class); // 마시멜로부터 지원
```

시스템 서비스 목록

시스템 서비스는 대부분 바인더 프락시를 래핑하고서 –Manager 식의 네이밍을 가진다. –Manager에서 스텁의 모든 퍼블릭 메서드를 다 사용할 수 있는 것은 아니다. 예를 들어, ActivityManager에서 startActivity() 메서드를 실행할 수는 없다.

시스템 서비스 목록은 아래 표를 보도록 하자. 대부분 일반적인 네이밍 패턴에 맞지만 아닌 것도 여럿 있다(롤리팝 기준).

Context 상수	getSystemService() 결과	인터페이스	스텁 구현
ACCESSIBILITY_ SERVICE	Accessibility Manager	IAccessibility Manager	AccessibilityManagerService
ACCOUNT_SERVICE	AccountManager	IAccountManager	AccountManagerService
ACTIVITY_SERVICE	ActivityManager	IActivityManager	ActivityManagerService

---

[1] AudioService에서는 AudioSystem 클래스를 통해 네이티브에 접근한다.

ALARM_SERVICE	AlarmManager	IAlarmManager	AlarmManagerService
APPWIDGET_SERVICE	AppWidget Manager	IAppWidgetService	AppWidgetService
APP_OPS_SERVICE	AppOpsManager	IAppOpsService	AppOpsService
AUDIO_SERVICE	AudioManager	IAudioService	AudioService
BATTERY_SERVICE	BatteryManager	IBatteryProperties Registrar	IBatteryPropertiesRegistrar.cpp
BLUETOOTH_SERVICE	BluetoothAdapter	IBluetooth Manager	BluetoothManagerService
CAMERA_SERVICE	CameraManager	ICameraService	CameraService.cpp
CAPTIONING_SERVICE	Captioning Manager	없음	ContentResolver 사용
CLIPBOARD_SERVICE	ClipboardManagerr	IClipboard	ClipboardService
CONNECTIVITY_SERVICE	Connectivity Manager	IConnectivity Manager	ConnectivityService
CONSUMER_IR_SERVICE	ConsumerIr Manager	IConsumerIr Service	ConsumerIrService
DEVICE_POLICY_SERVICE	DevicePolicy Manager	IDevicePolicy Manager	DevicePolicyManagerService
DISPLAY_SERVICE	DisplayManager	IDisplayManager	DisplayManagerService
DOWNLOAD_SERVICE	DownloadManager	없음	ContentResolver 사용
DROPBOX_SERVICE	DropBoxManager	IDropBoxManager Service	DropBoxManagerService
INPUT_METHOD_SERVICE	InputMethod Manager	IInputMethod Manager	InputMethodManagerService
INPUT_SERVICE	InputManager	IInputManager	InputManagerService
JOB_SCHEDULER_SERVICE	JobScheduler	IJobScheduler	JobSchedulerService
KEYGUARD_SERVICE	KeyguardManager	없음	없음
LAUNCHER_APPS_SERVICE	LauncherApps	ILauncherApps	LauncherAppsService
LAYOUT_INFLATER_SERVICE	LayoutInflater	없음	없음
LOCATION_SERVICE	LocationManager	ILocationManager	LocationManagerService

MEDIA_ PROJECTION _ SERVICE	MediaProjection Manager	IMediaProjection Manager	MediaProjectionManager Service
MEDIA_ROUTER_ SERVICE	MediaRouter	IMediaRouter Service	MediaRouterService
MEDIA_SESSION_ SERVICE	MediaSession Manager	ISession Manager	MediaSessionService
NFC_SERVICE	NfcManager	없음	없음
NOTIFICATION_ SERVICE	NotificationManager	INotification Manager	NotificationManagerService
NSD_SERVICE	NsdManager	INsdManager	NsdService
POWER_SERVICE	PowerManager	IPowerManager	PowerManagerService
PRINT_SERVICE	PrintManager	IPrintManager	PrintManagerService
RESTRICTIONS_ SERVICE	Restrictions Manager	IRestrictions Manager	RestrictionsManagerService
SEARCH_SERVICE	SearchManager	ISearchManager	SearchManagerService
SENSOR_SERVICE	SensorManager	없음	없음
STORAGE_SERVICE	StorageManager	IMountService	MountService
TELECOM_SERVICE	TelecomManager	ITelecomService	TelecomServiceImpl
TELEPHONY_ SERVICE	TelephonyManager	ITelephony Registry	TelephonyRegistry
TEXT_SERVICES_ MANAGER _SERVICE	TextServices Manager	ITextServices Manager	TextServicesManagerService
TV_INPUT_SERVICE	TvInputManager	ITvInputManager	TvInputManagerService
UI_MODE_SERVICE	UiModeManager	IUiModeManager	UiModeManagerService
USB_SERVICE	UsbManager	IUsbManager	UsbService
USER_SERVICE	UserManager	IUserManager	UserManagerService
VIBRATOR_SERVICE	Vibrator	IVibratorService	VibratorService
WALLPAPER_ SERVICE	WallpaperManager	IWallpaper Manager	WallpaperManagerService
WIFI_P2P_SERVICE	WifiP2pManager	IWifiP2pManager	WifiP2pService
WIFI_SERVICE	WifiManager	IWifiManager	WifiService
WINDOW_SERVICE	WindowManager	IWindowManager	WindowManagerService

4.X 이후에도 여러 서비스가 추가되어서 생소한 것들이 있을 수 있다. 특기할 만한 내용을 위주로 살펴보자.

네이밍 기준

getSystemService()의 결과로 -Manager 네이밍을 따르지 않는 것은 JobScheduler, LauncherApps, LayoutInflater, MediaRouter, Vibrator 4가지이다. 인터페이스는 getSystemService() 결과 클래스에 일반적으로는 앞에 I를 붙이지만, 예외가 너무 많다. Manager 자리에 Service가 붙기도 하고, Manager가 빠지기도 하고 ManagerService로 끝나기도 한다.

ActivityManagerService

ActivityManagerService는 안드로이드 컴포넌트와 연관되어 있기 때문에 시스템 서비스 가운데 가장 많이 참고해야 한다. ActivityManagerService는 추상 클래스인 ActivityManagerNative를 상속한다. ActivityManagerNative는 IActivityManager의 스텁 구현이 아니라, Binder를 상속한 IActivityManager 인터페이스 구현이다. 그래서 asInterface()나 onTransact() 메서드 등이 직접 구현되어 있다.

LayoutInflater

LayoutInflater는 바인더 통신을 하는 것이 아니다. PolicyManager.makeNew LayoutInflater()를 통해 com.android.internal.policy.impl.PhoneLayout Inflater를 가져온다. 코드상에서 LayoutInflater를 가져오는 메서드는 3가지가 있다.

- (LayoutInflater) Context.getSystemService(Context.LAYOUT_INFLATER_ SERVICE)
- LayoutInflater.from(Context context)
- Activity의 getLayoutInflater()

두 번째와 세 번째 메서드는 내부적으로 첫 번째 메서드를 다시 호출하는데, 일반적으로 간편한 두 번째 메서드를 많이 사용한다.

CameraService

CameraService는 네이티브로 작성되어 있다. 바인딩 통신은 마샬링, 언마샬링만 하면 되기 때문에 클라이언트와 서버가 모두 자바로 작성될 필요가 없다. 자바

클라이언트에서 마샬링해서 요청을 보내고 네이티브 서버인 CameraService에서
언마샬링해서 요청을 처리한다.

BatteryManager

BatteryManager는 기존에는 ACTION_BATTERY_CHANGED 액션의 Intent extra에 전
달되는 문자열과 숫자 상수만을 정의하고 있었는데, 롤리팝에서 배터리와 충전
속성을 조회하는 메서드가 추가되었다.

DownloadService

DownloadService는 별도 프로세스인 android.process.media에서 실행된
다. DownloadManager는 ContentResolver를 통해 DB에 쌓는 역할만 한다.
DownloadService는 프레임워크 소스에서 /packages/providers/Download
Provider 디렉터리에 있는 서비스 컴포넌트이다. DownloadReceiver에서 Intent.
ACTION_BOOT_COMPLETED, Intent.ACTION_MEDIA_MOUNTED, ConnectivityManager.
CONNECTIVITY_ACTION(연결될 때)과 내부적으로 사용되는 ACTION_RETRY 액션이
브로드캐스트 될 때 DownloadService를 시작한다.

SensorManager

추상 클래스인 SensorManager의 실제 구현은 android.hardware.SystemSensor
Manager이다. ContextImpl에서 SensorManager를 서비스 맵(코드 10-3 참고)에
넣을 때, SystemSensorManager 생성자에서 네이티브 메서드로 Sensor 목록을 로
딩한다.

NfcManager

NfcManager는 NfcAdapter를 얻기 위한 용도로, getDefaultAdapter() 메서드 하
나만 있다. NfcService의 내부 클래스인 NfcAdapterService에서 INfcAdapter.
Stub을 구현하고, NfcAdapter에서는 여기에 접근한다.

InputMethodManager

InputMethodManager는 주로 EditText에 소프트 키보드를 연결하는 데 사용된
다. 스텁 구현은 InputMethodManagerService이다. 그런데 이름이 비슷한 Input
MethodService 클래스도 있다. 전자는 system_server에서 실행되는 클래스이고,
후자는 Service를 상속하고 소프트 키보드를 구현할 때 사용하는 클래스이다.

롤리팝에 SystemService 추가

롤리팝에는 시스템 서비스를 위해 com.android.server.SystemService 클래스가 추가되었다. 롤리팝에서 새로 생긴 시스템 서비스 클래스는 이를 상속하고 스텁 구현은 내부 클래스에서 하고 있다.

Service 클래스	스텁 구현 내부 클래스
JobSchedulerService	JobSchedulerStub
LauncherAppsService	LauncherAppsImpl
MediaSessionService	SessionManagerImpl
RestrictionsManagerService	RestrictionsManagerImpl
TvInputManagerService	BinderService

바인더 스텁 구현

바인더 스텁 구현은 어느 프로세스에서 실행될까? 여러 바인더 스텁이 각각 프로세스로 실행되는 것이 아닐까 생각할 수도 있지만, 앞에서도 여러 차례 얘기한 system_server 프로세스에서 실행된다(예외로 CameraService는 /system/bin/mediaserver 프로세스에서 실행). system_server에서 여러 시스템 서비스를 제공하고, 이를 다른 앱에서 호출하는 것으로 이해하면 된다.

 바인더 스텁 구현이 없는 것은 바인더 통신을 하지 않는다는 의미다. 서비스명이 DOWNLOAD_SERVICE나 LAYOUT_INFLATER_SERVICE 같은 것은 편의상 시스템 서비스일 뿐이다.

서비스 컴포넌트와 시스템 서비스의 차이

여기서 질문을 하나 해보자. 서비스 컴포넌트와 시스템 서비스는 어떻게 다를까? 아래와 같이 차이를 정리할 수 있다.

- 시스템 서비스는 /system/bin/servicemanager에 Stub을 등록하고 필요할 때 가져와서 사용한다. 서비스 컴포넌트는 ActivityManagerService의 내부 목록으로 유지된다(젤리빈부터 ActiveServices에 위임).
- 시스템 서비스는 Stub 자체로 구현하지만, 서비스 컴포넌트는 android.os.Service를 상속하고 내부 변수에 Stub 구현체를 만들어 사용한다(코드 6-8 참고).

시스템 서비스 등록 방법 확인

이제 프레임워크 소스를 보자. /system/bin/servicemanager 프로세스에 스
텁을 등록하는 내용은 com.android.server.SystemServer[2]에서 내부 클래스인
ServerThread의 initAndLoop() 메서드에서 볼 수 있다.

코드 10-1 SystemServer.java

```
display = new DisplayManagerService(context, wmHandler);
ServiceManager.addService(Context.DISPLAY_SERVICE, display, true);

telephonyRegistry = new TelephonyRegistry(context);
ServiceManager.addService("telephony.registry", telephonyRegistry);

ServiceManager.addService("scheduling_policy", new SchedulingPolicyService());

...
ActivityManagerService.setSystemProcess(); // ❶

...
ServiceManager.addService("battery", battery);

vibrator = new VibratorService(context);
ServiceManager.addService("vibrator", vibrator);

...
inputManager = new InputManagerService(context, wmHandler);
wm = WindowManagerService.main(context, power, display, inputManager,
    wmHandler, factoryTest != SystemServer.FACTORY_TEST_LOW_LEVEL,
    !firstBoot, onlyCore);
ServiceManager.addService(Context.WINDOW_SERVICE, wm);
ServiceManager.addService(Context.INPUT_SERVICE, inputManager);
```

ServiceManager.addService() 메서드를 통해서 여러 Stub을 등록하는 것을 볼 수
있다. 여기서 보면 ActivityManagerService 등록하는 부분이 없는데, 관련 코드
는 ActivityManagerService 안에 있다. ❶에서 ActivityManagerService의 정적
메서드인 setSystemProcess()를 호출하는데 여기서 자기 자신을 등록한다.

코드 10-2 ActivityManagerService.java

```
public static void setSystemProcess() {
    try {
        ActivityManagerService m = mSelf;

        ServiceManager.addService(Context.ACTIVITY_SERVICE, m, true); // ❶
        ServiceManager.addService(ProcessStats.SERVICE_NAME, m.mProcessStats);
        ServiceManager.addService("meminfo", new MemBinder(m));
```

—❷

---

2 system_server 프로세스의 메인 클래스이다.

```
        ServiceManager.addService("gfxinfo", new GraphicsBinder(m));
        ServiceManager.addService("dbinfo", new DbBinder(m));
        if (MONITOR_CPU_USAGE) {
            ServiceManager.addService("cpuinfo", new CpuBinder(m));
        }
        ServiceManager.addService("permission", new PermissionController(m));
        ...
    } catch (PackageManager.NameNotFoundException e) {
        throw new RuntimeException("Unable to find android system package", e);
    }
}
```

❶ ActivityManagerService 자기 자신을 ServiceManager에 추가한다.

❷ 여러 다른 시스템 서비스도 ActivityManagerService에서 등록한다.

시스템 서비스를 사용하는 쪽에서는 어떨까? 매번 /system/bin/service manager에서 조회해서 호출하는가 하면 그렇지 않다. ContextImpl의 정적 초기화 블록(static initializer block) 안에서 처음 생성될 때 단 한 번만 매핑하고 사용한다. 참고로 마시멜로에서는 아래 로직을 SystemServiceRegistry 클래스에 위임하였다.

코드 10-3 ContextImpl.java

```
private static final HashMap<String, ServiceFetcher> SYSTEM_SERVICE_MAP =
    new HashMap<String, ServiceFetcher>();

private static int sNextPerContextServiceCacheIndex = 0;
private static void registerService(String serviceName, ServiceFetcher
fetcher) {
    if (!(fetcher instanceof StaticServiceFetcher)) {
        fetcher.mContextCacheIndex = sNextPerContextServiceCacheIndex++;
    }
    SYSTEM_SERVICE_MAP.put(serviceName, fetcher);
}

static {
    registerService(ACCESSIBILITY_SERVICE, new ServiceFetcher() {
        public Object getService(ContextImpl ctx) {
            return AccessibilityManager.getInstance(ctx);
        }
    });

    registerService(ACCOUNT_SERVICE, new ServiceFetcher() {
        public Object createService(ContextImpl ctx) {
            IBinder b = ServiceManager.getService(ACCOUNT_SERVICE);
            IAccountManager service = IAccountManager.Stub.asInterface(b);  ❶
            return new AccountManager(ctx, service);
        }
    });
```

```
registerService(ACTIVITY_SERVICE, new ServiceFetcher() {
    public Object createService(ContextImpl ctx) {
        return new ActivityManager(ctx.getOuterContext(),
            ctx.mMainThread.getHandler());
    }
});

registerService(ALARM_SERVICE, new ServiceFetcher() {
    public Object createService(ContextImpl ctx) {
        IBinder b = ServiceManager.getService(ALARM_SERVICE);
        IAlarmManager service = IAlarmManager.Stub.asInterface(b);          ❷
        return new AlarmManager(service, ctx);
    }
});
...
registerService(LAYOUT_INFLATER_SERVICE, new ServiceFetcher() {
    public Object createService(ContextImpl ctx) {
        return PolicyManager.makeNewLayoutInflater(ctx.getOuterContext());
    }
});

registerService(LOCATION_SERVICE, new ServiceFetcher() {
    public Object createService(ContextImpl ctx) {
        IBinder b = ServiceManager.getService(LOCATION_SERVICE);
        return new LocationManager(ctx, ILocationManager.Stub.asInterface(b));
    }
});

registerService(NETWORK_POLICY_SERVICE, new ServiceFetcher() {
    public Object createService(ContextImpl ctx) {
        return new NetworkPolicyManager(
            INetworkPolicyManager.Stub.asInterface(
            ServiceManager.getService(NETWORK_POLICY_SERVICE)));
    }
});

...
registerService(POWER_SERVICE, new ServiceFetcher() {
    public Object createService(ContextImpl ctx) {
        IBinder b = ServiceManager.getService(POWER_SERVICE);
        IPowerManager service = IPowerManager.Stub.asInterface(b);
        return new PowerManager(ctx.getOuterContext(),
            service, ctx.mMainThread.getHandler());
    }
});

...
registerService(TELEPHONY_SERVICE, new ServiceFetcher() {
        public Object createService(ContextImpl ctx) {
            return new TelephonyManager(ctx.getOuterContext());
    }
});

registerService(VIBRATOR_SERVICE, new ServiceFetcher() {
```

```
        public Object createService(ContextImpl ctx) {
            return new SystemVibrator(ctx);
        }
    });
    ...
}
```

❶, ❷에서 AccountManager나 AlarmManager를 보면 바인더 프락시를 감싼 객체임을 알 수 있는데, 대부분 이와 유사하게 되어 있다.

10.2 dumpsys 명령어

adb shell에서 가장 많이 실행하는 명령어는 앞에서도 여러 차례 언급한 dumpsys이다. dumpsys 명령어만 사용하면 너무 많은 정보가 나오므로 dumpsys activity나 dumpsys package처럼 원하는 정보에 한정해서 보는 것이 좋다. 그런데 dumpsys 다음에 들어가는 옵션 항목은 어떤 것이 있을까? 이를 아는 방법은 바로 adb shell에서 service list[3]를 실행하는 것이다.

```
# service list
Found 65 services:
0   phone: [com.android.internal.telephony.ITelephony]
1   iphonesubinfo: [com.android.internal.telephony.IPhoneSubInfo]
2   simphonebook: [com.android.internal.telephony.IIccPhoneBook]
3   isms: [com.android.internal.telephony.ISms]
4   commontime_management: []
5   samplingprofiler: []
6   diskstats: []
7   appwidget: [com.android.internal.appwidget.IAppWidgetService]
8   backup: [android.app.backup.IBackupManager]
9   uimode: [android.app.IUiModeManager]
10  serial: [android.hardware.ISerialManager]
11  usb: [android.hardware.usb.IUsbManager]
12  audio: [android.media.IAudioService]
13  wallpaper: [android.app.IWallpaperManager]
14  dropbox: [com.android.internal.os.IDropBoxManagerService]
15  search: [android.app.ISearchManager]
16  country_detector: [android.location.ICountryDetector]
17  location: [android.location.ILocationManager]
18  devicestoragemonitor: []
19  notification: [android.app.INotificationManager]
20  updatelock: [android.os.IUpdateLock]
21  throttle: [android.net.IThrottleManager]
22  servicediscovery: [android.net.nsd.INsdManager]
23  connectivity: [android.net.IConnectivityManager]
```

---

3 /frameworks/native/cmds/service/service.cpp 소스를 참고하자.

```
24 wifi: [android.net.wifi.IWifiManager]
25 wifip2p: [android.net.wifi.p2p.IWifiP2pManager]
26 netpolicy: [android.net.INetworkPolicyManager]
27 netstats: [android.net.INetworkStatsService]
28 textservices: [com.android.internal.textservice.ITextServicesManager]
29 network_management: [android.os.INetworkManagementService]
30 clipboard: [android.content.IClipboard]
31 statusbar: [com.android.internal.statusbar.IStatusBarService]
32 device_policy: [android.app.admin.IDevicePolicyManager]
33 lock_settings: [com.android.internal.widget.ILockSettings]
34 mount: [IMountService]
35 accessibility: [android.view.accessibility.IAccessibilityManager]
36 input_method: [com.android.internal.view.IInputMethodManager]
37 input: [android.hardware.input.IInputManager]
38 window: [android.view.IWindowManager]
39 alarm: [android.app.IAlarmManager]
40 vibrator: [android.os.IVibratorService]
41 battery: []
42 hardware: [android.os.IHardwareService]
43 content: [android.content.IContentService]
44 account: [android.accounts.IAccountManager]
45 permission: [android.os.IPermissionController]
46 cpuinfo: []
47 dbinfo: []
48 gfxinfo: []
49 meminfo: []
50 activity: [android.app.IActivityManager]
51 package: [android.content.pm.IPackageManager]
52 scheduling_policy: [android.os.ISchedulingPolicyService]
53 telephony.registry: [com.android.internal.telephony.ITelephonyRegistry]
54 usagestats: [com.android.internal.app.IUsageStats]
55 batteryinfo: [com.android.internal.app.IBatteryStats]
56 power: [android.os.IPowerManager]
57 entropy: []
58 sensorservice: [android.gui.SensorServer]
59 media.audio_policy: [android.media.IAudioPolicyService]
60 media.camera: [android.hardware.ICameraService]
61 media.player: [android.media.IMediaPlayerService]
62 media.audio_flinger: [android.media.IAudioFlinger]
63 SurfaceFlinger: [android.ui.ISurfaceComposer]
64 drm.drmManager: [drm.IDrmManagerService]
```

각 라인에서 콜론(:) 앞에 있는 문자열이 바로 dumpsys 다음에 올 수 있는 값들이다. 이 항목들을 덤프(dump)할 수 있다는 것인데, 이 항목들은 /system/bin/servicemanager에 등록된 시스템 서비스 목록이다. 항목의 어떤 내용을 출력하는지는 ActivityManagerService, AlarmManagerService 등 시스템 서비스 클래스의 dump() 메서드를 보면 된다. 앞에서 안드로이드 버전마다 dumpsys 결과에 차이가 있다고 언급했는데, 버전이 올라가면서 dump() 메서드는 클래스에 새로 추가된 여러 멤버 변수 값과 함께 더 상세한 내용을 출력하기 때문이다.

덤프 용도의 서비스

service list 결과에서 49번에 있는 meminfo처럼 콜론(:) 뒤에 [ ] 공백으로 나오는 것은 바인더 스텁을 등록한 것이 아니라 바인더를 만들어서 일부러 등록한 것이다. 시스템 서비스가 아닌 덤프 용도의 서비스이다. dumpsys meminfo 같은 명령을 쓰지만, meminfo 관련 시스템 서비스는 없다. 239페이지의 코드 10-2에서 ❷를 보면 ServiceManager.addService("meminfo", new MemBinder(m))을 확인할 수 있다. 이제 ActivityManagerService의 정적 내부 클래스인 MemBinder를 찾아보면, Binder를 상속하고 유일하게 dump() 메서드를 가지고 있을 뿐이라는 것을 알 수 있다.

코드 10-4 ActivityManagerService의 내부 클래스인 MemBinder

```
static class MemBinder extends Binder {
    ActivityManagerService mActivityManagerService;
    MemBinder(ActivityManagerService activityManagerService) {
        mActivityManagerService = activityManagerService;
    }

    @Override
    protected void dump(FileDescriptor fd, PrintWriter pw, String[] args) {
        if (mActivityManagerService.checkCallingPermission(
                android.Manifest.permission.DUMP)
                != PackageManager.PERMISSION_GRANTED) {
            pw.println("Permission Denial: can't dump meminfo from from pid="
                + Binder.getCallingPid() + ", uid=" + Binder.getCallingUid()
                + " without permission " + android.Manifest.permission.DUMP);
            return;
        }

        mActivityManagerService.dumpApplicationMemoryUsage(fd, pw, "  ", args,
            false, null);
    }
}
```

dump() 메서드만으로 이것이 동작하는 이유는 Binder 클래스에도 onTransact() 메서드가 정의되어 있고, 여기서 DUMP_TRANSACTION 코드를 처리하기 때문이다. 그리고 시스템 서비스의 Stub 클래스에서는 onTransact() 메서드 맨 아래에 super.onTransact(code, data, reply, flags)를 호출하고 있다.

코드 10-5 Binder.java

```
protected boolean onTransact(int code, Parcel data, Parcel reply,
        int flags) throws RemoteException {
    if (code == INTERFACE_TRANSACTION) {
        reply.writeString(getInterfaceDescriptor());
```

```
            return true;
        } else if (code == DUMP_TRANSACTION) {  // ❶
            ParcelFileDescriptor fd = data.readFileDescriptor();
            String[] args = data.readStringArray();
            if (fd != null) {
                try {
                    dump(fd.getFileDescriptor(), args); // ❷
                } finally {
                    try {
                        fd.close();
                    } catch (IOException e) {
                    }
                }
            }
            if (reply != null) {
                reply.writeNoException();
            } else {
                StrictMode.clearGatheredViolations();
            }
            return true;
        }
        return false;
    }
```

❶에서 DUMP_TRANSACTION 코드가 전달되면 ❷에서 dump() 메서드가 호출된다.

dumpsys 추가 옵션

dumpsys activity를 실행하면 ActivityManagerService에서 워낙 많은 정보를 가지고 있기 때문에 출력 결과 역시 적지 않다. 따라서 필요한 정보만을 보기 위해서 추가 옵션을 사용하는 게 좋다. -h 옵션을 사용해서 추가로 쓸 수 있는 옵션을 알아보자(모든 서비스가 -h 옵션을 쓸 수 있는 것은 아니다). 아래는 activity에 쓸 수 있는 옵션을 조회한 것이다.

```
shell@EF56S:/ $ dumpsys activity -h
Activity manager dump options:
  [-a] [-c] [-h] [cmd] ...
  cmd may be one of:
    a[ctivities]: activity stack state
    b[roadcasts] [PACKAGE_NAME] [history [-s]]: broadcast state
    i[ntents] [PACKAGE_NAME]: pending intent state
    p[rocesses] [PACKAGE_NAME]: process state
    o[om]: out of memory management
    prov[iders] [COMP_SPEC ...]: content provider state
    provider [COMP_SPEC]: provider client-side state
    s[ervices] [COMP_SPEC ...]: service state
    service [COMP_SPEC]: service client-side state
    package [PACKAGE_NAME]: all state related to given package
    all: dump all activities
```

```
    top: dump the top activity
cmd may also be a COMP_SPEC to dump activities.
COMP_SPEC may be a component name (com.foo/.myApp),
  a partial substring in a component name, a
  hex object identifier.
-a: include all available server state.
-c: include client state.
```

 Debug 클래스에는 정적 메서드인 dumpService()가 있다. 이 메서드로 파일에 dumpsys 결과를 출력할 수 있는데, 메서드를 사용하기 위해서는 android.permission.DUMP 퍼미션이 필요하고 이 퍼미션은 시스템 앱에서만 사용할 수 있다. 따라서 일반 앱에서 Debug. dumpService()는 사용할 수 없다.

10.3 시스템 서비스 이슈

앱에서 시스템 서비스를 사용하면서 발생하는 이슈에 대해서 살펴보자.

10.3.1 빈번한 리모트 호출을 줄여야 함

시스템 서비스의 메서드를 호출하는 것은 system_server 프로세스에 Binder RPC 호출을 하므로, 아무래도 프로세스 내의 메서드 호출보다는 속도가 느리고 자원을 소모하게 된다.

그런데 그런 시스템 서비스의 메서드들이 앱에서 빈번하게 호출되는 케이스가 있다. 예를 들어, 서버 API를 호출할 때마다 앱의 versionCode를 요청 파라미터나 헤더에 전달하는 경우가 있다. 앱의 versionCode는 클라이언트 버전의 사용률을 체크하거나, 특정 버전에서 문제가 발생하는지 트래킹하는 데도 유용하게 쓰인다. 현재 앱의 버전 정보를 알기 위해서 PackageManager를 통해서 Binder RPC 호출을 해야 한다면 뭔가 비효율적이다. 마치 내 나이를 알기 위해 주민센터에 물어보는 것과 비슷하다. Context에는 getPackageName() 메서드는 있지만, getPackageVersionCode() 같은 메서드는 없다.

PackageManager를 이용해서 versionCode를 구하는 샘플은 아래와 같다.

```
public static int getAppVersionCode(Context context) {
    try {
        return context.getPackageManager().getPackageInfo(
            context.getPackageName(), Context.MODE_PRIVATE).versionCode;
    } catch (PackageManager.NameNotFoundException ex) {
        return -1;
    }
}
```

서버 API를 호출할 때마다 getAppVersionCode() 메서드를 호출하는 건 어떨까? 문제점을 2가지 정도 생각할 수 있다.

- 당연한 얘기지만 빈번한 리모트 호출로 부하가 발생한다.
- system_server도 가끔은 종료될 수 있다. 발생 빈도가 낮지만, 시스템 상태가 좋지 않거나 메모리가 부족하다면 가능한 얘기이다. 이때 스택 트레이스에 'Caused by: java.lang.RuntimeException: system server dead?' 메시지를 보여준다. 물론 system_server는 종료되자마자 다시 살아나긴 한다.

매 호출마다 동일한 값을 리턴하므로, 이 경우에는 불필요한 호출을 줄이기 위해서 메모리(Application의 멤버 변수나, 싱글톤 인스턴스에 저장)나 SharedPreferences 사용을 고려할 수 있다. 이 경우에 한해서 최신 IDE에서는 BuildConfig에 VERSION_CODE, VERSION_NAME 상수를 생성해주기 때문에 이를 사용하는 것도 가능하다.

동일한 결과를 리턴하는 이런 특수한 케이스가 아니더라도 가능하면 리모트 호출을 줄이는 방안을 생각하자. 시스템 브로드캐스트를 LocalBroadcast Manager로 변경하는 것도 리모트 호출을 줄이는 하나의 예이다.

10.3.2 전원 관리와 딥 슬립

이 절에서는 안드로이드의 전원 관리의 기본적인 내용과 딥 슬립 이슈에 대해 살펴보자. 마시멜로에서 도입된 도즈 모드(doze mode)는 이 책의 범위를 벗어나므로 여기서 다루지 않겠다.

모바일 단말은 상시 전원이 차단된 상태로 오랜 시간 사용해야 하므로, 전원 관리는 안드로이드 플랫폼에서 주요 이슈이다. 물론 우리가 만드는 앱에서도 간과해서는 안 되는 문제이다.[4] 안드로이드 전원 관리 메커니즘은 젤리빈 API 레벨 17까지는 'wakelock, early suspend, late resume' 방식을 사용했는데, 리눅스 메인 커널과 통합되는 과정에서(커널 버전 3.4) 'autosleep, wakeup sources'로 변경되었다. 내부적으로 방식이 바뀌었지만 앱 개발에서는 동일하게 WakeLock을 잡고 해제하는 코드를 그대로 사용하면 된다.

상시 전원이 연결된 데스크탑과는 달리 모바일 기기에서는 꺼져 있는 상태를

---

4 안드로이드 전원 관리 관련해서 자세한 내용은 『안드로이드 하드웨어 서비스』, 김대우, 박재영, 문병원 공저, 개발자가 행복한 세상, 2013, 5장을 참고하자.

기본으로 하고(sleep), WakeLock을 통해 필요할 때만 ON시켜서 사용하는 것이 특징이다. 슬립 상태에 들어가면 LCD, backlight, 카메라, 각종 센서 등의 전원이 차단되고 CPU도 최소 전력 상태로 들어간다.[5]

슬립? 딥 슬립?

그런데 슬립은 뭐고 딥 슬립은 무엇일까? 아무리 찾아봐도 차이에 대해 제대로 언급된 곳이 없다. 결론적으로 동일한 것으로 보면 된다. 슬립에서 깨우는 데 소요되는 시간에 따라 deep sleep, deeper sleep으로 상세하게 구분되는 경우는 있다.[6] 슬립보다 딥 슬립이라고 언급하는 것이 개념을 이해하는 데 도움이 되어서 자주 쓰이는 것뿐이다. 깊이(deep) 잠들어서 아무것도 안 한다는 의미로 이해하자. 필자의 경우에는 딥 슬립은 특별한 경우에만 발생하는 케이스로 오해했다. 딥 슬립은 일반적으로 고려할 필요 없는 것으로 생각했는데, 모바일 단말에서 딥 슬립은 아주 흔하게 볼 수 있다.

딥 슬립 상태에서 무엇보다 신경 써야 하는 것이 CPU 슬립이다. 딥 슬립 상태에서는 당연하게도 코드 실행이 중지된다. 메서드 안에 for 문이 실행 중이라면, 끝까지 다 실행하고 슬립할 것 같은데 잠들 때는 사정없이 잠들기 때문에 코드 실행이 도중에 멈추기도 한다.

딥 슬립 관련한 API

딥 슬립 관련해서 안드로이드 개발자 사이트에서 검색하면 나오는 내용 중에 쓸모 있는 건 거의 없다. 그나마 API 문서를 뒤지면 딥 슬립 관련해 살펴볼 게 있는데, 다음과 같다.

- SystemClock.elapsedRealtime() 메서드는 부팅 이후 경과 시간(딥 슬립 상태를 포함)을 리턴한다. 반면 SystemClock.uptimeMillis() 메서드는 부팅 이후 경과 시간에서 딥 슬립 상태에 있는 시간을 뺀 '잠들지 않은' 시간을 리턴한다. 따라서 elapsedRealtime()에서 uptimeMillis()를 뺀 시간이 바로 딥 슬립 상태에 있던 시간이다. 처음 부팅을 하고서 화면이 켜진 상태에서는 두 값이 동일하다. 이 상태에서 화면을 OFF시키고 몇 분 후에 다시 시간 차이를 비교해보자. 그 차이를 따져보면 화면을 OFF시켰을 때 몇십 초 내에 딥 슬립 상태로 가는 것을 알 수 있다(WakeLock이 없는 조건에서).

---

5 최소한의 에너지만 사용하는 겨울잠에 비유할 수 있다.
6 *http://www.intel.com/support/processors/sb/CS−028739.htm*을 참고하자.

- Thread.sleep(long time)이나 SystemClock.sleep(long ms) 메서드의 파라미터 값은 uptimeMillis 시간 기준이다.[7] 예를 들어, 1분간 sleep()을 실행하고 다른 작업을 하려고 했는데 sleep() 도중에 딥 슬립에 빠지면 현상으로 보여지는 슬립 시간은 '1분 + 딥 슬립 상태에 빠진 시간'이 된다.
- Handler의 postAtTime() 메서드나 postDelayed() 메서드(계산을 통해 내부적으로 다시 postAtTime() 호출)는 uptimeMillis를 기준으로 한다. 따라서 지연 시간 도중에 딥 슬립 상태에 들어갈 수 있다. 예를 들어 postDelayed()에서 1분 지연했을 뿐인데 딥 슬립에서 깨어나고서 한참 후에(다른 Message가 앞에서 처리될 게 없다면 최대 1분) 실행될 수도 있다.
- PowerManager에는 isSleep()이나 isDeepSleep() 같은 메서드는 없다. 이런 메서드는 의미가 없다. 딥 슬립 상태에서는 메서드가 실행되지 않을 것이고, 깨어 있는 상태는 이미 딥 슬립 상태가 아니기 때문이다.

이 가운데서 세 번째가 앱 개발에서 이슈가 많다. MessageQueue에 Message가 들어갔는데, 딥 슬립 때문에 실행이 안 되는 것처럼 보이는 케이스가 바로 이 문제이다.

반복 작업이 딥 슬립으로 지연

앞에서 반복해서 UI를 갱신하는 패턴에 대해서 얘기했는데, 이 패턴을 다시 한 번 보자.

```
private Handler handler = new Handler();

private static final int DELAY_TIME = 1000;
private Runnable updateTimeTask = new Runnable() {

    @Override
    public void run() {
        title.setText(new Date().toString());
        handler.postDelayed(this, DELAY_TIME);
    }

};

public void onClickButton(View view) {
    handler.post(updateTimeTask);
}
```

---

7 Thread.sleep(long time)과 달리 SystemClock.sleep(long ms) 메서드는 InterruptedException을 무시한다.

1초마다 TextView에 현재 날짜와 시간을 갱신하고 있다. 이런 패턴은 Digital Clock이나 TextClock에서도 쓰이는데 내부적으로 DELAY_TIME을 1초 이내로 줘서 매 간격마다 시간을 갱신한다.

우리가 사용하는 단말에서 화면에 나타나는 시계도 이런 형태로 구현되어 있다. 단말을 옆에 오랫동안 방치해 놓다가, 화면을 ON하면 한참 이전 시간에서 현재 시간으로 순식간에 바뀌는 것을 보았을 것이다. 단말이 방치되어 있는 동안에는 시간을 변경하지 않고 있다가, 화면을 ON하는 순간 현재 시간을 보여준 것이다. 이는 딥 슬립으로 인해 MessageQueue에 들어간 게 실행이 중지된 것이다 (실행이 중지된 것일 뿐 Message가 사라진 것은 아니다). 그리고 CPU가 깨어난 순간 동작을 한 것인데, 만일 지연 시간이 길다면 어떤 문제가 생길까? 실제 발생했던 2가지 예를 들어보자.

- 캘린더 앱에서 하루를 한 시간씩 나누어 24시간의 칸으로 표시하고, 현재 시간을 빨간 선으로 표시하고 있었다. 일정 시간마다(예를 들어 5분) 현재 시간을 읽어와서 빨간 선을 이동시키는 데 위의 UI 반복 갱신 패턴을 사용했다. 개발 중에는 아무 문제가 없는 듯했다. 그런데 언제부터인가 이 선이 움직이지 않는다는 얘기가 들려왔다. 이 경우가 바로 딥 슬립 때문에 생긴 문제이다. 갱신을 아예 안 하는 것이 아니라, 화면을 켜고 5분이 지나면 어느새 현재 시간 위치로 빨간 선이 이동하지만 그 5분 동안은 필요한 기능이 실행되지 않는다. 오랫동안 가만히 놔두었던 폰의 캘린더 화면에서 몇 시간 전을 현재 시간으로 가리키고 있다면 기능상의 문제가 될 수밖에 없다.
- 어떤 앱에서는 일정 시간마다 서버에서 데이터를 폴링해서 저장하는 기능을 Handler를 이용해서 반복하게 했다. 그런데 여기서도 데이터가 저장되지 않고 중간에 시간이 비는 문제가 발생했다. 왜 동작하지 않는지 알아내기 위해 이것저것 시도하다가 서버 쪽 문제인가 싶어서 네트워크 수신율이 좋지 않은 곳에 단말을 가지고 가서 테스트까지 했다고 한다. 나중에야 딥 슬립에 빠진 시간 동안에 데이터를 가져오지 못해서 생긴 문제라는 것을 알게 되었다.

USB 충전 중일 때는 딥 슬립에 들어가지 않음

위의 2가지 예에서 포인트는 바로 개발 중에는 문제가 발생하지 않았다는 것이다. 개발 중에는 USB 디버깅 옵션을 켜고 PC와 연결해서 사용하는데, USB 충전 중에는 딥 슬립에 들어가지 않는다. 전원이 잘 공급되고 있기 때문에 잠에 빠질 필요가 없는 것이다.

딥 슬립으로 인한 문제 해결 방법(백그라운드 작업)

딥 슬립으로 실행이 지연되는 경우 일반적인 해결 방법은 AlarmManager를 쓰는 것이다. 지연 시간도 잘 맞추어서 깨워주고 딥 슬립에도 문제가 없다.

코드 10-6 AlarmManager로 딥 슬립으로 인한 실행 문제 해결

```
private void repeatUpdater() {
    PendingIntent pendingIntent = PendingIntent.getBroadcast(this, 0,
        new Intent(this, UpdaterReceiver.class),
        PendingIntent.FLAG_UPDATE_CURRENT);
    AlarmManager am = (AlarmManager) getSystemService(ALARM_SERVICE);
    am.setRepeating(AlarmManager.RTC_WAKEUP, System.currentTimeMillis(),
        60 * 60 * 1000, pendingIntent);
}
```

PendingIntent를 만들어서 AlarmManager에 전달하였다. AlarmManager에서는 RTC_WAKEUP 옵션을 사용해서 딥 슬립에서도 깨어나도록 하였다.

 롤리팝 이후 버전에서는 AlarmManager보다는 JobScheduler를 쓰는 게 권장된다. AlarmManager는 재부팅하면 다시 Alarm을 등록해야 하고 쓸 수 있는 옵션이 별로 없는 데 비해서, JobScheduler는 재부팅해도 Job이 유지되는 옵션을 사용할 수 있고 네트워크가 연결되거나 충전 중일 때만 동작하게 할 수도 있다(JobInfo.Builder API 문서를 보자).

딥 슬립으로 인해 UI가 갱신되지 않는 문제 해결

250페이지에서 언급한 실제 예에서, 반복해서 백그라운드로 작업을 처리하는 두 번째 케이스는 AlarmManager로 해결된다. 그런데 반복해서 UI를 갱신하는 첫 번째 케이스는 AlarmManager로 해결하기에 오히려 복잡하다. AlarmManager에 PendingIntent로 BroadcastReceiver를 등록하고, BroadcastReceiver에서 다시 sendBroadcast()를 실행하고 Activity에서는 등록된 BroadcastReceiver로 이벤트를 받아야 한다. 생각만 해도 복잡하다.

생각할 수 있는 가장 단순한 방법은 onResume()에서 기존 지연(delayed) Message를 제거하고 새로 실행하는 것이다. 화면이 켜지면서 딥슬립에서 깨어날 때 UI를 갱신해주는 것은 맞다. 하지만 예를 들어 2분 주기의 업데이트 시간 내에서 다른 화면으로 전환했다가 돌아오거나 스크린 OFF/ON할 때처럼 UI 갱신이 불필요한 경우에도 자주 UI를 갱신할 가능성이 있다.

이에 대해서는 아래 패턴을 활용해보자. 요점은 화면이 ON될 때, 지연 시간이 이미 지났으면 화면을 즉시 업데이트하고 지연 시간이 아직 안 되었으면 남

은 지연 시간을 재계산하는 것이다. 숫자를 대입하여 예를 들어보자. 지연 시간
이 2분으로 되어 있다면 2분은 딥 슬립에 들어간 시간을 뺀 uptimeMillis 기준이
다. 딥 슬립 시간까지 포함해서 2분이 넘는다면 즉시 업데이트한다. 그리고 2분
이 아직 안 된 시점에서 화면이 ON된다면(도중에 딥 슬립에 들어갔는지 안 들
어갔는지는 모르지만) 어쨌든 시간차가 있으므로 기존의 Message를 제거하고 2
분에서 그 시간차를 빼서 다시 지연 Message에 넣는다.

코드 10-7 지연 시간을 변경해서 딥 슬립으로 인한 실행 문제 해결

```java
private TextView title;

@Override
protected void onCreate(Bundle savedInstanceState) {
    super.onCreate(savedInstanceState);
    ...
    title = (TextView) findViewById(R.id.title);
    registerReceiver(receiver,
        new IntentFilter(Intent.ACTION_SCREEN_ON)); // ❶
}

@Override
protected void onDestroy() {
    unregisterReceiver(receiver); // ❷
    super.onDestroy();
}

private static final int DELAY_TIME = 2 * 60 * 1000;
private long executedRealtime;

private BroadcastReceiver receiver = new BroadcastReceiver() {

    @Override
    public void onReceive(Context context, Intent intent) {
        long diff = SystemClock.elapsedRealtime() - executedRealtime; // ❸
        handler.removeCallbacks(updateTimeTask); // ❹
        handler.postDelayed(updateTimeTask,
            diff >= DELAY_TIME ? 0 : DELAY_TIME - diff); // ❺
    }

};

private Runnable updateTimeTask = new Runnable() { ┐

    @Override
    public void run() {
        executedRealtime = SystemClock.elapsedRealtime(); // ❼    │
        title.setText(new Date().toString());                      ├─ ❻
        handler.postDelayed(this, DELAY_TIME);
    }
};
```

```
public void onClickButton(View view) {
    handler.post(updateTimeTask);
}
```

❶, ❷에서 ACTION_SCREEN_ON 액션을 처리하는 BroadcastReceiver를 각각 등록하고 해제한다. onCreate()와 onDestroy()에서 처리하는 이유는, 화면을 OFF 하는 순간 onStop()까지 실행되기 때문에 onStop()에서 unregisterReceiver()를 실행하면 ACTION_SCREEN_ON 액션을 받을 수 없기 때문이다.

❻은 일반적인 UI 반복 패턴인데, ❼에서 현재 run()을 실행한 elapsed Realtime(부팅 이후 시간: 딥 슬립과 상관없는 시간)을 저장해둔다.

❸에서 화면이 ON되는 순간 시간차를 계산하고, ❹에서 기존 지연 Message를 제거한다.

❺ 시간차가 2분보다 크면 지연 시간을 0으로 해서 즉시 실행하고, 그렇지 않다면 남은 시간을 다시 지연 시간으로 전달한다.

☑ USB 충전 외에도 딥 슬립에 대해서 모호한 내용들이 있는데 간단하게 정리해보자.
- 환경설정에서 절전모드와 딥 슬립은 상관이 없다. '절전 모드에서는 딥 슬립에 더 잘 들어가지 않을까' 하는 막연한 생각이 들 수도 있겠지만 아니다.
- USB 디버깅 옵션을 해제해야 딥 슬립이 된다고 인터넷에 나오기도 하는데 전혀 그렇지 않다.

딥 슬립에서 깨어나기

딥 슬립 상태는 기본적으로 인터럽트(interrupt)에 의해서 깨어난다. 딥 슬립을 인터럽트하는 장치들은 항상 웨이크업(wakeup) 상태이다. 단말에서 웨이크업 상태의 장치는 일반적으로 아래 4가지 정도를 이야기한다.

1. 전원 키를 눌러 화면을 ON시키면 잠에서도 깨어난다.
2. 단말이 아무리 깊은 잠에 빠져 있어도 전화나 문자가 오면 받아야 하기 때문에 전화 관련 모듈은 웨이크업 상태이다. 안드로이드 소스에서 /hardware/ril/libril/ril.cpp를 보면, RIL 데몬에서 호출하고 WakeLock을 얻는 것을 볼 수 있다.
3. AlarmManager를 통해 Alarm을 등록한다. RTC(real-time clock)에 의해서 Alarm이 시작된다.[8]

---

8 *http://lwn.net/Articles/429925/*를 참고하자.

4. GCM(Google Cloud Messaging)은 소켓을 통해 메시지를 받고, 잠에서 깨어나 메시지를 처리한다.

10.3.3 알람 등록과 제거

AlarmManager에는 알람을 등록하는 setXxx() 메서드와 알람을 취소하는 cancel() 메서드가 있다. 알람을 유지하고 제거하는 것과 관련해서 몇 가지 이슈를 살펴보자.

- 전원이 꺼지면 알람도 제거된다. 알람 데이터는 AlarmManagerService의 변수로 유지되는 것일 뿐이다. 따라서 앱에서 알람 기능이 있다면 알람 데이터를 DB에 저장하고 ACTION_BOOT_COMPLETED 액션을 받는 브로드캐스트 리시버를 만들어서 부팅 시에 알람을 다시 등록하는 과정이 필요하다.
- 앱을 삭제하면 앱과 관련된 알람도 제거된다.
- 앱을 업데이트하면 재부팅하지 않는 한, 업데이트 전에 등록한 알람이 유지된다.

알람에 등록한 컴포넌트가 제거된 경우

일정한 주기의 반복 알람이라면 앱 업데이트와 관련 없이 계속 반복된다. 앱을 업데이트하면서 알람에서 실행하는 컴포넌트(브로드캐스트 리시버, 액티비티, 서비스)를 더 이상 쓰지 않는다면 어떨까? 이를테면 기능을 제거한 것인데, 이때 해당 컴포넌트 클래스가 없으면 문제가 발생한다. 크래시가 발생하지는 않지만 해당 컴포넌트가 없다고 ActivityManager 태그로 계속 로그가 남는다.

dumpsys alarm으로 알람 등록과 취소 확인

알람을 등록하고서 해당 시간까지 기다리면서 동작 여부를 확인할 수도 있지만, 먼저 dumpsys alarm을 통해서 제대로 등록되는지부터 확인하자. 알람 취소도 마찬가지다. dumpsys alarm으로 제거 여부를 확인하자.

구현 패턴

디자인 패턴을 공부하고 나면 어디에든 다 적용하고 싶어지는데, 꼭 필요한 때에 필요한 만큼만 쓰는 것이 좋다. 11장에서는 디자인 패턴 외에도 복잡한 앱을 개발하는 데 도움이 될 만한 구현 패턴을 이야기해 본다.

11.1 싱글톤 패턴

앱에서 싱글톤을 잘못 사용하면 메모리 누수 가능성이 높아진다. 구조가 복잡한 앱을 보면 속도 이슈 때문에 싱글톤을 많이 사용하는데, 메모리 누수가 발생할 때 그 위치를 찾기 어려운 문제가 있다. 그러므로 싱글톤은 가급적이면 반드시 필요한 곳에만 사용하자.

11.1.1 싱글톤에 Context를 전달하는 방법

싱글톤이라도 Context는 전달해야 유용하게 쓸 수 있는 경우가 많다. 그렇다고 Context를 그냥 전달하면 되는가 하면 또 그렇지는 않다. Context를 그대로 전달하는 경우, 만일 그게 Activity라면 그 인스턴스는 싱글톤에 참조로 남아서 메모리에 계속 남는 문제가 생긴다.

싱글톤을 만드는 패턴을 알기 위해서 support-v4에 포함된 LocalBroadcast Manager를 보자.

코드 11-1 LocalBroadcastManager.java

```java
private final Context mAppContext;

private static final Object mLock = new Object();
private static LocalBroadcastManager mInstance;

public static LocalBroadcastManager getInstance(Context context) {
    synchronized (mLock) {
        if (mInstance == null) {
            mInstance = new LocalBroadcastManager(
                context.getApplicationContext()); // ❶
        }
        return mInstance;
    }
}

private LocalBroadcastManager(Context context) {
    mAppContext = context;
    ...
}
```

getInstance() 메서드에서 동기화(synchronized) 블록을 매번 타게 되므로 효율이 좋다고 할 순 없다. DCL(double-checked locking)을 적용하지 않는 것은 여러 스레드에서 동시에 호출할 일이 많지 않아서 문제가 되지 않는다고 판단한 듯하다. ❶에서 context.getApplicationContext()를 사용함으로써 계속 떠 있고 하나뿐인 Application 인스턴스가 mAppContext에 대입된다.

많은 문서에서도 싱글톤을 만들 때 Context를 그대로 전달한 것을 볼 수 있는데 따라하면 안 된다. 특히 SQLiteOpenHelper를 상속한 DB 헬퍼를 싱글톤으로 사용하면서 Context를 그대로 전달한 경우를 여러 번 보기도 했다.

11.1.2 메모리 누수 검증

이제 조금 더 들어가서 샘플을 가지고 메모리 누수 여부를 검증해보자. 여기서 검증할 내용은 다음과 같다.

- 싱글톤에 그대로 넘긴 Activity는 GC에도 제거되지 않는가?
- 싱글톤에서 Context 멤버 변수에 getApplicationContext()로 대입되면, GC에 Activity가 제거되는가?

검증을 위해서 2개의 클래스가 등장한다.

첫 번째는 싱글톤 클래스이다. LocalBroadcastManager와 동일한 구조를 사용했다.

코드 11-2 싱글톤 클래스

```java
public class CalendarManager {

    private static final Object lock = new Object();
    private static CalendarManager instance;

    public static CalendarManager getInstance(Context context) {
        synchronized (mLock) {
            if (instance == null) {
                instance = new CalendarManager(context); // ❶
                /* instance = new CalendarManager(
                        context.getApplicationContext()); */ ──────┐❷
            }
            return instance;
        }
    }

    private Context context;

    private CalendarManager(Context context) {
        this.context = context;
    }

    public String getText() {
        return context.getString(R.string.hello_world);
    }

}
```

❶에서는 context를 직접 전달해서 싱글톤의 Context 인스턴스에 대입되고, ❷에서는 context.getApplicationContext()의 결과로 Application 인스턴스가 Context 인스턴스에 대입된다. 테스트를 위해서 ❷를 먼저 주석 처리하였다.

이제 싱글톤을 사용하는 Activity를 만들어보자.

코드 11-3 싱글톤을 사용하는 클라이언트

```java
public class ScheduleActivity extends Activity {

    @Override
    protected void onCreate(Bundle savedInstanceState) {
        super.onCreate(savedInstanceState);
        final TextView textView = new TextView(this);
        textView.setText("first run");
        setContentView(textView);
        CalendarManager manager = CalendarManager.getInstance(this); // ❶
    }

}
```

❶ 싱글톤 인스턴스를 가져올 때 Activity 자신인 this를 전달한다.

테스트 방법은 간단하다. ScheduleActivity를 시작했다가 백 키로 종료하고, 안드로이드 스튜디오의 Android Monitor 탭에서 'Dump Java Heap'을 클릭해 보는 것이다. 테스트 결과는 아래 그림과 같다.

Reference Tree	Depth	Shallow Size
▼ ≣ com.suribada.androidbook.chap11.ScheduleActivity@315927536 (0x12d4abf0)	2	204
▶ ≣ context in com.suribada.androidbook.chap11.CalendarManager@317924288 (0x12f323	1	12
▶ ≣ mContext, mPrivateFactory in com.android.internal.policy.PhoneLayoutInflater@31789731	3	41
▶ ≣ mCallback, mContext, mOnWindowDismissedCallback in com.android.internal.policy.Phor	3	337

ScheduleActivity를 CalendarManager에서 참조하고 있는 것을 볼 수 있다. 여기서 'Initiate GC'를 클릭해서 강제로 GC를 실행하고 다시 'Dump Java Heap'을 클릭해도 역시 GC 대상이 되지 않아서 ScheduleActivity가 남아 있게 된다.

이번에는 반대로 코드 11-2에서 ❶을 주석 처리하고 ❷를 주석 해제한 후 동일한 내용으로 테스트해 보자. 힙 덤프 결과는 아래 그림과 같다.

Reference Tree	Depth	Shallow ...
▼ ≣ com.suribada.androidbook.chap11.ScheduleActivity@318096352 (0x12f5c3e0)		204
▶ ≣ mContext, mPrivateFactory in com.android.internal.policy.PhoneLayoutInflater@318145008 (0x1;		41
▶ ≣ mContext, mPrivateFactory in com.android.internal.policy.PhoneLayoutInflater@318145008 (0x1;		41
▶ ≣ mContext in com.android.internal.policy.PhoneLayoutInflater@318144960 (0x12f681c0)		41

여기서는 강제로 GC를 실행하면 메모리에서 ScheduleActivity가 정리되는 것을 볼 수 있다.

반복해서 이야기하지만, 싱글톤에서 Context를 그대로 멤버 변수에 대입해서 사용하면 Context가 참조로 남게 되어서 메모리 누수 문제가 발생할 수 있다. 따라서 Context보다는 Context의 getApplicationContext()가 싱글톤의 멤버 변수에 대입되어야 한다.

싱글톤을 사용하는 쪽에 규칙을 강제하면 안 됨

싱글톤을 사용하는 쪽에서 Context의 getApplicationContext() 메서드를 파라미터에 전달하는 규칙을 쓰는 것을 본 적이 있다.

```
CalendarManager.getInstance(this.getApplicationContext()).someAction();
```

이런 코드는 실수를 유발할 수 있다. 싱글톤을 사용하는 어느 곳에서든 반드시 규칙을 지켜야 한다면 어디선가는 실수가 있을 수 있다. 싱글톤 내에서 getApplicationContext() 메서드의 결과가 Context에 대입되는 게 낫다.

11.2 마커 인터페이스

마커 인터페이스[1]는 메서드 선언이 없는 인터페이스로, 표식(marking) 용도로 인터페이스를 사용하는 것이다. Serializable도 마커 인터페이스의 예이다. 이 절에서는 마커 인터페이스를 활용하는 방법을 생각해보자.

복잡한 조건문이 필요한 로직

복잡한 부분은 클래스를 잘 구성하면 쉽게 해결되는 부분이 많다. 쇼핑 앱을 예로 들어보자. 상품에는 여러 카테고리가 있어서, 구매가 이뤄지면 카테고리마다 진행하는 일이 다르다.

- A/B 카테고리는 구매패턴 분석을 위해 통계 DB에 데이터를 넣는다(someOperationW).
- A/C/E 카테고리는 문자로 상품 제공자에게 알리고(someOperationX), C/D/E 카테고리는 사용자에게 메일을 보낸다(someOperationY).
- B/D/E 카테고리는 사용자에게 광고 알림을 보낸다(someOperationZ).

이 로직을 구현하는 기본적인 방법은 아래와 같다.

```
if (A || B) {
    someOperationW();
}
...
if (A || C || E) {
    someOperationX();
}
...
if (C || D || E) {
    someOperationY();
}
...
if (B || D || E) {
    someOperationZ();
}
...
```

초반에는 이 방법도 쓸 만한 것 같다. 그런데 카테고리가 추가되거나 오퍼레이션(operation)이 여러 개 더해진다면 주의를 기울여야 한다. 평소에 작업하던 개발자가 자리라도 비운다면 긴장도가 높아질 것이다.

---

1 『이펙티브 자바』, 조슈아 블로크 저, 이병준 역, 인사이트, 2014, 규칙 37을 참고하자.

상속을 통해서 복잡도 해결 시도

이 복잡도를 해결하기 위해 다음과 같이 시도해 볼 수 있다.

- 부모 클래스에는 someOperationXxx() 메서드를 모두 구현한다.
- 각 카테고리를 나타내는 자식 클래스를 만들어서 someOperationXxx()를 순차적으로 호출하거나, 필요한 경우 오버라이드한다(오버라이드 필요성은 있다. 메일을 보낼 때 특정 문구가 필요한 경우가 그런 예일 것이다).

이렇게 하면 해당 카테고리의 정책에 집중할 수 있어서 상황이 나아지기는 하지만 문제가 없는 것은 아니다.

- 여러 작업에서 순서가 중요한 경우가 많다. 해당 카테고리의 특정 API를 호출하고, 그 결과를 DB에 저장하는 경우를 예로 들 수 있다. 자식 클래스에서 부모 클래스의 메서드를 여러 개 호출한다면, 순서를 잘못 호출할 가능성이 생긴다.
- 어떤 카테고리에서 someOperationW(), someOperationY(), someOperationZ()를 순차적으로 실행하고 있었는데, 정책이 바뀌면서 someOperationY()는 하지 않기로 했다. 이때 개발자는 어떤 행동을 할까? 언제 또 바뀔지 모른다며 주석으로 처리하려는 유혹에 빠지기 쉽다. 여기저기 주석 처리된 곳이 늘어나면서 코드가 누더기로 변하는 것은 물론이고, 주석을 해제할 때 실수할 가능성도 높아진다.
- 카테고리가 추가될 때 기존 카테고리와 유사한 게 많다면, 이를 또 상속하고 싶은 유혹이 생긴다. 카테고리끼리의 상속은 정책이 바뀐다면 뜯어고칠 부분이 많아진다.

3가지 중에서 첫 번째 내용이 제일 중요하다. 클래스 상속을 피할 수는 없지만, 부모 클래스에서는 작업 순서를 지정하고 상속 단계를 최소한으로 할 수 있는 방법을 찾는 게 좋다.

마커 인터페이스로 if 문 단순화

여기에서 필자가 선택한 방법이 마커 인터페이스이다. 마커 인터페이스를 통해 먼저 두 번째와 세 번째 문제가 해결되는 것을 확인해보자. 이제 마커 인터페이스를 적용하는 방법을 본다. 먼저 각 작업을 마커 인터페이스로 매핑한다.

```
public interface Markable1 { }

public interface Markable2 { }

public interface Markable3 { }

public interface Markable4 { }
```

이제 각 카테고리별로 자식 클래스를 만든다.

```
Aclass extends Category implemtens Markable1, Markable2 { }

Bclass extends Category implements Markable1, Markable4 { }

Cclass extends Category implements Markable2, Markable3 { }

Dclass extends Category implements Markable3, Markable4 { }

Eclass extends Category implements Markable2, Markable3, Markable4 { }
```

부모 클래스에서는 인스턴스를 체크해서 해당 작업을 진행한다.

```
if (this instanceof Markable1) {
    someOperationW();
}
...
if (this instanceof Markable2) {
    someOperationX();
}
...
if (this instanceof Markable3) {
    someOperationY();
}
...
if (this instanceof Markable4) {
    someOperationZ();
}
...
```

이렇게 하면 부모 클래스에서 각 오퍼레이션 순서가 정해져서 앞에서 얘기한 첫 번째 문제도 해결된다. 각 카테고리의 정책이 바뀌면 카테고리 클래스에서 구현 (implements)하는 것만 변경하면 된다. 작업이 추가되면 `MarkableN` 인터페이스를 더 만들고 규칙에 맞추기만 하면 된다.

파라미터가 많은 메서드 보완

마커 인터페이스는 파라미터가 많은 메서드를 호출할 때도 도움이 된다. 안드로이드 프레임워크 소스에도 전달되는 파라미터가 많은 메서드를 흔하게 볼 수 있다. ActivityThread의 bindApplication() 메서드를 보면 파라미터가 18개나 된다. 파라미터가 많으면 메서드 내에서 파라미터에 따른 조건문도 복잡해진다. 다음과 같은 메서드 시그너처가 있다고 하자.

```
public static void showPhoneDialog(Context context, String phoneNumber,
        String keyword, boolean isNaverUser, boolean isKorean) {
    ...
}
```

이렇게 파라미터가 많은 메서드에서, 동일한 타입이 연달아 나온다면 실수할 가능성이 높아진다. showPhoneDialog() 메서드에서 phoneNumber와 keyword는 String 타입, 그리고 isNaverUser와 isKorean은 boolean 타입으로 연달아 있는 게 동일한 타입인데 호출하는 쪽에서 데이터를 반대로 넣을 가능성이 있다. 데이터가 잘못 들어갔어도 타입은 맞기 때문에 컴파일러에서는 걸러낼 수 없고, 결국 사람이 제대로 값을 써주어야 한다. 빌더 패턴을 통해 파라미터 개수를 줄이려는 노력을 할 수도 있다. 그래도 아직은 파라미터가 아주 많지는 않으니까 (5개 이내) 파라미터를 더 늘리지 않는 쪽으로 노력해보자.

앱에 기능을 추가하면서 여기에서도 showPhoneDialog() 메서드를 호출하기로 했다. 그런데 이 기능에서는 showPhoneDialog()에서 하는 여러 작업 가운데 한 가지는 필요 없다는 얘기가 들려왔다. 내부에서 savePhoneState() 메서드를 호출하는데, 새 기능에는 savePhoneState() 메서드 호출이 불필요하다는 것이다. 이때 고민이 된다. boolean 파라미터를 하나 추가하고서 이것으로 체크할까? 그러면 boolean 파라미터가 3개 연속이 되므로 호출하는 쪽에서는 더 혼란스러울 것이다.

가장 먼저 떠오르는 해결 방법은 아래와 같다.

```
public static void showPhoneDialog(Context context, String phoneNumber,
        String keyword, boolean isNaverUser, boolean isKorean) {
    showPhoneDialog(context, phoneNumber, keyword, isNaverUser, isKorean, false);
}

public static void showPhoneDialog(Context context, String phoneNumber,
        String keyword, boolean isNaverUser, boolean isKorean,
        boolean ignorePhoneState) {
    ...
    if (!ignorePhoneState) {
        savePhoneState();
    }
    ...
}
```

다른 쪽 호출 로직에 영향을 덜 주기 위해 두 번째 메서드로 오버로드했지만, 두 번째 메서드도 공개 메서드이기 때문에 역시 파라미터가 많은 문제점을 안고 있다. 이런 때에 쓸 수 있는 방법도 바로 마커 인터페이스다. Context 파라미터에 컴포넌트 this가 주로 전달되는데, 컴포넌트에 마커 인터페이스를 하나 연결해 주면 된다.

```
public TaxiActivity extends Activity implements IgnorePhoneState {
    ...
}
```

이제 showPhoneDialog() 메서드에서는 instanceof로 체크해서 savePhoneState() 를 실행한다.

```
public static void showPhoneDialog(Context context, String phoneNumber,
        String keyword, boolean isNaverUser, boolean isKorean) {
    ...
    if (!context instanceof IgnorePhoneState) { // ❶
        savePhoneState();
    }
    ...
}
```

❶ instanceof로 마커 인터페이스를 구현한 것인지 확인한다.

마커 애너테이션으로 대체 가능

마커 인터페이스는 마커 애너테이션(marker annotation)으로 대체 가능하다.

```
@Retention(RetentionPolicy.RUNTIME)
@interface Markable1 {
}

@Retention(RetentionPolicy.RUNTIME)
@interface Markable2 {
}

@Retention(RetentionPolicy.RUNTIME)
@interface Markable3 {
}

@Retention(RetentionPolicy.RUNTIME)
@interface Markable4 {
}
```

사용할 때는 isAnnotationPresent() 메서드로 조건을 체크한다.

```
Class clazz = this.getClass();
if (clazz.isAnnotationPresent(Markable1.class)) {
    someOperationW();
}
...
if (clazz.isAnnotationPresent(Markable2.class)) {
    someOperationX();
}
...
if (clazz.isAnnotationPresent(Markable3.class)) {
    someOperationY();
}
...
if (clazz.isAnnotationPresent(Markable4.class)) {
    someOperationZ();
}
...
```

이런 경우에는 인터페이스나 애너테이션을 쓰는 게 별 차이가 없어 보인다. 인터페이스를 구현하면 자식 클래스에도 영향이 있지만, 애너테이션을 쓰는 경우 상속과 관련없이 각 클래스마다 개별적으로 애너테이션을 지정해야 한다. 어느 것을 쓰는 게 좋은지 정해져 있는 게 아니므로 방식을 이해하고 상황에 맞게 선택하면 된다.

11.3 Fragment 정적 생성

Fragment가 생성되면서 값이 전달될 때가 많다. 이때 아래 2가지 패턴 가운데 Fragment를 정적 메서드로 생성하는 첫 번째 패턴이 개발자 사이트나 많은 샘플에서 주로 쓰고 있다. 그런데 왜 쓰는지에 대해서는 설명이 없다.

첫 번째 패턴은 정적 메서드에 파라미터로 값을 전달하고 Fragment의 set Arguments() 메서드에 값을 저장하는 방식이다.

코드 11-4 Fragment를 생성하는 정적 메서드

```
public static ContentFragment newInstance(int left, int right) {
    ContentFragment fragment = new ContentFragment();

    Bundle args = new Bundle();
    args.putInt(LEFT, left);
    args.putInt(RIGHT, right);
    fragment.setArguments(args);

    return fragment;
}

@Override
```

```
public View onCreateView(LayoutInflater inflater, ViewGroup container,
    Bundle savedInstanceState) {
    View view = inflater.inflate(R.layout.content_result, container, false);
    TextView result = (TextView) view.findViewById(R.id.result);
    int sum = getArguments().getInt(LEFT) + getArguments().getInt(RIGHT);
    result.setText("결과=" + sum);
    return view;
}
```

두 번째 패턴은 세터(setter) 메서드에 값을 전달하는 방식이다.

코드 11-5 별도 메서드로 값 지정

```
private int left;
private int right;

public void set(int left, int right) {
    this.left = left;
    this.right = right;
}

@Override
public View onCreateView(LayoutInflater inflater, ViewGroup container,
    Bundle savedInstanceState) {
    View view = inflater.inflate(R.layout.content_result, container, false);
    TextView result = (TextView) view.findViewById(R.id.result);
    int sum = left + right;
    result.setText("결과=" + sum);
    return view;
}
```

첫 번째 방식은 사용하려는 변수를 넣고 빼는 게 번거로워 두 번째 방식을 사용하는 게 편한 것 같다. 하지만 권장되는 방식은 첫 번째인데 그 이유는 구성 변경과 시스템에 의한 액티비티의 강제 종료에 대응할 수 있기 때문이다. 액티비티가 재시작할 때 첫 번째 방식은 값을 유지하고 두 번째는 값을 유지하지 못한다.

프레임워크 소스 확인

프레임워크 소스를 통해서 원인을 파악해보자.

- Fragment에는 FragmentState라는 Parcelable을 구현한 내부 클래스가 있다. 여기에 Fragment의 setArguments() 메서드에 전달한 Arguments Bundle을 저장한다.

- Activity의 onSaveInstanceState()에서 FragmentManagerImpl의 saveAllState()를 호출해서 FragmentState 값들을 저장한다. 즉 구성 변경과 액티비

티의 갑작스러운 종료에도 값을 유지할 수 있다.

따라서 FragmentState에 속한 것이 아닌, 두 번째 방식으로 전달된 Fragment의 변수들은 값을 유지할 수 없다.

값을 유지하는 다른 방법

두 번째 방법에서도 값을 유지할 수는 있는 방법이 있기는 하다. 가장 단순한 방법은 첫 번째 방법과 유사하게 set() 메서드에서 단순히 대입하는 게 아니라 setArguments()에 Bundle로 담아서 전달하는 것이다. 값을 유지하는 다른 방법 으로 Fragment에서 onSaveInstanceState()를 오버라이드하는 것도 있는데 좀 더 복잡하다.

코드 11-6 onSaveInstanceState() 메서드로 값 유지

```
@Override
public View onCreateView(LayoutInflater inflater, ViewGroup container,
    Bundle savedInstanceState) {
    View view = inflater.inflate(R.layout.content_result, container, false);
    TextView result = (TextView) view.findViewById(R.id.result);
    if (savedInstanceState != null) {
        left = savedInstanceState.getInt(LEFT);
        right = savedInstanceState.getInt(RIGHT);
    }
    int sum = left + right;
    result.setText("결과=" + sum);
    return view;
}

@Override
public void onSaveInstanceState(Bundle outState) {
    outState.putInt(LEFT, left);
    outState.putInt(RIGHT, right);
    super.onSaveInstanceState(outState);
}
```

onSaveInstanceState()를 꼭 써야 하는 상황은 있겠지만, 전달된 값을 유지하기 위해서 위의 코드처럼 onSaveInstanceState()를 쓰지는 말자. 프레임워크에서 이미 제공하는 기능을 피할 이유가 없다.

첫 번째 방식이 선호되는 또 다른 이유는 LEFT나 RIGHT 같은 변수명이 외부에 노출되지 않는 장점도 있기 때문이다.